SUPINE, A CHIGLIE TEMPE

Cristina M. Del Russo-Rucci

Prima Edizione (2019)

RUC BOOKS – Montreal, Canada

SUPINE, A CHIGLE TEMPE
de Cristina M. Del Russo-Rucci

Published by:
RUC™ BOOKS
Montreal, QC, Canada
mrucci3@hotmail.com
Orders from RucBooks.com or Amazon.com

ISBN, edizione libro   978-1-989504-32-1

Prima Tiratura 2019

NOTA BENE: Le storie (personaggi, ambientazioni e descrizioni) contenute nel presente documento sono vere secondo l'esperienze e la credenze di Cristina M. Del Russo-Rucci. Qualsiasi somiglianze con altr' esperienze e credenze sono puramente casuale. I nomi di famiglia secondari di questa autobiografia sono stati alterati o completamente eliminati. Nessuna diffamazione di carattere o calunnia è stata intesa o voluta. RUC BOOKS e Mario D. Rucci non si assumono alcuna responsabilità nei confronti di qualsiasi persona o entità per quanto riguarda qualsiasi perdita o danno causato o presumibilmente causato, direttamente o indirettamente, dalle informazioni contenute in questo libro.

INDICE

Autore

Cristina M. Del Russo-Rucci ...

è la terza figlia de Del Russo Raffaele e Vincenzo Assunta
è nata a Supine (Sepino), Compobasso, Italia
s'ha spusate Nicola Rucci a ru 1933, quande teneva 22 anne
a avute 5 figle, na femmena e 5 mascure
(la femmena, Margherita, è morta quand'eva piccola)
steva in campagna e ha lavorate forte pe cresce la famiglia
ha emigrate a ru Canada a ru 1966, quande teneva 55 anne
ha perdute ru marite a ru 1969, quande tenava 58 anne
ha dovute lavorà dente a la manifatura pe nu dolle a l'ora
s'ha fatte la casa soja col figle Marije a ru 1980
è tornata parecchie volte a Supine col figle Raffaele
è morta a Montreal, Canada, a ru 2005, e teneva 94 anne

eva na forza enorme pe la famiglia
sapeva cucinà assaje e bone
teneva na grossa famiglia e tanta parente e amice
ri vulevene tutte bene e se faceva vulé bene

Introduzione

Mia madre ha avuto due vite, una a Sepino e una a Montreal. Ha vissuto a Sepino dalla sua nascita fino all'età di 55 anni. Nel 1966, emigrò al Canada per unirsi a suo marito, suo figlio maggiore, tre nipoti, parecchi Sepinesi e una grande comunità italiana. Ha vissuto altri 39 anni a Montreal fino alla sua morte nel 2005, all'età di 94 anni. Ha vissuto una vita piena di eventi memorabili a Montreal. Tuttavia, questa autobiografia non riguarda la sua vita a Montreal, ma la sua vita a Sepino. Circa un anno prima di morire, ha registrato, con il mio aiuto, gli eventi significativi della sua vita a Sepino. Quello che leggi qui è nella sua voce, trascritta parola per parola, attraverso la sua bella lingua madre, *ru Supinése* (una variazione del Napoletano).

Mario D. Rucci, editore

Supine

Dente la provincia de Campuasce (Campobasso), ce stà Supine (Sepino). Supine se trova in collina da la parte orientale de ru Matese (che fa parte de gl'Appennine), ncoppa a la pianura de ru fiume Tammere. A Supine ce stà n'abbondanza d'acqua (funtane, uallune, e ru fiume Tammere) e de lena (vusc'chetta, vosc'che, e la selva de Campeteglie). Supine è divise che tanta cuntrade: ru Cunvente, le Tre Funtane, la Chiazza, Pantane, Castegle, ru Colle, ri Campedule, la Torre, ru Pontedetaule, l'Autilia, etc.

Supine è isolate, luntane da la stazione de ru trene, ru contrareje de tant'ate paese che se trovene vicine a la stazione. La via che porta a Supine da la stazione eva a sense uniche, no sciva ncoppa, non continuava, arrivava a le Tre Funtane e se fermava. Accusì eva prima. Mó porta a Civitavecchia, etc. (Ru fatte ca no sboccava ncoppa è state na fortune durante la seconda uerra.)

La punta de ru campanile de Supine è a forma de buttiglione. Pe queste fatte, è facile a differenzià Supine de ru reste de gliate paese.

Ru Supinese
Le regole per scrivere *ru Supinese*

ə è **la vocale la più usata** in *Supinese*.
ə se trova di solito a la fine delle parole.
Per rappresentarla si usa la lettera e, come in *dòpe, quande*

Allinfuori delle consonati in use nell'italiano standard, si usa anche la j per rappresentare **la vocale palatizzata** de ə, come in *maje, duje*

Colle **consonanti palatizzate**, la regola è la sequente: si mette la g davanti alle consonanti che vengono palatizzate:
n →(diventa) gn, come in *ogne, magna*
l → gl, come in *glióve, vòglie*
ch → gch, come in *gchiù, gchine*
Il problema è con *gch*. Non è d'uso. Si può usare *cc* al suo posto. Allora, *gchiù* si può scrivere anche *cchiù*

Ci stanno **due modi di scrivere** parecchie parole:
socere o *soc're*; *socereme* o *soc'reme*
maie o *maje*; *duie* o *duje*; *assaie* o *assaje*
Ngerumarije o *Ng'rumarije*
tredice anne o *tredici'anne*
gli'amice o *gliamici*; *gli'anne* o *glianne*
non ce o **no nce**; *non facette* o *no nfacette*

Le consonanti composte, specialment all'inizio della parola:
nce, ncape, nteresse, mparà
vusc'chetta, sc'caffà

Quando il senso della parola cambia, così cambia il suono:
ru gióne vs. *ri giune*; *nu uaglióle* vs. *na uagliòla*
nu uaglióle rósse vs. *na uagliòla ròssa*
quiglie è accusì vs. *chiglie só accusì*

Cristina M. Del Russo - Rucci

CAPITULE 1 - Pre-1911
La famiglia Del Russo e La Famiglia Rucci

Sepino, visto dalla Via delle Tre Fontane

Il Campanile, a forma di bottiglione

Tutte ha cuminciate che la famiglia meja & la famiglia de mariteme. Gl'avvenimente só differente, ma la conclusione è la stessa.

Ru Vicinate Mariole

Bisnonne Rioreje, ru patre de ru patre de patreme, eva massare. Faceva ru jacce. Teneva pecura, crape, tutte cose.

Ru jacce, ru tenne pure mó a la muntagna. Pigliene le pecura da te. Pugliene le pecura da quigli'ate. Pigliene le crape da quigli'ate. Da tutte la gente. Le portene là. Tutte quante. Assai animale. Ri mittene tutte denta na mandra. Tutte ricintate. Allora, pigliene tutte quante e fanne le casce. Mugnene le pecura. Mugnene le crape. Tutte le matine, tutte le sante matine, fanne le casce là. Pe dice, spetta a té. Si ce t'é la crapa. Te l'ha jì a tolle. Ogn'é quante tempe te spetta, però, è! Te l'hanna piglià lore.

Bisnonne Rioreje eva brave. Eva brave, brave, brave. Eva ricche, ma eva brave, brave. Si puteva aiutà, aiutava. Diceca, ca tante eva bone! Eva brav'ome.

Ajutava a la gente che no mputeveve. Ma, uaje a té! si tu ru vulive mbruglià, si tu non facive le cose juste verse de isse. Allora, non eva cosa bona! Che niente se utava a mazzate. Patreme me diceva ca i c'eva pigliate.

Na vota, une, che teneva la terra a confine che bisnonne Rioreje, metteva le prete pe se tolle n'arbre dente a quelle de bisnonne Rioreje. Metteva le prete, metteva le prete, metteva le prete, pe se piglià quigl'arbre, pe ru fà jì dent'a le soje. Bisnonne Rioreje piglia na mazza. Tò! Tò! Tò! Ru sgubbatte. Rimanette sgubbate. L'ata gente de ru vicinate ciavirne piacere, pecché quiste jiva facenne la stessa cose che gliate.

Ma, quiste no mputeva faticà chiù, tante mazzate che ri dette. Bisnonne Rioreje aveva dà a campà a quigle. Nu muzzetta de rane e nu muzzetta de randineje ogné mese. Aveva dà a campà a duje famiglie, tu ce pazzije!

Mó, diceca, nu uagliole, che se jiva a piglià le rane e le randineje, dicette accusì, "Zì Riò, ru muzzetta non è chiine!"
"Né nì, sule tu na pruate le mane meje!" facette bisnonne.
Quigle se chiava ru sacche ncoglie e se ne scappatte.

Ru Briante Mariole

Bisnonne Nicola, ru tatiglie de ru patre de mariteme, eva ricche. Eva assaje ricche. Faceva venì la gente pure da luntane pe mete le rane. Sempe a mane, a quiglie tempe. A mane. Se meteva a mane. Teneva assaje ommene a mete le rane.

Allora, ce stevene le femmene ch'evene povere, la gente povere da luntane, e jivene a coglie le spighe de rane. Cuglievene le spighe de rane appresse a ri meteture.

Mó, na femmena teneva nu uagliole, nu uagliole de cinque-sci annc. Ru purtava semp'appresse. Stù uagliole ri dicevene, "V'ajjigne nu secene d'acqua fresca!" Stù uagliole sapeva a dó teneva jì a jegne ru secene d'acqua. Ajutava. Bisnonne Nicola ru faceva magnà a unite che lore, pure la mamma, meze a ri meteture, tutte quante. E stinne assaje tempe là. Ru tempe che metevene. Chissà quante tempe ce uleva? Pecché a mane ce vò chiuss'assaje tempe.

Questa femmena e quiste uagliole stevene luntane, luntane assai da ru paese nostre. No nputeva e bisnonne r'aiutava. Forse ri deva pure caccosa, la sera, a la mamma, pe se le fà a mangià. No ntenevene niente. Evene povere.

Mò, è arrivate na vintina d'anne, vintidue-vintitre anne, dope, Bisnonne Nicola jiva, quatte-cinque ciucce arretenate, une appresse late. Presottera purtava, oglie purtava, furmagge purtava. E, a quiglie tempe, ajiva jì a pete. Sule che gli'annimale putive jì.

E, allora, passava pe dente a nu vosc'che. Vedette cert'ommene sotte n'arbere. Vedette tridice-quattordece ommene sotte a quigli'arbere. Và une e ru ferma. Ché uleva dice mane a quiglie? Evene briante! A quiglie tempe ru briandagge se usava. Jirne pure gli'avete. Jette pure ru cape briante. E ri dumandatte, "Che casata ci'hai? Donda vé?"

E tatiglie ri disse, "Só Nicola Rucci! Venghe da Supine!"

Ru cape briante se ricurdatte. Eva state paricchie jurne che tatiglie, quant'eva criatura. Se ricurrdava. Se ricurdava da che eva piccule. Quant'une è piccule, te ricorde de chiù. Quante une è piccule, allore te ricorde chiù'ssaje qui t'ha fatte bene e qui t'ha fatte male, qui t'ha maltrattate e qui nó.

E disse vicine a quigli'ate, tutte quante, "Quante vedete questa famiglia, quiste nome loche, nó tuccate niente!" Isse cumandava.

Ma, allora, bisnonne ri dette presottera e furmagge. Ri dette pur'oglie. Chiglie là là vivevene, dent'a ru vosc'che. Là vivevene propria. Ce le ulette dà isse. Ma, ce le dette pecché no ntenevene niente. Ma lore no tuccarne niente.

Si non'eva accusì, r'accedevene e ri pigliavene tutte cose. Come isse r'eva fatte troppe bene! Ri uleva bene a quiglie uagliole. Si eva maltrattate, eva gran dolore! Quiglie r'eva vulute bene.

(A pensarce ncoppa, ru cape-briante sapeva ca n'aveva bisogne de ri piglià che la forza quelle che bisnonne Nicola teneva, pecché bisnonne meje eva brave e ce le deva de volontà soja.)

Quiste cape briante se chiamava **Minghefurle**.

Ru Cane Arrajjate

Tatiglie Ngerumarije, ru patre de pardeme, eva massare pur'isse; e, pur'isse, teneva ji a l'America.

Ma, na settimana prima de partì, tatiglie Ngerumarije jiva a cavaglie a ru cavaglie. Jette nu cane. A quiglie tempe ce stevene ri cane uaste. Ce steva la paura pe jì camminanne. Vè nu cane. Se mena vicine a ri pete de ru cavaglie. P'aiutà ru cavaglie tatiglie Ngerumarije scegne da cavaglie. Acchiappa la vocca de ru vane uaste. Ce la scacchia. La vocca, ce la scacchiatte a ru cane. Ma, le zanne! Se facette male a le mane.

Stette quarante jurne. No mputette durmì a ru lette. Sempe ncoppa nu sacche aveva stà. Quante arrivatte ri quarante jurne, dicica, non ce vedeva chiù. Ma, se salvatte! Non fù niente. Pecché fece la quarantana. Avetta fà quaranta iurne ca le zanne de ru cane uaste se ri ficcarne dent'a le mane. Pigliatte la rajja pur'isse.

A quiglie tempe ce truavene assaje ri cane uaste, quante ce steva pur'i. Me ricorde assaje. Dope, hanne cuminciate a fà le punture quant'i teneva ri figlie. Teneva Giuseppe. Giuseppe è nate a ru '53. Doppe assaje, doppe assaje. Dope cane uaste non ce ne so state chiù. Ma, prima! Prima ce stevene assai cane uaste. Prima avive paura pe jì camminanne. Te facevene avé paura.

Tatiglie Ngerumarije no mputette partì pe l'America pecché tenetta fà la quarantana.

Ru Frate Arrajjate

Tatigle Duminiche. Ru patre de tatiglie Alfonse se chiamava Duminiche. Ri figlie erene otte. Teneva Zì Petre, Nicola, Luigge, Ngiurumarie, Giuanne, tatiglie Alfonse, Betta e Mariuccia, duje femmene. Tatiglie are ru l'utime. Tatiglie Duminiche era quiglie che cumbinava uaje. Si cacchejune ri diceva caccosa, non era cosa bona. Che niente se utava a mazzate. Ri figlie non cianne pigliate. Tatiglie Alfonse are brave.

Arrivatte che ru frate de tatiglie Duminiche vuleva na uagliola de le Macchie. Tatiglie Duminiche sapeva sunà la chitarra. E allora jirne là tutt'edduie ri frate. Une sunava e une cantava. Questa uagliola ru uleva. Ri duje frate de questa uagliola non ciavevene piacere. E scinne ri frate. Tutt'edduje ri frate. Ru frate de tatiglie se fermatte. Tatiglie 'nse fermatte. Le femmene scinne che la cannela 'mmane. A quiglie tempe 'nce steva luce. Che ru pugnale daglirne enta la cannela. Quiste corre 'ncoglie a tatiglie. Ru frate de quella uagliola. Ri corre

5

'ncoglie. Quiglie cadette. Ri chiavatte na puglalate. Quiglie da sotte che nu piccule curteglie, ri dagliette 'ncorpe. Tutte le udella ri scinne da fore. Le purtava 'mbraccia accusì. E se ne scappatte. Ma isse, na pugnalata, da derete a le rina, sciva nanze ru cavute. Sciva ru sciuscie da nante a rete. Però isse avette torte, pecché erene iute lore là. Erene iute lore a la casa de quiglie. E dope ri detta dà a campà. R'avena dà nu muzzetta de rane e nu muzzetta de randinije ogne mese.

Aveva dà a campà a duie famiglie, tu ce pazzie!

Mariole D'Occhie

Mammell'Antonia, la mamma de mamma, teneva cinque figlie: zia Chestina, zizì Giuseppe, mamma, zia Vettoria, e zizì Giuanne.

Zizì Giuanne eva l'uteme figlie. Teneva l'età d'Amideje, ru figlie de zia Chistina. Zizì Giuanne steva tante sulluate quante eva piccule. Ri luarne le sangue, come se faceva, pe fà la vaccinazione a gliate criature. A zizì ce ne luarne assaje e, diceca, se ri fece ru cape accusì. Ru cape se ri tutte ngunfiatte. Pigliatte l'infezzione. Remanette sceme quiglie criature.

E, pó, che ru tempe, quante arrivatte gione, a mamma no la uleva fà zappà. "Vattenne! Zappa Giovanni!" diceva. "Tu vattenne e fà ri taccarune!"

E, quante eva gione, ru figlie de Bucce re menatte na preta. Ri cecatte gli'occhie. Don Alfrede, ru metiche, ce l'avetta luà. Quante vedeva a don Alfrede, ru curreva appresse a pretate. "Damme gli'occhie meje! Damme gli'occhie meje!" diceva e ri curreva appresse. Ru metiche jiva camminanne pe le casara allora.

Allora, ri facette rapporte e ru mannarne a ru manicomeje. E là murette.

Mammella chiagneva sempe-sempe ru figlie. E astemava, "Si ri pozza chiude la casa!" ... a quiglie de Bucce. E veramente! La mugliere accedette a ru marite. Ru figlie r'accedirne. Eva cattive quiglie uagliole de Bucce.

Mariole De Chiazza

Zizì Ngerumarije, ru frate de socreme e ru patre de Giuannenicola, ru chiamavene Rucciglie.

Eva mattosche. Eva nu poche strambotiche. Jiva meze a la chiazza e se metteva allucà, "Ladre de piazza! Ladre de piazza!" Quiglie de ru municipeje. Quiglie de dente Supine. E ru facinne jì a ru manicomeje. No nsacce quante tempe stette. Eva mattosche.

La mugliere se chiamava Rosa. Dicene ch'era na bella femmena. S'ammalatte. Se murette. La spagnola. E isse se ne jette. Abbandunatte a ri figlie e se pigliatte la mugliere de ru frate. Se spusatte a zia Cuncetta, la veduva de zizì Cola, ru frate de socreme. Cola Rucce murì, murette gione, perciò mettirne nome Nicola a mariteme. Pecché no nteneva figlie. Za Cuncetta n'avette figlie nemmene che zì Ngerumarije.

Zizì Ngerumarije teneva quatte figlie mascure che la prima mugliere. Peppine; Cristine, ru marite de Luisella; e Giuannenicola. Peppine e Cristine evane scarpare.

Zizì Ngerumarije teneva n'orologge che la catena d'ore. Allora, ri pezze rosse purtavene l'orologge. E Giuannenicola diceva, "Né pà, ma s'orologge a chi ru lasce quante more a quante só cent'anne... e dimane matina ndó?"

Pó zizì Ngerumarije se nbriacatte. Jette che patreme meje. Enta la cantina jirne. Sciuccava. Faceva fridde. Ollora, ognune se ne jette pe la via soja. E zizì se ne jette pe quell'ata via, pe la via de ru Cunvente. Quella, là steva la casa soja. E, allora, arrivatte a quelle de Za Maria Fregona. Ru vente menava, neve, tutte cose. E s'assettatte ncoppa na preta. E la remanì... morte!

Lasciatte La Mugliere

Patreme teneva na sore. Se chiamava Libberella. E se la pigliatte Piccucce. Stevene a l'America.

Piccucce teneva duje-tré figlie. Allora, Piccucce vuleva troppe bene a nu figlie. Quiglie figlie steva attaccate a ru patre. Facette incidente e murette. Ru figlie de Piccucce murette.

Allora, la mugliere, quante ru marite turnava da faticà, cuminciava a strillà pe ru figlie. Ru povere marite, pe la pena che teneva pe ru figlie, non puteva maje magnà. (Invece de ji a chianne luntane e a nascuste.) Pe quelle là se lassarne. E, dope, Piccucce se ne jette a l'Italia e se unette che Mariantonia. (Circa 1928)

Libberella, diceca, eva na bona femmena. Eva deritta e pulita.

Lasciatte La Mugliere

Zizì Petre, ru frate de socereme, se ne jette a l'America che zizì Giuanne, ru frate. Filumena Rucce era la mugliere de zizì Petre. Tenevene nu figlie, Duminiche, quiglie che steva a Colepignatare. Filumena, quante ru marite se ne jette a l'America, a fatte nu figlie che nate. Ru marite l'abbandunata. Pó la fece jì a l'America. Jette, jette essa. Duminiche, ru figlie, no ru purtatte, si nó, la faceva stà. Pe la regna ca non purtatte ru figlie, la ficcava dente e la faceva stà. No la faceva scì pe niente. E se ne tenetta jì n'ata vota.

(Petre, ru figlie de Dumineche, è state pure a ru Venezuela, quante ce stevene mariteme e frateme.)

Zizì Petre si pigliatte n'ata femmena. Avette diece figlie che la soconda mugliere. Se chiamava Rosa quella che steva a l'America. Avette diece figlie che quella. Stevene a ru Chenetichette (Connecticut). Pure a Harteforde steva patreme meje. A Harteforde stanne tutte ri paisane nostre. Assaje, assaje paisane.

Ri figlie de Zì Petre só pure cuntrattore.

Jette Terzetta

Quante savame piccule, mamma ce raccuntava la storia de nu fratecucine soje. Ru chiamava Tizeje.

Zì Tizeje vuleva jì a l'America. Allora, a quiglie tempe, prima de la uerra, se jiva terzetta. Allora, ce stevene chiglie ch'evene mariule. Ce stevene chiglie ch'evene brave e facevene le cose juste. Chiglie ch'evene mariule facevene le cose storte.

Zì Tizeje jette cata quiglie ca quiglie faceva ji a l'America, faceva partì pe l'America. (Quiglie se chiamava Caje.) Allora, (Caje) non se n'interessatte chiù. Pigliatte pajate e non se n'interessatte chiù de ru fà ji a l'America.

Dope, jiva a Bonessareje. A Bonessareje putevene ji (chiù facilmente), ma quiglie uleva ji a l'America bona. Allora, partì e steva jenne a Bonessareje. Trasette ncoppa a ru trene. Come ru vedette, quiglie pezze rosse teneva solde, pecché isse faceva solde ncopp'a la gente. Arrubbava, ma non eva capace de ri farri partì. La nummenata che teneva.

Allora, ru sfuttette. "Giuà! Si turnate nata vota? Si jute a l'America e mó si venute?" Pecché quiglie eva straniere, non eva de Supine, quigli'ome là. Addó ru jiva a truà? Ru jette a truà dent'a ru trene!

"Ah, si! Só turnate nata vota," dicette. "Tu m'ha fatte partì a l'America! Mó só venute nata vota! Dope me ne vajje."

S'azzecca vucine. Piglia ru rasule denta la borza. E ri taglia ru coglie.

Allora, teneva l'amante e la mugliere. Eva pezze rosse. Steva unite a l'amante e la mugliere. Quante vedette accusì, l'amante ri piglia ru portafoglie da dente la sacca. La mugliere cuminciatte a strillà. Zì Tizeje zompa da dent'a ru trene e se ne scappatte.

No ru canuscevene. Non sapevene chi eva state. Da dó jeva, da donta jeva. Quelle che ne sapevene, le femmene! Non sapevene niente. E se la filatte. E, dope, se ne jette a Bonessareje.

Eva arrubbate. Chisà quanta solde s'eva pigliate da chiglie povere chestiane. Non sule da quiglie. Pure d'agliate. Pecché quiglie eva de nate paese. Non eva de ru paese nostre. Eva straniere. Non sapive addó steva.

Se ne jiva a na casa e faceva vedé ca faceva le carte pe ru fà ji a l'America. Le carte evene faveze, non evene bone. Avive pe vedé e no putive partì!

Jette Terzetta

Ri duje frate de socereme, zizì Petre e zizì Luigge se ne jirne a l'America. Ma, ru frate Alfonse, **socereme**, non ce putette jì a l'America pe gli'occhie.

Gl'iocchie, pe ru fume se r'ammalatte. Teneva tridici'anne. No ru purtanne da ru metiche. Jiva da na femmena a nciarmà, a nciarmà.

Quante teneva tritece anne jiva da na femmena. Ce ru ngiarmava. Quante ri purtava caccosa, jiva bone. Quante no ri purtava niente. "È ru fume, zia soja. È ru fume! É quiste! È ru fume!" (E non ce ru manche nciarmava.) E ru perdette gl'iocchie! A tritece anne! De malatìa. E quella femmena, quant'une ri purtava caccosa. Na pizzuttella de casce. "Vé! vé! vé! Vé pure dimane! Quant'é dimane matina vé nata vota!"

Sant'Antoneje fà tritice razeje.

Sante Mangióne ne fà quattòrdece.

A la gente s'ammalavene gli'occhie che ru fume. Troppe fume, a l'Italia. Ru tirafume faceva fume. Ogge, dimane, ru fume. S'ammalarne gl'iocchie. E, quella femmena, si no ri purtave niente, diceva, "È ru fume, zia soia! È ru fume!" E, ru nciarme, no ru faceva chiù.

Quante socreme se ne jette la prima vota a l'America (1905), teneva diciott'anne. Se ne jette a l'America terzetta. Terzetta. Pecché non puteva jì pe gl'occhie. Non ce ru facinne jì. E, allora, jette terzetta. La prima vota. E ru mannarne arrete. N'ata vota ru ficcarne dente a la Cubba. Ru ficcarne pure dente. Stette tante tempe dente. Dope turnatte a l'Italia. N'ata vota. Azzardatte n'ata vota pe ì a l'America. L'utema vota. Tré vote. L'utema vota. Quiglie pigliatte tutte quante chiglie che jivene terzetta e disse, "Venite appressa a mé!" Ri purtava dente. Allora, isse camminava nante, nante e chiglie jivene appresse. Tatiglie se utatte dente nu viche. Pe quesse remanette a l'America. Isse e n'avete. Se ficcatte dente nu viche. E chigliate camminave appresse. Ri fessa jivene appresse. Ma tatiglie non ce jette, no isse e n'ate. Se ficcatte dente nu viche e se la filatte.

E sempe diceva a mariteme, 'I aje raperte la via, e tu la chiusa." Era vere. Quiglie rapette la via che tanta uaje. Aveva tote pure ri peducchie. Stette ngaleja. Ru metterne a le carcera.

Supino, A Quei Tempi

CAPITULE 2 - 1911-1915
La Mancanza Mariola

Casa paterna, vista dalla strada pubblica

Casa paterna, l'entrata principale

Loche de Nascita

Addó só nata e abitava ì ri dicevene **ri Campedule**. La casa.
Ce steva na stanza e na cucina. Ce steva na scalella da fore.
Ma, prete nante prete. Non ce steva parapette. A cusì era. A
l'antica. Tutte quante cusì tenevene. Dope, è venute patreme
da l'America. È state tridice anne a l'America. I teneva sè
mise quante isse è partute. I teneva tridice anne quante isse è
arrivate. E, quante è turnate ha fatte fà la scala, la scala bona.

Ha fatte fà nata stanza da quell'ata parte. Pecché vicine a
la stanza vecchia ce steva la pagliera. Ce steva la paglia
dente. Allora, quella pagliera, la fatta fà a stanza. Na bella
stanza. E l'accunciata nu poche la casa. Ri matune pe terra.
E, dope, evene duje stanze. La stanza rossa e quella stanza
piccula, addó ì teneva ru lette.

La cava sotte. Sotte ce stevene patane, rantineje, fasciore,
tutte. Gli animale stevene da quell'ata parte. Addó steva la
paglia. Sotte addò è stata fatta quella stanza. Gli animale
stevene a quell'ata via. Pecura, crape, porce. Quella eva rossa
la stanza. Là stevene. Tutte là.

Ru puzze steva nante a la casa. Steva cuperte ncoppa. Ce
steva na finestra quà e na finestra là. Ce steva messa la
trocchiela. Eva facile a tirà l'acqua. Nuje da questa parte
tiravame da quà e chiglie de quella parte tiravene da là. Za
Betta e zì Benegne stevene da quell'ata parte. Ru puzze eva
de tutt'edduje, eva du ru vicinate. R'evene fatte a unite.
L'aqua che temperene non ce và là dente. Non ce và. Esce da
sotte. Se vede propria. Volle, accusì. È bona quell'acqua.
Non ce stà nissun'acqua accusì. È bona, bona, bona. I, quante
eva ncinta a Giuseppe, non puteva veve pe niente. Mamma
me la purtava sempe, sempe. Sule quella me puteva veve.
Eva bona quell'acqua. È leggia. Leggia, leggia. Ce stanne le
nquille dente. Quanta vote l'angappavene le nguille. Ce
l'evene menate pe fà mantené l'acqua fresca, le nguille.
L'angappavene cacchevvota e ce la magnavame, le nguille.

Quella de funtana maiura, pure bona eva, ma no me la puteva veve.

Ru Vicinate

Ru vicinate a fianche a nuje:
Za Betta e zi Benegne e la figlia Francesca (ru marite Mariangele se ne iette a l'America e l'abbandunatte) e la figlia de Francesca, Maria

Za Betta eva la mugliere de zì Benegne. Steva a scianche a nuje, là. Veniva da me la sera. Mamma e patreme se jivene a dorme. I faceva ru merletta e la bonanima de zì Benégne me raccuntava caccosa. Ce vulavame sempe bene. E la figlia Francesca. E la nepote **Maria**, nuje la seme fatta rossa, quella uagliola. Steva sempe a casa nostra. Eva na bella uagliola! Pó se spusatte e se ne jette a l'America. Se pigliatte Savereje. Savereje Giaferre se pigliatte. Teneva na chiusa nante a le nostre. E quiglie se pigliatte. Zì Benegne avette pe jì dente na vota. Stevene dente ru lette, tutt'edduje! Pó se la spusatte dope. Ma eva na bella uagliola! A quiglie tempe eva fatte la quinta. Facette la quinta. Eva na bella uagliola, eva. Ru patre, Mariangele, se ne jette a l'America e no la scrivette chiù a la mamma. L'abbandunatte. E ru patre murì. E pó la figlia chiamatte la mamma.

Francesca, la figlia de zì Benegna, se spusatte a Mariangele, ru figlie de zì Ngiammattista Puparole, ri dicevene. Eva frate a za Betta. Francesca deva uaje a za Betta, a la mamma, ca jessa eva fatte ru matrimoneje, ch'evene fratecucine. Ma eva jessa ch'eva birbanta. Dicene ca na sera sciglievene. Evene spusate de poche tempe. E ru marite diceva, "Francé, jamecenne! Francé, jamecenne!" No l'adduserava pe niente, niente. "Pó te le facce pajà!" Se ne jetta a l'America e no la scrivette chiù! No l'adduserava pe niente. Eva capotica. E l'abbandunatte. Bella non eva. Eva brutta. Eva roscia. Teneva ri capiglie rusce. Ri tratte ri teneva. Ma, teneva la cannarozza. Menette la cainata, 'Ngiulina, da l'America e la purtatte a Benevente a Francesca. Ri facinne le punture. Se ri luatte la cannarozza. Ma, però umava sempe, sempe. Teneva tutte buche.

Ngiulina abitava vicine a nuje. La nepote de za Betta. Teneva la faconia. Teneva nu figlie sule. Ru marite steva a l'America e ri solde ri mannava, tutte cose. 'Ché ce teneva jì a faticà! Quante jiva fore, veniva a ru Parche là, quelle de coppa eva le soje. Ce steva sule na viarella là. Allora, se purtava la caveza, la puntina, ru lenzore, na maglia uleva fà. Non faceva niente. Se menava ncoppa la murecena e s'addurmiva. Uleva fà tanta cose che na jurnata. E, denta la jurnate, non faceva niente!

Ru vicinate, chiù luntane, da quella parte:
Za Mariagiuanna e zi Giannantoneje e ri figlie Mariangele, **Chestinella, cummà Lucia, Maria,** e Nicola (suldate sbandate, accedette ru tenente, e murette dent'a le carcera)

Z'Angelamaria e zi Giuanne Saracheglie (ru frate de zi Caitane) e ri figlie Pasquale, Peppine, Mariuccia, Cuncetta, **Sarrafine**, Mingantonie, e **Chestinella**

Zi Caitane Saracheglie e za Luisella (prima) e za Filumena (dope) e ri figlie Cristine, Vittorie, cumpà Petre, e Nicola (ru figlie de za Filumena) (Zi Caitane steva a l'Argentina. Ri scrivirne ca se ne venisse. Quante venette, ru jurne nante evene purtate la mugliere a ru cimitere. Quante murette, ru prime figlie, Cristine, teneva 13 anne.)

La Famiglia

Patreme, mamma, Ngerumarije, Niculetta, e i. (Patreme teneva sett'anne chiù de mamma. Nasciette a ru 1880.)

Mammell'Antoneja e tatiglie Nicola (prima) o tatigle Vicenze (dope) (Titiglie Nicola, ru patre de mamma, eva venute da l'America. Se fece fà ru casine là ncoppa a nuje.

Stette nu belle poche de tempe, pó se ne jette nata vota a l'America.)

Mammella Niculetta e Tatiglie Ngerumarije, ri genitore de patreme

Zia Libberella eva la sore de tatiglie Ngerumarije e steva a l'America

Mammella Niculetta teneva duje figlie, patreme e zia Filumena. Mammell'Antonia ne teneva cinque. Zia Chestina, zizì Giuseppe, mamma, zia Vettoria, zizì Giuanne.

A ru Colle: zia Vettoreja, la sore de mamma, e la figlia Manuela. Manuela eva de l'età meja. Cumpagna de joche.

Meze la chiazza: zia Chestina, la sore de mamma, e la figlia Mariannina.

Pure a patreme ri dicevene massare. Ma, isse no nteneva ru jacce. Patreme teneva na sore. Se chiamava Libberella. E se la pigliatte Piccucce. Quante jette a l'America, patreme non steva a Youngstown che la sore. Isse steva a Hartford che la ziana, zia Filumena.

I só nata ru 1911, de primavera, a ri Campedule, na cuntrada de Supine, la terza e l'utema figlia de Raffaele Del Russo e Assunta Vincenzo.

Dicevene, "T'assumiglie tutte quante a mammeta! Dì ca non si figlia a z'Assunta!" Mamma eva bella, mamma. E patreme chiù meglie ancora. E mammella! Mammella Niculetta, la mamma de patreme. Chiuss'assaje Niculetta de mammella ha pigliate. Janca e roscia come a mamma. Mamma eva janca e roscia. Ri capiglie ricce come a mamma. Patreme teneva ri capiglie ricce. I pigliave ri capiglie de mammella. Liscie. Allora, se giravene. Niculetta, ricce-ricce, belle-belle, ricce-ricce. E Ng'rumarije pure ri teneva ricce. Eva nu belle gione fatreme.

Mammella Niculetta, la mamma de patreme, steva che nuje. Ru marite era tatiglie Ng'rumarije. Mammella Niculetta eva bella. Quant'eva bella! Niculetta ci'ha pigliate. Eva bella. Ri capiglie no ri teneva ricce. Ri teneva com'a mé, ma eva bella. Niculetta ha pigliate de mamma e patreme ri capiglie ricce. Quante patreme se ne jette a l'America, mammella Niculetta, la mamma de patreme, steva che nuje.

Mammell'Antoneja, la mamma de mamma, steva a quella casarella chiù ncoppa. Chiù ncoppa, verse ru Colle: mammell'Antoneja, la mamma de mamma, e tatiglie Vicenze. Mammell'Antoneja veniva de la Ripa, Antoneja de la Ripa. Ru marite veniva Vincenzo, come t'è ru nome mamma. Eva na bella femmena mammella. Ma, mammella ce uleva bene. A me uleva ben'assaie.

Mammell'Antoneja, r'eva morte ru marite quant'aveva cinquant'anne. Ru marite de mammell'Antoneja i no ru sapeva. Manche tatiglie Ng'rumarije. Allora, quant'è morte ru marite, mammell'Antoneja s'è spusata nata vota. Se pigliatte tatiglie Vicenze. Eva de Cerrite. Bell'ome! Bell'ome! Ce uleva ne bene a nuje! E, se pigliatte a quiglie. Pó, passa l'età, tatiglie Vicenze s'ammalatte. Quiglie murì. Ri mettevene ru matone cucente. Non se n'accurgeva ch'eva cavete. Teneva ru core malate. Dent'a quelle casarelle vecchie là, pó! Niculetta steva sempe là. Aiutava nu poche. Teneva duj'anne prima de me. I eva piccula.

Me ricorde quante steva a la casa lassotte, a quella casa ncoppa a nuje là. Mammell'Antoneja là steva prima. Steva che tatiglie Vicenze. Quella se ri murette ru marite de cinquant'anne. (Pure mammella Niculetta, pure cinquant'anne teneva ru marite quante ri murette.) Mammella Antoneja se turnatte a spusà e se pigliatte zi Vicenze ru Uardiole. Nu bell'ome. Ce uleva bene assaje-assaje a nuje. Nuje ru chiamavame tatiglie. Ri figlie de zia Vettoreja no.

Non ce ru faceva chiamà. E mamma ru chiamava tata, a tatiglie Vicenze. E quiglie ce uleva bene a nuje, ce uleva bene.

Mó, tatiglie Vicenze s'ammalatte. Me ricorde i. E quante jiva là, me mpaurivene, ca non me n'aveva jì a casa, ca non me n'aveva scappà. Dicevene ca ce steva ru Cavanzogna. Pe fà cumpagnia a mammella. E, allora pe paura che i me ne scappava, me mpaurivene. E chi ce iva vicine a là, a ru fosse de Cicchetta. Là ce stà ru Cavanzogna. Na paura! E chi ce jiva!

A tutte le criature, pe ce fà paura, dicevene, *Se arrive a ru fosse de Cicchetta ce stà ru Cavanzongna. Quiglie te cava la nzogna mez'a le mane!* E chi passava ru fosse de Cicchetta? Tenavame paura e non ce iavame.

Tatiglie Vincenze teneva ru core malate. Ri ncavedavene ri matune. Rusce-rusce se facevene. Ri mettevene. Nse sentiva niente cavete. Sempe fridde-fridde se sentiva. Niculetta c'eva stata assaje tempe, eva chiù rossa de me. Mamma ce la mannava da mammella. Mammella eva vecchia. E, allora, purtava ri matune da tatiglie là. Vedeva a tatiglie dent'a ru lette.

Pó, se murí. Se murí tatiglie. Mammella eva vecchia. Non ce jette a ru cimintere. Non ce la purtarne. No la purtarne nó a la chiesa, nó a ru cimintere a mammella. E me ricorde ca mammella, da coppa a la scala, vedeva ru marite che ru purtavene. Steva i ascianche a jessa. E alluccava, "Oje Vicé! Mó te portene! Oje, Vicé! Mó te portene!" I riteva. Uleva bene a tatiglie, ma eva criatura! Mammella alluccava e chiagneva. Tatiglie eva nu brav'ome. Ché uleva stà dent'a quella casa là! Faceva fridde! Nuje no ntenavame fridde. S'avame criature. Ma, tatiglie teneva fridde. Steva malate. Ri panne che mettevene atturne a ru matone se tutte appicciavene. Ma, eva brav'ome. Faticava dent'a quella terra là.

Vendetta Mariola

Na sore de mammella Niculetta teneva nu figlie. Se chiamava Giuseppe. Ri dicevene Ru Madunnare (Ru Santucchiare).

Allora, mettirne foche a le massarije. E **zì Giuseppe** sapeva chi eva misse foche a le massarije. Jette a fà la testimoneja. Facette la testimoneja contra de chiglie.

Passatte ru tempe. Isse jette a uardà ri vove vicine a la ferruvia. (Ri frate soje jivene sempe che isse, ma quiglie jurne no mputirne pecché jirne da ru sopraggente. Ulevene ji a l'America.)

Eva fatte notte e non turnava. Jirne a vedé e ru truarne morte ncoppa a ferruvia. Se credevene che s'eva menate isse sotte a ru trene.

Ma l'accedirne! Pecché isse eva fatta la testimoneja contra de chiglie. E ru jirne a mette sotte a ru trene. Pe fà vedé che s'eva menate isse sotte a ru trene.

La ziana, zia Filumena, quella che steva a l'America, ri uleva bene a ru nepote. E se ru sunnatte la notte. "Oje, zì! Nonnè vere ca m'haje jute a menà sotte a ru trene! M'hanne accise e m'hanne misse ncoppa la ferruvia! No i me ci haje menate sotte a ru trene!"

Zia Filumena le dicette a patreme, quante patreme steva a borde che jessa a l'America.

Nata sore de mammella Niculetta teneva duje figlie, Scerra e Francesca. Giuseppe Rosse-Rosse se pigliatte a Francesca e Carmeneglie se pigliatte a Scerra. Carmeneglie se ne jette a l'America e Giuseppe remanette là, a l'Italia.

Za Scerra teneva zi Carmeneglie a l'America. Nu belle gione eva! Nu belle gione ru marite! E quella zucchelella. Eva piccula-piccula, accusì. Eva bella. Facette ru figlie che ru cajenate.

Mamma l'alluccava sempe-sempe. Steva sempe che quiglie. Giuseppe se chiamava. Eva ru ziane de Mariangele Ciannone, ru frate de ru patre. S'eva pigliate la sore de Scerra. Francesca se chiamava. Allora, mamma diceva accusì, "Scè! Attenzione! Alluntanete! Và sola camminanne come vaje i!" No uleva adduserà. Se ne jivene pure dente a la paglia là, a scianche a nuje.

Mó, quante eva ncinta, che teneva sgravidà, jette cata mamma. Mamma steva chiantanne ri puparule. Scerra vuleva ji da mamma a sgravidà. Mamma dicette, "No! no! no! Dope l'appura mariteme e m'abbandona pe té. Te l'haje ditte! Te stive attente!" E non ce la ulette fà ji!

E jessa jette da za Mariacristina Colabrote. Là sgravidatte, a ru Colle. E la criature, penzeca, la facirne murì o la mannarne. Ne sacce.

Poche tempe dope, duje notte, jirne a cavà ri puparule a mamma. Patreme non ce steva. Steva a l'America. I eva criatura.

Mamma eva chiantate ri puparule. Assaje! Chiglie n'avastavene, la chiantime soja, la jette a tolle pure a ru Casale, pe fenì de chiantà. Quelle facevene allora.

Allora, na notte, ru cane aqquajava, s'affacciatte mamma. La prima notte. Ri tutte cavarne. Tutte quante!

Dope, ri jett'accattà nata vota. Mamma chiantatte nata vota.

Dope, nata notte, ru cane aqquajava. S'affacciatte ncoppa la finestra, mamma e mammella. Stevene a trè. N'ome e duje femmene. (Evene Ngiulina e Chestinella, le sore de Carmena. Allora, non ci'avevene ché ce fà che frateme. Allora nó.)

(Quella, Scerra, ce teneva prattica dallanta. Evene gente che passavene pe dente a le nostre, là. Sapevene quante eva chiantate nata vota.)

E, jirne nata vota a cavà quiste caspita de puparule, la notte.

Sentirne ru cane aqquajà e s'affacciarne.

E gli'ome disse accusì, "Quanta despette vó, tanta te ne facce!"

"Ah!" disse mammella. "Curió! Tu sì? E abbone." Se la pigliatte che ru patre de Mariantonia Curiola.

E passarne nu sacche de uaje quella povera gente, senza pe ché. Pecché mammella facetta la testimonija.

Za Vitangela, Ngerumarije

I teneva duj'anne. Mamma se ne jiva da **za Vitangela**. Jiva sempe cata quella ru jurne, pecché evene tant'amice, come ca steva malata, la jiva a jutà. Jiva sempe cata quella. Quella steva a Pantane, sotte-sotte. E, ru marite de quella non ce steva. Steva a l'America. Mamma abbandunava tutta la famiglia la jurnata intera. Savame tutte criature. Mammella Niculetta uardava pure le pecura. Preparava nu cistre de panne, ca ri repezzava là, cata quella. Se ru metteva ncape, e jiva cata quella tutte le jurnate e meniva la sera.

Ng'rumarije teneva sett'anne. Patreme non ce steva. Mamma l'abbandunava. Mammella eva vecchia. E Ngerumarije faceva a piacere soje, faceva tutte quelle che uleva isse. Steva a facultà soja e faceva tutte quelle che ri piaceva. (Quante venette patreme, ru mettette apposte.)

Tenavame na pulletra. Eva gione. Eva nu ciucce gione. Ng'rumarije se mette a cavaglie a quella pulletra. Toppe! Toppe! Toppe! Ri piglia la capezza e ce l'attacca vicine a ru musse. R'abburritatte la capezza atturne a ru musse de la pulletra. No ncapiva! Se facetta la trippa accusì. Se schiattatte ru ciucce. S'affucà. E, allora, nuje ri menavame prete a quiglie ciucce, ru menavame a pretate pe ru fà avezà. Se riignette chiine de prete là nterra. Ru s'avame jinte de pretate quiglie ciucce. Ngerumarije teneva sett'anne. Non capiva! Eva troppe uagliole!

Ce steva na femmena a la parte de dente là, dent'a gli'orte soje, che zappava. Ma, non se ne ncaricatte, pecché mamma non ce se parlava. Vide, quante ha bisogne de cacchejune!

E, dope, quante venette mamma, zizì, ru marite de zia Chestina, bell'ome, zi Aulereje se chiamava, venne là e se venne a tolle Ng'rumarije. Se ru tenetta purtà ca sinnó mamma ru daglieva. Se ru tenette nu belle poche a la casa soja.

E, dope, mamma deva uaje a mammella. Sempe ca la uleva daglie. Nuje evevame nu sacche de paura. Nu sacche de paura. Chiagnavame tutte quante. Se la pigliava che quella vecchia. Abbandunava tutte la famiglia e deva uaje a mammella.

Mammella non ce culpava. Uardava le pecura. Povera femmena jiva fujjenne d'aqquanta e d'allanta. Teneva tridice pecura, e crape, e porce. Che ulive da quella? Nce steva quante s'affucatte ru ciucce. Eva cacciate le pecura. (E, dope tanta uaje deva a quella femmena.) Eva na bona femmena. Eva brava mammella. Eva colpa soja. Abbandune na famiglia e te ne và cata quella!

Mamma uleva stà spenserata. Mamma se spenserava ncoglie a mammella. Uleva fà fà tutte a mammella. Non se steva attente a nuje. Mammella ci ha fatte rosse a nuje! Mammella ci'ha crisciute a nuje.

Mamma se chiù sculpava. Non eva come a mé. Ri piaceva la libertà. Ri piaceva jì fujenne. A mé nomm'ha piaciute maje.

Dope, quant'accedette quigliate ciucce, Ng'rumarije eva chiù rosse, eva giunotta. Se mette a cavaglie a ru ciucce. Ru ciucce eva chiù vecchie. Ma, non eva vecchie ntutte. Faticava! Se mette a cavaglie a ru ciucce da là, pe dente a quelle prete. Evene tutte prete da là. Toppe! Toppe! Toppe! Quiglie ciucce! Dope quiglie ciucce ru fecette cadì. Cadette ncopp'a le prete. Se fecette male ru nase. Piglia ru curteglie e ru dagliette. Se tutte dissanguatte quiglie ciucce e se murì.

E de chi eva la colpa? Lo stesse, tutt'edduje le vote, mamma non ce steva. Se n'eva juta cata za Vitangela.

A me, Ng'rumarije me metteva ncoppa na corda. Si i me lassava, che non me teneva forte, jiva a fenì da quà a quella casa là. Gli arbere steva avete, sotte ce steva le vasce, a ru Parche, là. Sotte ce steva le vasce, dent'a ru funnone. Ma, metteva da questa parte la corda ncopp'a nu rame d'arbere, isse e ri compagne. Gliate compagnune, diavere come a isse. I eva criatura. Me metteva ncoppa a quella corda. E me menava, ntòntò! ntòntò! ntòntò! isse e ri cumpagne. Cose da pazze! Si jiva a fenì sotte là, me sfacciava.

De le vote, mamma veniva e se ne scappavene tutte quante.

Si ce steva patreme, mamma mica puteva ji là sempe-sempe! Non ce puteva ji. Nò! Si ce steva patreme, mica puteva ji da za Vitangela!

Gl'Amice de ru Colle:
    Peppine Urzine e famiglia a ru Colle
    Zi Mincantoneje la Roscia e famiglia a ru Colle
    Ngerumarije Scialone e la mugliere

Ru Terramote - 1915

I eva piccula. Teneva trea-quatt'anne. Pure Ng'rumarije eva piccule. Ng'rumarije me và cinqu'anne nante. Allora, mamma vedette tremà la casa, e la lampa, pe coppa a ru sulare, la lampa. (Ru foche.) Vedette a cusì, angabatte a me e Niculetta, ce mettette sotta a ru vracce e ce calatte sotte. La gente alluccavene d'allanta.

Mó, chiste de Supine, parente allonghe de mamma, tutte quante là se ne venirne. Venette zia Raffaela. Venette zì Cicce, ru marite de zia Raffaela. Venette zia Fisia, la figlia de zia Raffaela. E venirne Fafela, Dunate, e Luisella, ri figlie de zia Fisia. Venette pure **zia Chestina**, la sore de mamma che steva mez'a la chiazza, che ru marite e Mariannina, la figlia. Venirne fore là.

E, allora, Zi Cicce facette nu barraccone de taule nante a la casa, nu poche chiù luntane. Accunciarne nu poche, là. E là stavame la notte. Ma, steva raperte nante, mica steva chiuse. No nfaceva fridde. Faceva cavete. Stavame sotte a là. Seme state tante tempe là, sott'a ru barraccone. E, stemme là, fore, na quinicina de iurne. Dope, che ru tempe, lore se n'hanne jute e nuje seme remaste là.

Mammella Niculetta no ulette scì. No ulette scì pe niente da dente. Ma sule quella vota facette. No nfacette chiù. Ma, pe la paura, la gente non ce se stevene dent'a le casera. Nisciune! Avevene paura.

E, mamma jiva ncoppa, m'arricorde. Jiva ncoppa, fujje, fujje, fujje, jiva a tolle caccosa pe magnà. Come faciavame. Ma sempe assutte. Non cucinavene chiù dente pe la paura, tanta gente. La gente, chi meglie se ne scivene fore, non se stevene dente a la casera, pe la paura. Allora, facette. No nfacette dammagge a nisciune. Sule quella vota facette. Dope non facette chiù.

Quante i eva criature, **Zia Raffaela** se steva là che nuje la notte. Se veniva a lette che mé e me raccuntava tanta storeje belle.

Zia Filumena, la sore de zia Raffaela, teneva la casa e la famiglia, ri figlie, a San Tuline. Meniva a truà la sore e meniva pure cata nuje. Se steva là la notte. Pò se ne jiva.

M'arraccuntavene tanta belle cose, d'antiche, d'antiche. Non sapevene legge e scrive. Zia Fisia sì. Ma, zia Raffaela nó e zia Filumena manche. Ma, sembrava c'allora eva vere! Zia Fisia pure raccuntava, ma no come a la mamma. Quella, pareva, ch'eva vere propria, accusì. Sapeva raccuntà, bella bella, zia Raffaela. Mamma ri uleva bene. E quella uleva bene assaje a mamma.

Supino, A Quei Tempi

Evene povere. No ntevene niente niente. Povere! **Zi Cicce** jiva cuscenne. Arrangiava. **Zia Fisia** tesseva. Tesseva ri panne (ma, no uleva tante fà). Jiva cucinanne pe ri spuse. A tutte ri spuse jessa jiva. Sapeva bene cucinà. Pure **Luisella**. Quante arrivatte rossa Luisella, ce jiva pure jessa. Zia Raffaela pure. La mamma r'eva mparate.

Zia Raffaela teneva n'aneglie de prevete. Ru fratecucine eva prevete. Quante murette, ri lasciatte quigli'aneglie. (Ru lasciatte a Niculetta. E, Niculetta, pe desprazione, ru jette a venne a Luiggine de Tulleje. E, dope, ru vedette a la mugliere.)

Ché aneglie! Teneva ri petucce che la maniglia d'ore ncoppa. La manuccia che na maniglia d'ore ncoppa. De l'antica-antica.

CAPITULE 3 - 1916-1920
La Fiducia Mariola

Assunta, la mamma di Del Russo Cristina

Margherita, la mamma di Rucci Nicola

Dope tant'anne, ì teneva quatt'anne (1915), scuppiatte la uerra, scuppiatte **la uerra de ru quinece**. Quante è scuppiata la uerra, tutte quante hanna uta partì. Ommene non ce n'erene remaste chiù a Supine. A Supine. A tutte le parte. Non ce ne stevene chiù. Tutte avevena partì. Non ce putevene stà chiù a la casa. Quante arrivavene diciott'anne, avevena jì.

Mó, nu figlie de zia Chestina è venute da l'America. Se chiamava **Amideje**. Pe ì a vedé la mamma. È state tre mise e no ru facìrne partì. Non putette jì chiù a l'America. Ru facìrne partì a fà la uerra Manche nu mese stette e murì. Pecché, nu generale sbagliatte. Da ri soie stesse fece accide nu regimente de suldate, stesse ri soie. Sbagliatte. Credenne ch'erene nemmice. Accedette ri soie. E fece accide tutte nu regimente de suldate. Tutte quante. E pure Amidie steva là. E murette pur'Amidie. Che poche tempe ch'era state. Duje, tre mise era state che la mamma. Ma, no ru facìrne partì chiù. Se n'aveva jì nata vota a l'America. Non putette partì.

Mammell'Antonia e Niculetta

Allora, i eva piccula e pensava a jucà. Teneva cinque-sei anne. Ncoppa a l'aria de **mammell'Antonia**. Stavame trescanne le rane. Savame a tre: Ì, sorma Niculetta, e Manuela. Nuie pazziavame. Ce ficcavame denta a ri spurtune*. Venne une. Ru patrone de ri spurtune. Niculetta e Manuela se ne scapparne. E ì remanive dente a nu spurtone. Quiglie m'angappatte. Ì ri moccecave nu dite. Ri facive scì le zanne da parte e da n'ate. E me ne scappave.
* Ri spurtune servene pe carrià le regne de rane.

A quelle de mammella ce steva l'aria. Trescavame là. Stavame trescanne. A quiglie tempe trescavame che ri vove. Ri vove che la preta appresse ncoppa le rane. E, allora, Madonna quanta iurne ce ulevene! Si non menava ru vente, te ne teneva de stà là. A quiglie tempe are brutte ru fatte. E la trescavame. M'arricorde sempe, sempe ca là trescavame.

Na vota la crapa tuzzatte a Niculetta. La crapa che le corna. Niculetta era criatura. La tuzzatte. La menatte peterra. Mammella avette paura. Piglia la forca de ferre e nfilatte la crapa. E, accedette la crapa!

Ì era piccula quant'è morta. Ì ce iva pure ì da essa, quante se ne iette a ru Colle. Dope, se ne iette accata mamma. Steva a casa nostra là. Mamma teneva pure mammella Niculetta Muttiglie, la mamma de pardeme. Erene duje. Mammella Niculetta s'ammalatte. Stette quatt'anne dent'a ru lette.

Mammell'Antonia è morta prima de mammella Niculetetta. I eva piccula. Mammell'Antonia steva a la casa de Rusina Murrona, affianche a la casa de zia Vettoria. Là abbitava. Prima mamma se la purtatte a la casa. Stette che nuje tante tempe. Dope se ne jette là. Affittatte la casa appresse a zia Vettoria. Stevene vicine accusì. Me ricorde, iva da mammell'Antonia, ì e Manuela, ce faciavame dà ru file pe ru ficcà a l'aghe. E javame na vota, e javame nata vota, e nata vota. Ce javame sempe-sempe.

A Niculetta la daglieva, ma quella non adduserava. A me no. Maje, me ricorde. Maje me daglieva. Na vota, eva criatura propria, me mannatt'accattà na buttiglia d'oglie da ru tabbacchine de za Francesca e zi Peppe Fusc'che. Vennevene ru tabbacche, vennevene le sale. Là me mannatte mammella a accattà na buttiglia d'oglie. Pe la via abballe là ce steva la custarella. Sciurave e rumpive la buttiglia. "Véténne! Véténne! Non fà niente che s'è rotta! Non fà niente! Sule ca non te si fatta male tu. Non fà niente." Sà, me despiaceva. Ncuminciave a chiagne. "None-none! Véténne! Véténne!" Me ricorde. Maje, maje me schiaffatte nu pacchere! Però, si me diceva na cosa, subbete eva pronta. Esse ché eva! Niculetta no l'adduserava. La daglieva. Daglieva che la paletta!

Dope ch'è morte tatiglie Vicenze, mammell'Antonia, quante s'è 'mmalata, no subbete dope ch'è morte ru marite, se n'è venuta che nuje. Ma, eva vecchia pure, pecché a ru cimitere non ce putette ì. Ce steva pure ì là. Da copp'a la scala, "Oje, Vicé!" Allucava. "Mó te portene!" Ru vedeva, pecché là se vede. E alluccava, "Oje, Vicé! Mó te portene!" Non ce putette ì pecché eva vecchia.

Mammell'Antonia, pó, se ne jette a ru Colle, dope ch'eva stata che mamma, da zia Vettoria. Dope, da zia Vettoria, s'affittatte na casarella a scianche là. Steva a quella casarella a scianche là.

Quante javame ì e Manuela, vulavame ru file, ru file pe ru mette a l'aghe. Savame criature.

E mammella a Niculetta la daglieva che la paletta, ca non adduserava. Allora, se jette a ficcà dent'a ru pagliare de le calline. Dent'a la cucina ce teneva le calline! Ce steva nu piccule cose. Ce stevene le calline là. Quelle se jette a mette là dente. Se jignette de peducchie de calline. Doppe se ne sciette fore. Scappatte. E vedeva pe l'aria, lampiava, vedeva gli'angele. "Venite a daglie a mammella! Venite a daglie a mammella! Ca quella me daglie che la paletta! Venite a daglie a mammella!" E, doppe, se ne scappatte a casa. Mammella Niculetta se la pigliatte che mamma. Ri dispiaceva de la nepote.

Quante Mammell'Antonia s'è 'mmalata, se n'è venuta cata mamma. I teneva cinche-seje anne.

E, allora, dope, eva chiù vecchia. Mammell'Antonia murette chiù vecchia de mammella Niculetta.

Apprima-apprima, s'amalatte mammell'Antonia. S'ammalatte nu poche. Non ce la faceva chiù dent'a la casa e se ne jette cata mamma, menette là. Dope, mamma s'appiccecatte che mammella. E mammella se ne jette, se ne jette cata zia Vettoria. (Dope se tenevena spartì tutte ri panne de mammell'Antonia. Mamma ri jette a taglià tutte quante. Na lenza pedù.)

Mammell'Antonia steva da zia Vettoria. Dope, se ne remenette. Allora, se ne remenette e s'affittatte la casa a scianche. Zia manche nse la ulette tené.

Na mamma e nu patre só capace de campà cente figlie.
Ma cente figlie non campene na mamma e nu patre.

Quante mammella steva a scianche a zia Vettoria, allora i e Manuala javame a cercà ru file da mammella. Denta a quella casa teneva le calline dent'a la cucina. A quella casa murette. A scianche a zia Vettoria. Quante murette i eva piccerella propria. Puteva tené cinche-seje anne.

Na vota me mannatte a accattà na buttiglie d'oglie accata zi Peppe Fusc'che. Sciurave e rompe la buttiglia. "Véténne! Vetenne, mammella! Non fà niente ca l'ha rotta!" Sà, me despiaceva. Ncuminciave a chiagne. "None-none! Vetenne, mammella! Vetenne!" Maje, maje me schiaffatte nu pacchere!

Javame a casa soja pe na jurnate. Mamma mannava Niculetta p'ajutà mammella. Esse pecché la faceva ì là. Durmiva pure là. Quella pó la dagliette e utatte a scappà. Arrivatte a ru uallone nostre là e purtava prete, tant'acqua che faceva.

31

Avirna mette la scala. Niculetta cuminciatte a urlà da dent'a ru usc'chetta. E, allora, mammella Niculetta e mamma mettirne la scala e la irne a tolle. Quante jette, steva chiena de peducchie de callina.

E quante vedeva lampià, vedeva gli'angele pe l'aria. Ce steva n'albere nante la casa. Se jette a mette vicine a quigli'arbere. Ma, se ne scappatte la sera annotte. Se ne scappatte pe la Via Nova. E chiamava, alluccava da dent'a ru usc'chetta, "Mà! Veniteme a tolle! Mà! Veniteme a tolle!" Ru uallone purtava troppe prete. Prete! Prete purtava.

Mammella Niculetta se la pigliatte che mamma.

Pèzze Ncoppa A Pèzze

A quiglie tempe non ce stevene solde. Non ne teneva nisciune, nisciune, nisciune. Cuntavene ri solde nire. Non ce ne stevene.

A quiglie tempe era brutte. Chi teneva caccosa si, ma chi non teneva niente, povere gente! Nemmene na pezza putevene mette vicina a la vesta. Nemmene na pezza tenevene. Doppe, venirne ri cavezune vecchie a Supine. R'accattave, ri lavave, e pó ce mittive la pezza. Ce steva za Sarrafina La Sorda che veniva da me. Pèzze ncoppa a pèzze ncoppa la vesta. Tutte pèzze, tutte pèzze. Arrangiavene e se vestivene, ma non ce steva niente. Eva na miseria brutta, tropp'assaie. **Queste era dope la uerra.** Dope, hanne cuminciate a scì la gente. Ma ci'ha ulete tempe pe se mette a poste. Sinnó, eva brutte ru fatte.

(Quante haie spusate ì, a ru trente tre, non troppe. Allora non troppe, ma solde manche ce ne stevene. Nuje mettavame la gente a faticà. Tre lire e meza a ru jurne, la jurnata intera. Se spiacevene si no ri chiamave.)

32

Quant'eva giona, patreme steva a l'America. Faciavame assaie robba. Mamma faticava. Non ce mancava niente. Ma, la gente hanne patute. Ivene a faticà pe duje saccura. Quante sparte, meza a te e meza a me. Eva na miseria. Nuje no leme fatte quesse. Mettavame la gente ma non ce javame a faticà che gli'avete. Tante quant'eva giona e tante quant'eva spusata.

Mariole de Fessaria

Giuanne Tirulle eva forte.

Na vota Peppine Saracheglie ru fessiava. Se ru nzacca appresse a pretate. Quiglie daglieva! S'avette ficcà dent'a na casa, sinnó l'accedeva. Quiglie eva matte. Eva cattive propria.

Ru tenevene chiglie de Fenizia a farre faticà. Quiglie faticava. Zappava come ru diaule. Ru tenevene a faticà. Ru tenevene sempe lore.

E, ru mettevene a durmì dent'a la paglia. La sera eva ì a durmì dent'a la paglia. Chi sà quanta massarije evene a longhe, a longhe, chiene de paglie, fene. Se jette a mette là. Piglia e mette foche, la notte. Mettette foche. "Dice, Giuà! Pecché a misse foche?"

"Le zocchele! Me zumpavene pe ncoglie! M'hanna fatte avé nu sacche de paula. E i haje ditte l'ajja appiccià!"

Come facette Niculetta. Nu rosse frattone. Diceca ce steva ru lupe dente. E ru mette foche. E doppe pigliatte foche pe tutte parte.

Giuanne, na vota, se magnatte la percoca. Allora, pigliatte quigli'osse e ru jette a chiantà dent'a la terra, dent'a quelle de ri Fenizia, là.

"Giuà! Addó và?"

"Ajja vedé si è nata la pelcoca."

La sera l'eva chiantate gli'osse, la matina la uleva la percoca!

Quiglie uleva bene a frateme. Teneva gli'urganetta e ru prestava a frateme. Se uastatte na vota. No jiva bone chiù. Menette Giuanne là. I teneva paura.

"Ngelumalì!" Non parlava bone. "Ngelumalì! Gli'ulganetta! Èh! Èh!"

Frateme, "Aspetta! Mó r'acconce ì!" Jette dente. Ce menatte la cennera. La cennera ce jette a menà! E jette bone gli'urganetta. Come faceva frateme jiva tutte bone.

Nata vota, venette a spaccà le lena cata nuje. I eva uagliola. Spaccava le lena. I uardava le pecura là sotte. Quante passava ì, chiane-chiane, pe la paura.

Giuanne piglia nu bivente e ru mette derete a ru mure. Chiane, chiane, teneva paura, quiglie daglieva. Dicive, "Ngerumarì! Giuanne, vide…" Dallanta sotte, eva luntane, se vedeva lasta ma, non se vedeva si eva bivente, che eva.

Sempe jiva arrubbanne. Sempe na fessaria. Sempe na fessaria.

Allora, frateme ce jette a temente. E vedette ru bivente. Ru pigliatte. Frateme ce le dicette, "Giuà! Pecchè ha menate là, da la parte de rete, ru bivente?"

"Lu cane! Me uleva mucceca! È venute lu cane daqquante. L'ajje menate lu bivente."

Mariule de Rósse

Mó, dope la uerra, **era giunella ì**, arrubbavene gli'animale, pe la fama. Mariule. Ivene arrubbanne. Vinivene pure da luntane. Steva nu mariole dente ru paese e faceva vinì gli'amice da luntane p'arrubbà. E arrubbarne a une. Irne là e chiamarne, "Zì Furtenà, asseme stà sta linterna loche. Quante torne me la piglie. Quiglie teneva ru **ciucce**. E, non se la jette a tolle chiù la linterna. La notte ri pigliarne ru ciucce e su ru purtarne. Ru pigliarne a isse e a Ntonie Murrone. E cata Ntonie Murrone purtarne pure na linterna. "Zì Ntò, lassa stà sta linterna quà ca quante torne me la piglie." La linterna, diceca, era addubbiata. Quante chiglie trasivene dente, non sentivene niente. Pure a Francische Pallotta ri pigliarne ru ciucce. Che une notte se pigliarne tutte ri ciucce.

Dope, a zì Furtenate, glianne appresse, ha chiamate une da luntane, "Zi Furtenà! Nu iurne de quiste te pigliarne ru ciucce!" Era ru mariole che chiamatte. La notte, ce ru pigliarne nata vota, ru ciucce.

Annate, pureglie, pure là vicine, ri pigliarne duie **vacche**, duie vacche de latte. Ce l'arrubbarne tutt'edduie. Allora se l'era fatte. Ru frate steva meze a la teppa de ri mariule, la settima ch'arrubbava. Da Santa Croce venirne. Venivene da luntane. Isse faceva finta ca non arrubbava. Se ne steva dente a la casa. Pe quesse no putevene truà niente. Faceva arrubbà a gliavete, a quiglie de nate paese. Muccecava vicine a la magnatora pe tanta pena che teneva. Teneva ri figlie piccule. Non se sapette niente chiù.

Quante arrubbavene ri **vove**, arrubbavene a tutte quante, tutte la gente ri currevene appresse, tutte ru vicinate. Ce steva une mez'a lore, apparteneva a quiglie là, a ri mariule, e allucava, "Scite da questa parte! Scite da questa parte!" Faceva vedé ch'alluccava a chiglie che steva a unite; ma, quiglie l'aveve che chiglie ch'erene arrubbate le vacche. E ri purtava da nata parte. Pe nata strada. E chiglie scivene pe quell'ata strada. Ma, no ri truavene, mai, mai, mai, no ri truavene mai. Mai r'angappavene. Mai a nisciune.

Nata vota a une r'arrubbarne ri vove a ru Pontederetavere. E, une de quiglie mariule, era de la stessa teppa, steva meze a chiste ch'erene state arrubbate. Quiste se iva a fà la barba da quist'ome che teneva ri vove. Une ru terteneva, a parlà, e chigliate cacciarne ri vove. Se ri purtarne. Erene assaje vove. Alluccava, da isse, "Scite! ..." pecché chi jette da na parte e chi jette da nate. Tutte la gente de ru vicinate

currevene appresse a ri mariule. Chi jette da quella parte e
chi jette da questa parte. E, allora, quiglie mariole che steva
mez'a chiglie, diceva, "Da questa parte! Da questa parte!"
Quiglie deva ru segne a ri mariule. *Chiste venne daqquanta,
vuje jatevenne da nata parta.* Ma, non ne truanne! Ri
purtavene a venne. Luntane. Chissà addó ri purtavene. Ce
steva la fama. **La prima uerra facevene queste.**

P'Accattà o P'Accite?

È state dope de la prima uerra. Ì era uagliola. Teneva diece-
unici'anne. Patreme c'era fatte l'atte de richiame pe ce fà ì a
l'America. Fù tutte pe mammella ca non ce ulette ì. E, pe
paura che le robbe ivene a fenì a la sore, robbe de mammella,
pecché se ne iva che la sore. Za Luisella se chimava.
Mamma diceva, "Questa a quella dà doppe." E jesse non ce
ulette venì e lasciarne perde. Ma, allora, stavame ca
ci'avama ì. Eva fatte l'atte de richiame, facemme le
fotografie, e tutte cose.

Mó, hanne venute chiste duje là. E menirne chiste duje che
na cettola pedune ncoglie, ncoppa la spalla. S'affacciarne a
ru cuccetta. E menirne dente. Era robba lore! "Assù, diceca
vó venne ru ciucce?" Tenavame ru ciucce. Facevene vedé,
ma non eva vere. Allora mamma azzennatte a Ngerumarie.
Ngerumarie jette a chiamà a zi Caitane. Zi Caitane, ru patre
de Cristine. Quante venette zi Caitane non se ne parlatte chiù
de ciucce. No dicirne chiù ca se ulevene accattà ru ciucce.
Allora, mamma, "Ce stà zi Caitane. Faceme." Non se ne
parlatte chiù. Chissà che idea tenevene! Pecché venirne che
la cettola ncoglie, tutt'edduie. Patre e figlie erene. Ma, non
erene de mala vita. Evene povere. Ma, non evene mai fatte
male niente a nisciune. Stevene a ru Colle, affianche a
Peppine Urzine.

Non erene sincere. Patre e figlie se uardavene sempe nfaccia.
Mamma fece segne a Ngerumarie. Ngerumarie eva fine-fine.

Scette fore, vota a scappà, e jette a chiamà zi Caitane. E venette la bonanima de zi Caitane. Non parlarne chiù de ciucce. Facette mamma, "Ecche zi Caitane! Iamme a vedé ru ciucce!"

Queste è quante arrubbarne ru ciucce a zi Furtenate. Poche tempe dope venirne. A zi Furtenate e a lore pure. Irne da lore, la sera annotte, une, e purtatte na linterna, stutata, no appicciata. E disse, "Zi Ntò, poseme stà linterna loche!" E ru patre steva pure che isse, zi Pasquale. Pigliarne questa linterna e la pusarne dente là. S'addummirne. Non se svigliavene chiù. Chissà cosa. Pure a zi Furtenate lo stesse. La linterna purtarne. A zi Francische. La linterna facirne pusà dente. Dope, quante passavene, se le pigliavene. E ri pugliarne ru ciucce. Ru pigliarne a quiglie e quiglie, a tutt'edduie. Eva na mula, a zi Ntonie. Na mula. Ce faticava che la mula. Se l'arrubbarne la notte. Se la purtarne.

E, doppe, quante venette la bonanima de zi Caitane, non se parlatte chiù de ciucce.

Ru patre e ru figlie, r'evene arrubbate ru ciucce, e n'accetta ncoglie pedù, quesse cettole piccule, una pedù. S'affacciarne a ru cuccetta. Se mettirne alerte là e trasirne dente. S'assettarne. "Tu tea venne ru ciucce? Te ne và a l'America?" "Hajja venne," facette mamma. "Se me ne vajje, che me n'ajja fà!" Ma, non erene sincere. Mamma non era stubbida. Non erene sincere. Se tementevene nfaccia l'une che l'ate, tutt'edduje. Mamma vedette accusì. Avette paura. Era la sera annotte, verse l'ora de notte. Ngerumarie steva de fronte a mamma. Mamma ri facette segne. E, Ngerumarie scette fore. Quiglie no ru manche vedirne. Vota a scappà e jette a chiamà zi Caitane. Zi Caitane venette. Quante venette dente, "Ché ulete ru ciucce?" vacette vicine a chiglie là. "Ru uleme ì a vedé?" "Non sacce. Da na via me ru urria accattà, da na via no." Non iva bone chiù ru ciucce, pecché tenevene male fine pe ru cape. Se ne sanne lore che ulevene fà! *Questa tè ri solde!* Caccosa ncape tenevene. Ma, non erene mala gente. Maje s'era sentute dice ca erene mala gente chiglie là! Ma, stevene desperate, evene povere, mica evene ricche. Stevene a ru Colle. Tenevene ru mule. Ce l'erene arrubbate. Ce faticavine. Che quiglie campavene. E ce r'arrubbarne!

L'America

Dope, patreme ce mannatte l'atte de richiame a nuie. Ce uleva fà ì là. "Menite-menite-menite!" Mammella Niculetta non ce ulette ì! "No. Tenghe paure de l'acqua. Tenghe paura de l'acqua." Ì era uagliola. Uleva bene a mammella. "I me stenghe che mammella e vuje jatece!" Allora, mamma, pe la paura, non ce ulette jì. Pecché, a quelle che tenavame, quella le deva a la sore. "Non ce jame. Non ce iame." E, non ce jemme a l'America.

Mammella Niculetta no ulette ì a l'America. Quella non ce fece ì a l'America. Non ce ne jemme, pecché mamma pensatte, *Quella dà tutte cose a la nipote.* Ca se ne jiva che la sore, zia Luisella, la mamma de Scieppa. Allora, pe quella cose, pe le robbe. Pardeme eva fatte l'atte de richiame. Facemme la fotografia. Facemme tutte cose. Avama partì. I uleva stà che mammella. "No! I me stenghe che mammella. I nce venghe. I nce venghe. A mammella no la lasse. Non ce venghe," diceva. Mammella teneva paura de l'acqua, pecché allora ce steva la nave. Teneva paura de l'acqua. "I tenghe paura de l'acqua. I tenghe paura de l'acqua. Non ce venghe."

Propria de chiglie tempe, **socreme** mannatte a chiamà la mugliere e ru figlie Nicola. Mariteme, diceca, s'ammalatte. Ma quante è jute a l'America, teneva unece anne. Ha fatte sule la prima. Non sacce. S'è ammalate. E, allora, Giuseppe, ru fratecucine, ru figlie de za Chestina, la sore de mammella Margarita, quiglie là r'imparatte 'taliane. R'impartte legge e scrive 'taliane.

Supino, A Quei Tempi

CAPITULE 4 - 1921-1925
La Negligenza Mariola

Cristina
(al centro),
con la mamma
e la sorella,
a ri Campedule

Nicola
(al centro),
con la mamma
e il padre,
a l'America

Ru Cucchiare d'Osse (1923)

A la muntagna. Non è propria dent'a la selva. Ì e **Mariuccia**
Sarachella savame uagliole. Tenevame dudeci'anne. Allora,
avama ì a fà le furmagge. Tenavame la crapa là, da zi
Marcelline Pezzente. Ce mannatte a chiamà ca tenavama ì a
fà le furmagge. E jemme. La matina passavame pe ncoppe a
ru Colle. Ce steva nu rosse barraccone, rosse-rosse. Là ce
facevene ri mistere de Gesù e pajavene e pigliavene solde.
Mò, quante passavame nuje, javame dall'appedente. Quelle
femmene vecchie-vecchie che na pippa pedù mmocca e
fumavene la matina preste. Preste assaje. E fumavene e
nuje spiavame dall'appedente. Ce la filavame pe la paura.
Allora, seme jute a la muntagna, tutt'edduje. Ama ì preste la
matina. Quant'arrivamme là, zi Marcelline eva cacciate le
crape a scazziche la matina, tutte quante le crape che teneva,
assaje. E nuie aspettamme là. Pulite. Era pulite quigli'ome!
Disse vicine a nouje, "Ve vulete piglià nu poche de sere e
ricotta pe colazione?" La pigliate. La misse dent'a nu cose.
A me m'è capitate ru cucchiare de ligname. Ce stevene nu
cucchiare de ligname e nu cucchiare d'osse. Allora, ì me
pigliave ru cucchiare de ligname. Cummarella ru cucchiare
d'osse. Faceva vicine a me, "Dammiglie nu poche!"
Sc'chifava ru cucchiare d'osse. Faceva vicine a me,
"Dammiglie, cummarè, Dammiglie nu poche!" Uleva magnà
pur'essa. "Magna che quisse!" "Ah, none!" Faceva vedé
che non ce ru uleva dà, ma dope ce ru dive. Na vota ce
magnava essa e na vota ce magnava ì. Che ru cucchiare
d'osse non ce uleva magnà nisciune!

Quiglie accusì usavene. Magnavene che ru cucchiare d'osse!

Nata matina jemme pure a la muntagna, pecché la Punzese
mannatte a chiamà a z'Angelamaria, la mamma de
cummarella, ca teneva ì a piglià le furmagge. (Jessa eva
venuta che mé e i jive che jessa.) E jemme pure quella
matina. La notte me ive a durmì là ì. Non puteva durmì.

Tutte ri cimmice pe ncoglie. Ì nommera maje jute a durmì a nisciuna casa. Accusì ce ne javame preste la matina. Tenavame partì appema fatte jurne. Me ive a durmì là. Ri cimice tutte pe ncoglie te fucavene tutte le carne. Ì a casa nó. Ne tenavame nuje. ...

Passamme pe ru Colle. Quiglie là era nu grosse barraccone. Steva fatte addó stà Lina Casa. Là steva. Eva nu grosse barraccone. Facevene ru film de Gesù. La gente ivene a temente. Ivene dente. Aiva paià. Nuje spiavame pe fore. Ma, la matina, quante javame nuie, era preste. Allora cuminciava a fà jurne. Ama ì preste assaje, pecché eva luntane a ru uosc'che là, a la selva. Zi Marcelline e la Bunzesa stevene luntane assaje-assaje. E, allora, quante javame là. Savame uagliole. Ì teneva nu dudici'anne. Là peddente le taule ce stevene le fisc'che. Ce se vedeva. E uardava. Sett'otte vecchie che na pippa mmocca, puff! puff! fumavene. Ma, che na faccia rossa. Brutte evene. Dope, ce dicirne, "Quelle se magnene la gente!" Na paura. Fujje! Non ce iemme chiù. Ma, che ne sapavame nuje! Non sapavame, sinnó non ce javame vicine a ru barraccone. Non sapavame ca se magnavene la gente. Ma, n'eva vère! N'eva vere! Pe ce mpaurì dicevene accusì.

E, pó, iemme da la Bunzese a fà le furmagge. Quante eme jute là, da la Bunzese, steva ru cavedare misse, c'eva misse ru quaglie, scuperte, chiine de mosche. Le putive recoglie accusì le mosche. Com'eva sporca quella femmena! Tutte chiine de mosche quelle furmaggie. Pó, dope de ru furmagge, quante facette le ricotta, dicette a nuie se ulavame la ricotta. "No! No! Ne uleme nuje! Eme magnate!" Ma, tenavame fame. Ma, eva sporche tropp'assaie. Quella eva sporca essa, quella vecchia. No ulemme magnà.

Nuie, quante iemme là vedemme ch'eva chiene de mosche la cavedara rossa assaie, na rossa cavedara chiena de mosche steva. Quante quella turnatte che le crape, luatte tutte quelle mosche pecoppa. Eva purtate le crape a la scazzica la matina. Pó, quante fece la ricotta, ce presentatte che duje cucchiare d'osse e dumandatte si ulavame magnà. "No! No!" facemme tutt'edduje. "Ne uleme." Eva troppe sporca. E che ri cucchiare d'osse!

La Scola

Ngerumarije se jiva a mparà l'arte de muratore, Niculetta jiva a cuscì e faceva cose de casa, e i teneva uardà le pecura.

Mamma nó. Pensava a farme uardà le pecura. Me teneva uadagnà le pane piccula-piccula. Niculetta, però, la mannarne a mparà l'arte, a cuscì. Ì uardava le pecura e essa jiva a cuscì. Jette a la scola. Facette la terza. (Ngerumaria facette la quarta.) Ce la facette ì a la scola. A me non me ce ulette fà ì. Teneva uardà le pecura. La faceva jì a cuscì. A me tre iurne me ce fece jì. No me ce fece jì chiù. No me ce ulette fà jì chiù.

Mamma uleva stà spenserata. Na vota, **Niculetta** ammassatte le pane. **Tridici'anne teneva.** Tridici'anne. Ammassatte le pane. Allora, queste pane venette. No l'eva nfurnate maje. Allora, appicciate ru furne. Piglie le pane. Le schianatte. E le nfurnatte jessa. E, d'allora, faceva sempe Niculetta le pane. Tridici'anne teneva. (1921)

Ngerumarije puteva fà cose che nuje no mputavame fà, pecché isse eva ome.

Na sera Ngerumarije se ne uleva ì a ballà che ri cumpagne. Teneva tanta cumpagne. A ri Colle ivene. Ri Colle. Mamma no ru uleva fà scì. Se mettette ncoppa la finestra ca se menava sotte. "Mó me mene! Mó me mene!" Ri cumpagne aspettavene là. Scaveze se ne jette. Sole che ri cavezettine. Pe ì a ballà a ri Colle. Quiglie sunava gli'urganetta. Frateme sunava gli'urganetta. Sapeva belle sunà gli'urganetta.

E, allora, mamma la matina teneva ì a la selva pe frasche. Senza pajà. Le facive cadì che n'ancine, facive cadì quelle frasche a la selva. Allora era giunella. Ce iva pure ì. Na vota me scurtecave tutte ru nase. Erene certe frasche secche, secche. E le tiravame che n'ancine. E facavame na salma. Pure che ru fascie ncape. Ru fascie ncape d'allanta purtavame.

Patreme, stette due-tre anne a l'America. Doppe, pigliatte e se ne venette. Ì teneva tridici'anne quante se ne venette. Quant'isse arrivatte, nuje s'avame jute a la selva, a tirà quelle frasche secche vicine a gli'arbere. E me jette na frasca ncoppa ru nase. Teneva pure fatte male quà. "Ma che c'ete jute affà?" vicine a mamma. Se ngazzatte.

Tridici'Anne e Tridice Jurne

Frateme facette la quarta, Niculetta la terza. Ì teneva uardà le pecura nanze a mammella. (Frateme e sorma evene jute a la scola. Allora, i pure teneva jì a la scola.)

Mariangele Ciannone, quiglie teneva n'anne dope de me. La mamma ce ru mannave sempe, sempe, a la scola. La prima non c'è juta, Chestinella. Allora era vive ru patre; ma, dope morte ru marite, ce mannatte tutt'eqquante ri figlie a la scola. Stevene addó steva la bonanima de z'Angelamaria Sarachella, quelle casera là. Mariangele teneva l'età meja. Ma, facette sett'anne la prima. No ru facevene mai passà. Na festa, Mariangele jette da ru prevete pe tolle la cumunione. Allora, non facevene come fanne mó. Ri uagliule aiven'a ì a piglià la cumunione. E, ru prevete ri dumandatte, "Che ti denghe?" "La pizzella!" Dicette, "Vattela a fà fà da mammeta!" E non ce la dette la cumunione. Non capiva, povere uagliole! Non teneva nisciun'istruzione. Nisciune ri diceva niente. Ma, jetta a la scola. Sett'anne la prima facette.

Quante venne patreme da l'America. (Ì teneva tridici'anne.) E, sentette dice ca ì non sapeva legge e scrive. "Questa non sà legge e scrive?" ucine a mamma. "Ah! Nci'ha ut'ì! Nci'ha ut'ì!" Se truava semp'essa da coppa. *Nci'ha ut'ì!*

Mamma me mannava da la carcerera a la scola, da certe giunelle, erane tre. Me ulevene ì a fà sunà ru campaneglie a la caserma. Tenevane l'appuntamente. E, ì non ce uleva ì. Mancche na vota ce ive. Niculetta ce iva, ma ì nó. Na vota, angappe ru libbre, ce ru mene nfaccia, e me ne scappe. Me ne vajje. Nce ulive ì manche na vota a tirà ru campaneglie a la caserma pe dà ru signale a ri carabbiniere. "Và! Va!" "Nce vajje ì! No! No!" Ngappe ru libbre ce ru mene nfaccia e me ne scappe. Là, mamma me ce uleva fà ì, cata la carcerere. Là me ce uleva fà ì. Ma, quelle ché te mparavene. Nte mparavene niente. Prima de venì patreme, me uleva mannà là. La vernata. Quant'eva criatura. Teneva sett'anne. Niculetta ce iva. E me faceva ì pure a me. Ma, quelle non te mparavene niente. La bonanima de za Patrunilla ce faceva ì a purtà a magnà a ri carcerate. Ce stevene le carcera là. Za Patrunilla era la mamma de quelle. Ru marite era carcerere. Essa purtava a magnà. Faceva rise e cappucce. Sempe, sempe. Nu cose rosse, rosse, rosse. Ì aveva pure paura quant'arrivava là. Quella pigliava che ru cuppine e ri metteva a magnà a quiglie, a ri carcerate, denta na cosa là. E, quelle faceva fà. Non me mparava. Non te mparavane niente là. Quelle, le figlie, me ulevene fà ì a tirà ru campaneglie a la caserma, pe dà l'appuntamente a ri carabbinere, pecché telefune allora nce ne steva. Ì nce ulive ì. Quante quella me furzava. Ci'ha eva ì a forza. Angappe ru libbre, ce ru iette nfaccia, e vote a scappà. E, nce ulive ì chiù. E mamma, pó, vicine a pardemme, "Nci'ha ulut'ì! Nci'ha ulut'ì! Nci'ha ulut'ì!" Ma, a la scola cumunale, allora non facevene paià.

Doppe, ce steva la multa, a chi non ce mannava ri figlie. Ma, a quiglie tempe, nó. No me ce facette ì pe niente. Ì no la sapeva pe niente la scola. Quante aje purtate a Alfonse, aje viste la scola. Prima no la sapeva.

E, dope, patreme a ditte, "Va a la scola!" Allora, la matina de notte, appenna che faceva jurne, pecché sinnó le pecura s'abbuttave, faceva cavete, aveva ì. Me metteva nant'a ru purtone e sunava, "Toton, toton!" Nanze a quiglie caspita de purtone. Era troppe preste! La gente passavene che ru bivente ncoglie. Ivene a faticà. A quiglie tempe ivene a faticà tutte quante. Si nó, che si magnavene! E, allora, me respunneva sempe una da dente, era la sore de don Giulie, "Oooh!" Ì aveva pure paura. Na vota curreva appresse a ru cane, quella là. Me raperte la porta. Trasive. "Vann'a mòre! Vann'a mòre!" Ru cane. Curreva appresse a ru cane. Teneva nu cacciuneglie là. E, dope, se rizzavene, don Gaitane Zita e la mugliere. Evane tutt'edduje maestre. Quiglie te mparavene veramente! Quiglie te mparavene! Tridece jurne. N'aveva core nante a lu purtune la matina. Passavene la gente. Troppe gente passavene. E, ì me pigliava scorne. Dicive, "Non ce vajje chiù!" Teneva tridici'anne. Me pigliave scorne nante a ru purtone. Aspettave che rapivene. La matina aveva stà cacche mez'ora là a spettà. Pecché aeva ì preste si nó le pecura s'abbuzzave. No magnavene chiù. E, stive tridice iurne. Nce ulive ì chiù. Dope, ne passate n'anne, "Non ce vaje chiù che le pecura!" Non ce ulive ì chiù. "Voglie ì a zappà e che le pecura non ce vajje!" Eveva quattordeci'anne. Non ce ulive ì chiù. E vennirne doppe, le pecura.

Da don Gaetane Zita arrivave a dó stanne quelle lettere, la esse, la ti, la erre. Là arrivave a ru libbre. Fin' a là! Mparavene! Mparavene! Te le ficcavene dente le recchie. Ì, che quiglie poche, faceva pure le lettere a pardete, quante steva a la uerra. Ì faceva pure le lettere. Mparavene! Si steva nu mese! Me mparavene. Assai, me mparavene, marite e mugliere. Sapevene belle spiegà. Na cosa te la facevene capì. Non ce ive. Me pigliava vergogna pe la gente. Si ci'avesse jute la sera o dope meze jurne! Ma, la matina, troppe gente passava. Allora non era come a mó. Ivene tutte a faticà. Dente Casteglie là, addó stà quiglie purtone, là stevene. Me vergugnava. Aveva tridici'anne. Era giunella. Me vergognava a stà là nante a fà ru purtelane ucin'allà. E la gente passavene. Me pure canuscevene. E, ì nce ulive ì chiù.

Le pecura, quante è le cavete, s'abbuzzene accusì, e non magnene chiù. Si fà cavete. Hanna magnà la matina che le frische. E, perciò, me furzavene a ì la matina de notte.

Teneva ì la matina preste, pecché dope quiglie se ivene a rupusà, dope meze jurne, ru maestre e la maestra. Se ivene a repusà. Non ce puteva ì dope meze jurne. Scivene cappoche pure. Allora, aeva ì afforza la matina.

Ce steva Mingucce. Iva la sera da chiglie. Quiglie là iva la sera. Diceva a la maestra, "Pecché a Chestinella no la fanne venì la sera?" Ma, la sera era notte. Pecché isse iva dope cena. Puteva ì, ì là ì, da tante luntane? Non puteva ì la sera. E, me diceva la maestra, a me, "Mingucce dice sempe, 'Chestinella, pecché non vè la sera, invece de venì la matina?' " Ì non ce puteva ì la sera. Mingucce me canusceva. Tenevene la terra vicine a nuje là.

A la **scola** ce ive tridice jurne. Ma, me pigliava scorna nant'a la porta la matina de notte, appena fatte jurne me n'aveva ì. E tuzzelava-tuzzelava-tuzzelava. Passavene la gente. Ì aveva tridici'anne. Me pigliava scorne nante a quella porta. Me respunneva quella da dente. Aveva pure paura. "Ohhh!" che na voce brutta-brutta. Quella me veniva a rapì. Chiglie stevene ancora dent'a ru lette, marite e mugliere, ru maestre e la maestra. Ancora non se rizzavene e ì iva là! Puteva tirà quella vita ì? Ma, mamma non ce la faceva ì a Niculetta a caccià le pecura! Non ce la faceva ì. Aeva ì quante iva ì. Dope, "Ì non ce vaje chiù!" dicive. "Vinne le pecura!" Non ce ulive ì chiù e me ive a zappà.

Patreme eva cuntente come faticava ì. Ì faticava bone. **Sorma** era mbrugliona. Quiglie diceva na cosa e quella faceva nata. N'adduserava. La sera, come fenavame de magnà, se metteva a trecenià, e ì eva lavà ri piatte. Patreme, le vote, le faceva apposta, "Niculè, piglieme abbeve!" Ì era già arrivata, ma quella non se muveva! Patreme de me eva contente. "Tu si svelta come a mammeta." Pecché ì eva pigliate de mamma. Mamma eva svelta a fà le cose. Ma Niculetta eva mbrugliona. E quante iva a lavà la nzalata, eva chiena de terra. Eva sporca. Patreme diceva, "Ci'ha ì Chestinella pe me fà magnà la nzalata bona! Questa me fà magnà le vricce!" Non ce la uleva fà ì. Niculetta non era pulita.

Carmena e Ri Puparule

Tu fà male a mé e i facce male a tè.

Tata non eva menute ancora. I teneva uneci'anne (1922). Frateme, Ngerumarije, teneva siteci'anne.

Quante teneva siteci'anne (1927), Ngerumarije faceva l'amore che **Carmena** Petozza. Carmena abitava a ru Colle de Coppa, da quella parte de la Caserma. Le sore, duje sore, evene chiù vecchie de Carmena. Evene spusate già. Ri marite non ce stevene. Stevene a l'Argentina. E, non eva assaje tempe, se n'evene jute pure lore a l'Argentina. Ru frate de Carmena se chiamava Peppine. Isse pure s'eva spusate e se n'eva jute a l'America che la mugliere. Allora, Carmena

49

meniva sempe a casa. Steva sempe là. Javame a coglie le cerasa. Javame a coglie l'uva a la corte. Sapeva tutte, tutte de la casa nostra. Steva sempe là.

Allora, i jiva che le pecura. I e Mincantoneje, ru figlie de z'Angelamaria, nu uagliulelle. Passamme dall'anta e Carmena Petozza dicette, "Chestiné! Portele qua le pecura!" Zappava jessa. Faceva majesa. "Portele quà! Utatele quà dente!" E jive. I a Carmena la uleva bene. Quella eva sciute tante tempe che frateme. E jive là. (Avive pure mazzate da frateme, pecché non ci'aveva ji.)

Quande me ratturnave, venette pure jessa da quella parte-là. Quande arrivamme vicine a quelle de za Cuncetta Mastantoneje. Quande s'eme arrivate a questa via, vicine a quelle de Mastantonije, passavame dallanta, Carmena ha ditte, "T'haja dice na cosa." vicine a me "Hanne fatte passà ru uaje a Curiole!" (Se n'evene jute le zocchele, tutt'ettré. Se n'evene jute a l'America. Già evene partute. Quella, perciò, le disse.) Disse, "Sà chi è state? **Scerra!**"

Ce uleva purtà pure Peppine, a ru frate. Quiglie se pigliatte la sore de Luiggine Pietraroja. E Peppine, "Che m'hanne fatte quella povera gente? No-no-no!" Non ce ulette ji.

"È stata Chestinella, Ngiulina, le sore, e Scerra. Scerra steva vestuta da ome!" dicette Carmena.

Vajje a casa e le diche a mamma. "Ma! Accusì-accusì-accusì. Carmena m'ha raccuntate queste, queste, e queste, vicine a quelle de Mastantonije. Só state quelle tre!"

Scerra teneva regna. Pecché teneva fà ru figlie e mamma no la ulette fà sgravidà a la casa. Eva fore, nò! Quella facette ru figlie che ru cainate.

Frateme, quante sentette dice ch'eva juta nante a Carmena, me dagliette. Che la scopa! Pecché i non ci'aveva ji nante a Carmena a uardà le pecura. Ma quella m'eva chiamate. *Non ci'aveva ji.*

E mamma jette cata Curiole. Ma, tanta uaje ch'evene passate, povera gente! Penzeca, ru mettirne pure dente. No m'arricorde. Passatte nu sacche de uaje. Doppe, mamma ri solde ce ri purtatte. "Ma, ri uaje non ce ri pozze dà arrete." Quande sapete tutte queste. Ma ce le tenetta dice i!

Allora, quante sciva che Ngerumarije, Carmena eva chiù uagliola. Dope, se dette a rotta. Faceva jì quiglie, quigliate, quigliate. Tutte quante.

Le sore de Carmena evene spusate già. Ri marite non ce stevene. Stevene a l'Argentina. Carmena eva uagliola. Quante quelle parlavene, jessa adduserava. Adduserava ché dicevene. E dicevene ch'avevena menì a fà ru dispette, a cavà ri puparule a mamma. E Carmena adduserava. Peppine, ru frate, pure a quiglie ulevene purtà. E quiglie disse accusì, "Quella povera gente ché m'hanne fatte a mé? I, no, no. I non ce venghe!"

Quante quelle stevene ancora a l'Italia, Carmena no le dicette. Le disse dope, quante se n'evene jute già. Scerra se n'eva jute a l'America. E quelle duje se n'evene jute a l'Argentina. Là tenevene ri marite.

Curiole, ru ficcarne pure dente. Senza pecché! Senza pecché! Mammella facette la testimonija. La voce, diceca, eva de Curiole.

Buffettiglie

51

Supino, A Quei Tempi

Za Sarrafina Pallotta, "la Sorda", e la figlia Libberella stevene a ru Colle de Sotte, a quelle casa che la scala sciva da la parte de questa parte. Eva na stanza e na cucina.

Prima è jute **Nicola Buffettiglie** là. E ce steva la figlia de zi Pasquale Magliere, Chestinella. (Uleva pure a frateme, quella là. Ma, no la ulette. Eva brutta. Nonn'eva bella. Pierina eva bella; ma, quella no. E se pigliatte a quiglie de ri Civitiglie, là.)

Frateme jette pure là. Pecché s'evene date l'appuntamente la matina. Se ne jivene meze la chiazza a unite, tutt'edduje.
Nicola facette sapé a mamma e patreme ca frateme ce jiva ancora cata quella, **Carmena**. Dope fatte ru figlie! Pe quesse frateme teneva regna che Nicola.

Allora, jette frateme dope, e disse accusì vicine a Libberella e Chestinella, "È venute Buffettiglie quà?" "N'eme viste nisciune," dicirne quelle. E frateme passatte pe meze a Chestinella e Libberella. Stevene una a na via e una a nata ncoppa a la scala. E se ne scette. Eva la sera, verse le nove.

Pó, jette Buffettiglie. Quiglie uleva a sorma. Se teneva piglià a sorma. Jette là e frateme r'abbuttatte de pujena. Ru cuminciatte a daglie. Pecché frateme eva chiù rosse de isse. E ru dagliette. Da sotte a quelle de za Sarrafina. Quelle casera là. Quiste se tiratte arrete e ru sparatte. Quiste steva armate. E se ficatte la pallotta denta a ru vracce, quà. Dope, se tiratte chiù arrete e ri sparatte nate colpe. Pe quesse fu penite. E abbrusciatte la giacca quà. S'abbruciatte. No se ficatte la pallotta, sinnó l'accedeva.

Patreme steva cata zi Mincantoneje la Roscia. Là facevene sempe festa. Na sera a na parte, na sera a nata, abballavene sempe là. Evene fatte la casa a lammia che ri solde de patreme. Frateme jette là, pecché eva vicine. Come jette là …

quiste eva sempe janche e rusce! Ru patine (r'eva patine zi Mincantoneje la Roscia), "Né, patì! Ché ha fatte?" quante ru vedette gialle, gialle. S'eva fatte gialle, gialle. "Ché ha fatte, nè, patì!"

"M'ha sparate Buffettiglie!" e cadette nterra.

R'angapparne tutte quante. Ru purtarne ncoppa. Patreme currette cata ru metiche. Chi currette a la caserma. Chi currette a na parte. Chi currette a nata. Ri scappatte pure ru cotte da ncoglie a patreme, ma non se ru rucugliette manche, pe la pena.

Dope jette mamma. I steva malata. Quigli'anne steva malata. Eva stata malata assaje tempe. Teneva ru tife ncape. Quande diceva ru metiche ch'eva tisa. Me faceva magnà sempe che la stessa furcina e ru stesse cucchiare. I non ce capive niente. Non eva avute la misturazione, perciò m'eva ammalata. Ch'eva troppe rossa. Teneva tritece-quattordeci'anne.

E, allora, mamma jette a mette a magnà ri purceglie a la parte de rete. Mamma eva curaggiosa. Sciva de notte. Vedette ca no jiva Ngerumarije e ru marite, patreme, e jette, scette pure jessa. Come arrivatte nante a quelle de za Lucia Mavona, dice una, "Zitte! zitte! ca esse la mamma!"

Quella vete a la gente. "Ché è succese? Ché è succese?"

"Niente! Niente! Niente!"

Quante arrivatte a la casa de zi Mincantoneje, la casa chiena de gente. "Ché jè? Ché? Ché? E Ngerumarije e mariteme addó stanne?" cuminciatte a alluccà, "Addó stanne? Addó stanne?" E, doppe, jette ncoppa. E mamma cuminciatte a strillà ca vedette a fratene dent'a ru lette, là.

Ma, don Alfrede eve jute. Ri facette la puntura contra l'infezzione, sinnó camminava. Dope se'jurne ce la tiratte la pallotta. A le vive, a le vive, accusì. Dope se'jurne. Mariannina ru manteneva e don Alfrede ri tiratte la pallotta. Pecché sciva ncoppa.

E ri tiratte la pallotta dope se'jurne. Ma, stette dope, non putette faticà. Jiva che le pecura. Uardava le pecura. Stette assaje tempe che non putette faticà. E Buffettiglie avetta pajà. Le jurnate. Pure le jurnate avetta pajà. Quiglie eva muratore. Jiva a faticà. E passatte nu sacche de uaje. Nu sacche de uaje.

Nicola eva nu belle uagliole. Nu bone mastre pure. Nu belle gione. Teneva quineci'anne e frateme ne teneva diciotte. (Accattamme la pianeta. E diceva ca muriva a diciott'anne, frateme.)

Dope, passatte bone. Ma, stette assaje tempe, assaje tempe. Stette assaje tempe che ru vracce accusì.

Quante menette a casa quella sera, currirne nu sacche de gente, chisà quanta gente, avetta girà pe la via, là. Menirne pe ru vusc'chetta, pe nante a quelle de zi Benegne, dallanta. Ma, avetta girà pe la via. Non fu capace a sallì ru mure, pe venì nante casa nostra, là.

(Passatte assaje uaje. Stette a casa. Ru purtarne la sera. Stette se'jurne, pecché ru metiche dicette accusì. La pallotta camminava ncoppa.)

Pe Buffettiglie facirne causa. Ca sparatte a frateme. Quiglie, quella sera stesse, se jette a ficcà dente a ru lette. Pe fà vedé ca s'eva jute a dorme. Jirne ri carabbinere e dumandarne a la sore, Lucia, "Tuo fratello, dov'è?"

"S'è jute a dorme preste. Verse le otte già steva a ru lette," dicette la sore.

Come jirne là, s'avette rizzà mediatamente. "Ci'ha fatte vedé che te si jute a ficcà a ru lette!" dicerne ri carabbinere. E ru purtarne dente. Dope, ru purtarne a Campuasce.

Mó, Nicola prumettette a **Libberella** Pallotta ca, si jessa faceva la testimoneja faveza, se la spusava.

Stevene tutt'edduje. Chestinella quà e Liberella là. Chestinella diceva la verità. Come aveva ditte frateme. Liberella dicette accusì, "È menute Ngerumarije e ha ditte accusì, 'È venute Buffettiglie quà? Stasera ci haja coce le fave dente la capa soje! L'haja fà pe pignata la capa soja!' "

E no la mettirne dente, pecché eva figlia a quiglie, nu gran signore. Questa eva sore a Finetta. E, perciò, dice, "Sapeme a chi è figlia!" Ma, la pigliarne pe faveza, pe testimonija faveza. Pecché a Chestinella, la figlia de Pasquale Magliere, la credirne. (Stevene a unite tutt'edduje. Allore, tu sente na cose e i sente nata!) E accusì dicette Libberella. Ma, doppe, Nicola non se la ulette spusà, non se la pigliatte. Se pigliatte a Annina Ricciarde, una de ri Colle. E jessa se pigliatte a Pasquale, ru figlie de Giuseppe la Roscia, une che steva a Bonessareje.

Nicola, dope, se ne jette a l'America, pecché Annina puteva jì. La mugliere de Nicola puteva jì a l'America, pe ru patre. E si ne jirne a l'America. (Tante tempe dope.) Tenevene duje figlie. Dope, quante arrivate ri figlie rosse bunareglie, Annina è jute a l'America. Pó, è jute pure Nicola. Pe ru patre. Annina teneva ru patre a l'America. Libberella se ne jette a Bonessareje. Pecché se pigliatte a Pasquale, ru figlie de zi Giuseppe la Roscia. Là, a Bonessareje, stevene pure nat'edduje frate de quiglie.

La Corte

Carmena eva na bella uagliola. Ngerumarije ce sciva tante tempe a unite, a unite, a unite, sempe, sempe. Quella teneva la luchera (libertà), pecché eva sola, sola. Nteneva mamma, nteneva patre, nteneva sore, nteneva frate. Steva sola jessa. Sola jessa. Faceva come ri piaceva a jessa. Eva simpatichella. Eva bella giunella. E s'apprufittavene a ji cata quella.

La corte la tagliarne pecché quella, Carmena, facette ru figlie che frateme. Ce jivene tante. Non ce jiva sule frateme. Steva sola, sola. Da quella parte de ru negozie de Filippe Fusc'che. Quella steva chiù là. Fore, fore. E steva sola jessa.

Allora, venette Luigge ru Cinciunare. Eva carabbinere. Faceva ru suldate. E arraccuntatte a frateme, nante a tutte quante, "Ngerumarì! No si state sule tu che si jute là! Ci'haje state pur'i! Te ricorde quella sera che Carmena facette la pelenta? Tu meniste e i me jive a mette ncoppa a ru tittareglie." Ce steva na finestra che sciva ncoppa a nu tittareglie. "I me n'haje sciute là. Quante tu te ne si jute, m'haje jute a dorme nata vota che Carmena!" dicette Luigge. Luigge menette a raccuntà a casa.

Ce jivene carabbinere. Ce jivene tutte quante. Eva data a rotta propria. Ma, ru prime, ru prime, fu ru frate de Sarrafina Tammere. Luiggine se chiamava. Quiglie eva ru prime propria che jette cata quella.

Frateme teneva diciott'anne. E se uleva spusà afforza a frateme. Mettette ru nome Assunta a quella uagliulella che nascette. Pe quesse teneva quella regna. Perciò teneva regna. E fece taglià la corte. Fece taglià tutte quante le vite.

Jessa venette a casa. Allora, patreme disse accusì, "Carmè! Ché vó! Vó che leve ru lette meje e ce mette ru toje?" Nuje duje stanze tenavame. Una l'eva fatta fà e una ce steva prima.

"None, none! Quesse nó! Ci'arranciame lo stesse!"

E patreme, a frateme, diceva, "Si si state tu, pigliatella!"

Mamma pure diceva, "Si si state tu, pigliatella!" Nonn'è che diceve nó. C'eva sciute tante tempe a unite.

E Luigge venette là. Venette a raccunta l'affare, nante a tutte quante. Quella sera frateme steva pur'isse là. Ce jivene carabbinere. Ce jivene tutte quante cata quella. E se uleva piglià frateme. Quiglie eva uagliole. Teneva diciott'anne.
"No! no! no! No me la piglie! No me la piglie! No me la piglie, pecché no so state i! Nonn'è figlie a mé!"

E fece taglià tutte quante le vite. Che l'uva vicine! Se steva facenne già. L'uva rusc'carella già se steva facenne. Eva ri seje de settembre. Le vedive i. I e Manuela uardavame le pecura. E jemme dall'anta. E, allora, dicive a Manuela, "Tu te stà attente a le pecura, sotte." E pure Mincantoneje, ru figlie de z'Angelamaria. "Ca mó i vede si è fatta l'uva, la coglie!" l'uva rusc'carella.

Sallive nocoppa e vedive tutte l'uva moscia! Tutte moscia! Assaje ce steva vicine a ri passa-suce. Ajje pe vedé! Stevene tagliate a pette a pette, a pette a pette. Accusì. Alérte. Alerte tagliavene. Alerte. A pette a pette, a pette a pette. Stévene tutte tagliate. Avise nu sacche de paura. Me ne scappave sotte. Quante vedive tagliate quelle vite. E, me ne jive accase, e le jive a dice a patreme e mamma. E jirne a tolle ri carabinere e ri purtanne; ma, che ulive fà? Diece quintale de vine a glianne faciavame! Eva assaje.

E, allora, l'avevene che Nicola Buffettiglie. Pecché Nicola
Buffettiglie eva sparate a frateme. E, allora, avetta pajà tutte
le jurnate. Avetta paja tutte le spese. Là accusì fanne. E la
cosa steva ncoglie a quiglie. Dicevene, "Quiglie è state!"
Avetta pajà nu sacche de solde.

L'avevene che Nicola. Ru suspetta steva ncoglie a quiglie.
Allora, nu gione, se chiamava Peppe, e disse a frateme, "Non
tené ru suspette ncoglie a Nicola ca t'ha tagliate la vigna!" Se
chiamava Peppe. Purtava ru mule arretenate. Faticava la
notte. Na fila de mule arretenate. Facevene ri careune dent'a
ru vosc'che là. Jivene facenne ri careune. Disse, "Non tené
Coppola ncoglie a Nicola. Non è state Nicola. Carmena ci ha
purtate duje Cervinaje. Però, non me palesà a mé! Sinnó
chiglie m'accitene! I vajje camminanne la notte."

Allora frateme le disse a patreme. Patreme teneva ri solde
allora. Dicette patreme, "Si isse me dice chi è state, ri denghe
diece mila lire!" (Ri uleva fà la pelle.) A quiglie tempe, diece
mila lire evene forte.

Disse, "No! Queste no le facce! Se s'accorgene ca só state i,
pecché lore s'hanne palesate che meche." (C'eva jute
pur'isse, penzeca.) Ma, pe luà ru scrupele ncoglie a Nicola,
ce le dicette a frateme.

Dope, Carmena se spusatte. Se pigliatte une de ri Colle. Se
chiamava Ntoneje. Belle gione! Isse steva a l'America. Se la
mannatte a chiamà. E se spusatte là. (Ma, murette giona.)
Quella uagliola, diceca, se murì. Nse facete rossa. Ri
mettette ru nome de mamma, quante la purtanne a la chiesa.

Ru Frigne

A Supine la chiesa de Sante Stefene steva a Casteglie. Pó,
dope, ci hanne fatte ru teatre. Eva chiesa quella. Quiglie, ru
Frigne, là diceva la messa. Ce stevene assaje prevete a

Supine. Ru prevete che diceva la messa a Sante Stefene ru chiamavene ru Frigne.

Ru Frigne ce sciva sempe che quella, Carmena. Carmena eva la sore de zi Carmeneglie, ru marite de Scerra. Carmena era la cainate de Scerra.

Tutte le sere jivene a spassegge pe la Via Nova abballe. La sera annotte, pe non se fà vedé, ma la gente ri vedevene lo stesse.

Se ne jirne a ru pagliare de Ntonie Urzine. Là eva na vigna. Ogn'evvigna ce steva ru pagliare. E se scurdanne nu salviette che ru nome ncoppa.

Pó, Ntoneje Urzine ru truatte e s'ha palesate che frateme, "Cumpà! hajje truvate ru salviette de Carmena!"

Jirne quella sera pe mette foche a ru pagliare. Tementirne quante passavene, quante jivene a spassegge pe la Via Nova abballe la sera a notte che le cavete. Nce jirne là! Jirne a temente dente a ru pagliare, ma non ce stevene.

Se n'evene jute chiù sotte, a nate pagliare, pe la Via Nova abballe.

Mariole de Paglia

Nata vota, a le nostre, nuje tenavame la paglia dente nu rosse pagliare, a la Corte. Nu rosse pagliare. Rosse-rosse.

Se pigliavane la paglia. Vedirne a dó jiva a fenì la paglia. Eva Vittoreje Fabbrizie che se jiva a tolle sempe la paglia là, la notte!

Jirne là, patreme, Ngerumarije, e Ntoneje Urzine. Dicirne, "Si ru truame, r'ema attaccà ru sacche ncoglie e ru purtame a la caserma!"

Jirne duje-tré sere a uardà. S'annascunnevene. Pecché evene tutte vite dallanta. Evene tutte vite. S'annascunnevene pe vedé si ce jiva. Quelle sere che lore jirne, non ce jette!

No ru truanne e quiglie continuatte a se piglià la paglia.

Sì a Giuannina, No a l'America

Patreme ru uleva fà ì a l'America a Ngerumarije. Dicette, "Chi vó? Giunnina Pallotta o vó ì a l'America?" Quella, dicica, steva ricca. Isse, "None. M'oglie piglià a quella." La ulevene a tante. Quella eva sola-sola. La ulevene. A frateme ru ulette jessa. A chigliate no ulette a nisciune.

Le face dice pe Peppine Urzine. "Peppine! Dice a Giuannina ca ì la voglie!" Peppine, invece de ri dice ca la uleva Ngerumarije, disse ca la uleva isse. Ma, non se ru pigliava Peppine.

Ngerumarije eva nu belle gione! Le femmene venivene sempe la nante, sempe a casa. Quesse uagliole venivene sempe a casa. Mamma-mamma-mamma! Eva cose da pazze! Ru ivene truanne com'acché.

CAPITULE 5 - 1926-1930
Ru Fallimente Mariole

Nicola, col padre, davanti a la casa, in America

Nicola, con la madre

Nicola gioca al baseball

Nicola (il secondo da destra) al lavoro

Musselline, ru Cane

Ru cane che teneva patreme se chiamava Musselline (Musolino), come a ru briante, no come a ru prime ministre. Perciò ru putette mette nome Musselline, pecché ce steva pure quiglie, sinnó quiglie che cumandava, nziamaje!

Eva piccule, piccule, quande se ru pigliatte. Quande venette da l'America, ce ru dette Cola Meula. Eva cacciuneglie. Dope ru criscemme. A piacere nostre.

Ru purtatte a rastà quante eva piccule. A zi Minicheglie, a Pantane. Nziamaje vedeva a zi Minicheglie, se ru magnava.

Ru prime piatte avama dà a ru cane. Accusì steva. Eva nire. Lustre come a ru sprecchie. Teneva le recchie rosse, rosse. Accusì. Eva accusi avete. Accusì. Eva rosse. Rosse. Rosse e rasse.

"Mussellì, damme la mane!" Subbete te la deva.

A patreme no ru putive tuccà nemmene a cusì. Si cacchejune ru tuccava, … Carlucce ru Franzese ru tuccatte ncoppa a la spalla. Se ri menatte subbete ncoglie.

Tridice anne ru tenirne. Dope ri muccecatte la jipera mbacce a la lenga. Perciò murì.

Ru daglieva quante faceva caccosa malamente.

Quiglie truava ri ricce. Allora, se ru venivene a piglià la notte. Cacciava ri ricce. Ri truava! R'evene fatte veve le sanghe. R'evene fatte magnà la carna de ricce. E teneva gli'useme.

Na vota, ce stevene certe ricce piccule. R'evene ficcate dent'a na cesta. Se ne scette nu ricce. E se ne jette dent'a ru lemetone. Ru jette a caccià. A ru Parche. Ru jette a caccià. Eva nu belle cane.

Quiglie, quante sciva la notte, quante aveva fà pipi, puppù, rancecava vicine a la porta. Faceva maje dente. Maje. Abbusc'cava che la catena de ferre. Patreme.

E, allora, camminava pe tutte parte. Là non ce steva nisciune. Putive scì libbramente ca n'avive paura. Quiglie eva cane! Belle cane eva.

Cristina M. Del Russo - Rucci

Quante se ne veniva, pecché quante eveva fatte pupù, rancecava vicine a la porta. Patreme ru jiva a rapì. O i. Ru rapavame. E se ne veniva dente. No spurcava. Eva pulite, pulite. Pile ne teneva pe niente. No jittava maje nu pile nterra. Pe niente. Pulite, pulite.

Ma, patreme ru teneva come a nu figlie. Ru prime piatte, sempe quiglie piatte là, ru prime piatte a isse. E dope a tutte quante nuje. Ma, se canuscieva però. Eva chiatte, chiatte.

Ri faciavame pure ru bagne a ru cane. Faciavame a l'use americane. Tenavame na piccula peschera e là dente ri faciavame ru bagne. Stesse isse. Là dente ce jiva stesse isse. Si jiva a lavà. Se jiva a lavà. Ma, quiglie, a ru cane, ri piaceva. Ri piaceva. Dope, quante sciva, r'assucavame. Steva sempe belle pulite. No steva maje sporche.

Eva come a nu chestiane. Non puteva parlà, pecché non tenne parola.

Venive nante casa. Da luntane, ru chiamavene, "Mussellì! Mussellì! Mussellì!" Jiva. Chi eva-eva, jiva. Jiva e se ru purtavene. Jivene pe ricce la notte. Ce steva pure chi le veniva a dice. Zi Benegne c'è sciute tante vote che quiglie cane pe ji a ngappà ri ricce. Truavene ri ricce la notte. Se ru veniva a tolle, ma le diceva! Ce steva chi ce veniva e diceva, "Zi Raffaè! M'ó dà ru cane? Voglie jì pe ricce!" E patreme ce ru faceva purtà. Ce steva chi eva gnurante. Venivene là la notte, "Mussellì! Mussellì! Mussellì!" E quiglie jiva. Quiglie jiva e su ru purtavene. E pó ru turnavene. Ma, eva amice che tutte quante! Non è bone quante ru cane è amice che tutte. Ma, invece, quiglie eva amice che tutte quante. Chi eva-eva che ru chiamava, jiva. Sule, a patreme, no ru putevene tuccà. Na mane che ri mettevene ncoppa la spalla, se ri menava ncoglie. A Carlucce ru Franseze se ri menatte ncoglie che tutt'edduje le rampe. Ru fermatte patreme. Sinnó, ru muccecava.

Ru cane, quante è amice che tutte, manche è bone. Si è cattive, manche è bone. A muccecà, no muccecava a nisciune. No. Maje nisciune. Maje. Maje. Maje.

63

Ru Pignateglie

Prima, quante se spusavene ri facevene ri sfummeche. E, jivene a spià pe la finestra. A quiglie tempe, evene mattareglie.

I teneva quattordeci-quinici'anne (1915-16). Da loche! Na vota, quande za Chestinangela Curiola, la mamma de Mariantoneja, se pigliatte a Padule. Padule, prima, eva state che za Lucia Iannella.

Tata e zi Benegna hanne sapute che Padule se n'eva jute che za Chestinangela.

Teneva nu belle cusareglie i. Nu cose antiche. Eva de purcellama. Chiglie ru ulirne e ce ru dive.

Pigliarne ri file de sola. Pigliarne le zulfe. E le mettirne dente a quiglie cose belle de purcellana.

E jirne, zi Benegne e patreme, la sera annotte. E ru mettirne sotte a la cauta.

Mó, se mettirne ncoppa a la scala e aspettavene che urlavene. Quelle, le zulfe è fetente. E ri file de sola puzzene.

No nfuziunatte! No nfuziunatte quiglie pignateglie. Se stutatte.

Mó, na matina, tante tempe dope, Mariantonija, la figlia de za Chestinangela, m'ha ditte a mé, "Hanne misse nu pignateglie sotte la cauta. Che ri file de sola e pure le zulfe. Ce ulevene accite! Giuseppe Ianniglie è state!" Pecché Padule steva che Ianniglie. Le vote! "Ma nu belle cose! Quante è belle! Che certe manichelle. Belle-belle!"

E l'avevene che Giuseppe, invece c'evene jute patreme e zi Benegna, ri vecchie. Pecché, ca quella Chestinangela non teneva marite. Ma, non eva vere! Quella non se ru pigliatte come marite. Padule eva vecchie. Le faceva accusì quiglie ri lassava quelle che teneva, na casa a ri Colle.

Ru Uatte Mincarcare

64

Quante se spusavene, a quiglie tempe, ne facevene de scherze, come a quande spusarne Carmenella e Francische Cicchetta. Francische steva da sotte a quelle de ri Barile, a ri Colle. Là teneva la casa.

Quiglie, n'amiche de Francische, jette a la festa. Dope, se jette a ficcà sotte a ru lette de ri spuse.

Allora, la matina preste, ru marite dicette a la mugliere, "Carmè! I tengha ji a caccià ri vove!"

Allora, ru marite se ne jette che ri vove. Jiva luntane. Ri purtava a ru Campe.

Quiglie aspettatte che ru marite s'alluntanatte che ri vove, scette da sotte ru lette, e si jette a ficcà affianche a la mugliere. A la scurda. A quiglie tempe ce steva la cannela.

"Né, Francì! Ma pecché te ne si menute?" dicette la mugliere.

"Ah! È venute a chiove!"

Assaje tempe dope, quiglie dicette a la mugliere, "Mó azzarde. Mó vede se chiove o no nchiove. Voglie caccià nata vota ri vove.

Dope, pigliatte la via e se ne jette. Sapeva ca Francische metteva la chiave dente a la meta quante sciva. Sapeva pecché evene tante amice. Quiglie pigliatte le chiave e chiudette la porta, pe no lascià la porta raperte. E mettette la chiave dente a la meta.

Jette ru marite, la matina tarde.

"Né, Francì! Pecché te ne si venute stanotte? Diceca è venute a chiove?"

"Chi te la ditte? Te le si sunnate?" facette ru marite. "Te le si sunnate ca è venute a chiove stanotte?"

La mugliere se stette zitta. Subbete pensatte ca eva state cacchiunate che s'eva jute a lette che jessa.

Quiglie, doppe, ru chiamavene *ru Uatte Mincarcare*.

Ri Nammurate de Sorma

Tutte quante la ulevene a Niculetta. Eva na bella uagliola! Eva bella assaie! Bella assaie e deritta. Sapeva legge e

scrive, sapeva cuscì, sapeva fà tutte. Niculetta eva bella.
Teneva la faccia roscia-roscia-roscia, lustra-lustra com'a nu
sprecchie. Com'a nu sprecchie eva. La gente diceve tutte
ch'eva bella.

Na vota ce steva la giostra. Niculetta teneva quinice-
sitici'anne. Ì teneva dutice-tridici'anne. Savame uagliole.
Mariuccia Sarachella, ì, e Niculetta, tutt'ettré tenavame ru
maccature de una manera ncape. Quante iavame pe la Via
Nova ammonte, nu gione, nu maccaniche, uleva corre vicine
a quella. Niculetta se mettette a chiagne. Allora, ce ne
utamme a la casa de Peppine Urzine là, e sciette Peppine.
(Quiste gione se ne iette.) E ce ne iemme doppe.
Quand'eme arrivate nante a la caserma là, addó stevene le
carcera, ce steva la giostra, e nu gione, ru patrone, sunava
gli'urganetta. E tementeva sempe a Niculetta. E, doppe,
vedette ca non ce mettavame ncoppa a la giostra, ca isse
gratuite faceva mette la gente ncoppa a la giostra. No uleva
esse pajate. La uleva fà ì ncoppa a la giostra. Non ce jette.
Quiglie pensava, "Senza paià ce venne." Non eva pe non
paià. Eva ca mamma non ce faceva ì ncoppa a la giostra. E
vedive che tementeva sempe a quella. Eva bella Niculetta,
eva bella. Teneva ri tratte pure.

Mamma eva gelosa. Na vota stavame ì e mamma meze la
gente, la Santa Chestina. Sorma eva spusata. E, allora, nu
carabinere, da quella parte, me vedette a mé. Come me
vedette, vota a fuì a questa via. Mamma, come vedette
accusì, "Iamecenne! Iamecenne!" M'angappatte e ce ne
scappamme. Non ce putette truà chiù. Eva gelosa mamma.
Dicette, "Quiglie pe té veniva a questa via." Quella vedette
ca quiglie vedette a me, da questa via. Eva giunella. Teneva
diciott'anne. "Iamecenne! Iamecenne!" Mece de ce ne ì
ncoppa, ce ne iemme sotte, pe la paura.

Za Pasqualina m'arraccuntava ca la famiglia soia faceva chi
diceva ch'eva chiù bella Chestinella e chi diceva ch'eva chiù

bella Niculetta. Matilda, Carmena. Le figlie. "None, è chiù bella Chestinella!" "No, è chiù bella Niculetta!"

"Tre belle figlie 'tenive, ma l'affucate tutt'ettré." dicette *l'orefice.*

Raffaele

Na vota, duje-tre anne prima che se spusatte Niculetta, mamme e tata se ne jirne a Munte Vergene e ce lassarne a me e Niculetta, sole, a casa. **Raffaele** ancora tuzzela vicine a la porta ca uleva fà rapì. No rapemme pe niente. Dope, se ne jette che nu ciucce. Teneva na pulletra. Arrivatte a le macchie e truatte a na matta meze ri pete. La figlie de patina Ngiuline de Nerve. Eva battezzate a me.

Allora, truatte a quella. La menatte nterra e facette ru commcdc soje.

Allora, za Cuncetta, quella che m'eva tote a me quante nascive, ru vedette da coppa la finestra.

E, allora, se ne scappatte. Se n'avetta scappà. Jirne a chiamà ri carabiniere. Quella eva matta, eva mattarella, non eva bona. Se ne scappatte a ru Campe. Jiva fujjenne dent'a ri fosse. Pe dent'a ri fosse jiva scappanne.

Pó, me mannarne a me a jirre a truà, pecché s'accurdarne doppe. Nsacce quanta terra r'avirna dà! Quiglie, isse terra non ne pigliatte. Sule la casa. A le figlie ce la data la terra ru patre e la mamma, ma isse terra non ne pigliatte pecché l'eva data a quella (la parte soja). Pe quelle che r'evene date, s'accurdatte.

Pure ru figlie de Biase Magliere se la purtatte ncoppa la massaria quella. E, allora, l'avett'adduddà pure quiglie. Non sacce quante r'avetta dà!

Mó, quiste jurne, uleva trasì a forsa Raffaele.

Allora, sorma diceva, "Allora ru teneva lassà!"

Sorma se spusatte a diciott'anne... che Raffaele.

Patreme e L'Amante

Poche tempe dope ch'è venute pardeme è morta mammella Niculetta. I teneva tridici'anne.

Mammella Niculetta me diceva a mé, "Chestinè! Me dice la Requia Materna?" Avette la paralise. Stette quatt'anne dent'a ru lette. Mamma l'assisteva. N'aje dice ca no. Allora, diceva vicine a me, "Mó che me more, me dice la Requia Materna?" I me ne jive là dente, sola-sola, l'abbracciava a mammella. Ce teneva na pena, ce teneva, quante murette. Ce steva pure patreme allora. Eva venute.

Murette chiù giona mammella Niculetta e murette chiù vecchia Mammell'Antonia. Teneva chiù anne Mammell'Antonia.

Patreme, doppe, passarne parecchie anne e se ne venette. Se ne venette da l'America. Vedette ca non putemme ì. Ma, eva state tridici'anne a l'America.

Mammella Niculetta teneva settanta cinqu'anne quant'è morta.

Quante venette patreme, ì e mamma s'avame jute a ru vosc'che, mamma faticava pure, a scacchià quelle ramera secche. Me facive pure male ncopp'a ru nase che na frasca. Patreme fece venne ru ciucce, ca non ci'avama ì chiù.

A quiglie tempe accattava casse de maccarune. Vine. Ma che accattava! Menivene la gente tutte le sere ca purtatte ru grammofene. Menivene tutte le sere la gente a casa. Avete de gente venivene a sentì. (E no ri ulive dà niente a quiglie!) A quiglie tempe non ce steva radia. Non ce steva niente a quiglie tempe. Allora, ru grammofene tutte ru ulevene sentì. Teneva ru dische de Musselline. Quiglie de Cesere Battista, quante no ulette tradì la patria soja. Allora, prima che quiglie r'avevenn'accite, scrivette la lettera a la mugliere. E diceva, "Miei cari figli, vulete bene a la mamma. Cunsolate il suo dolore." Teneva tre figlie. Mentre che spirava, muriva, diceva, "Io non tradisco la propria patria!" Trea-quatte vote le dicette, prima de murì. Si tradiva la patria soja, no l'accedevene. Cesere Battista eva nu capitane.

Patreme accattava casse de maccarune a quiglie tempe. A quiglie tempe! Accattava casse de maccarune. La gente non se n'accattavene maje. Facevene parrozze, no pane de rane. Pane de rane, sà quante le facevene? A Pasqua.

Ru marite de z'Angelamaria eva zi Giunne. Ru marite eva nu poche fessa, non eva troppe... Jessa affaticà non ce iva. No uleva faticà. Quiglie povere chestiane jiva sule-sule. A le Cese murì. Affaticà eva jute. Diceca, se pigliava nu mucceche de pane e na gliotta d'acqua. Ce steva pure Mincantoneje, ru figlie. E murì. Non eva vecchie assaje.

Dope, mamma diceva sempe ca non eva vere. E l'ajutava. Ri deva caccosa. Aveva piacere a darri sempe caccosa a z'Angelamaria, pecché aveva dibbisogne. Teneva sette figlie. Une ru teneva a l'America. Pasquale se chiamava. Prima ri mannava caccosa de solde. Jett'ammurì la mugliere, na bona uagliola. E si spusatte a n'aveta. No ri mannava niente chiù dope. E z'Angelamaria teneva sette figlie. E non faticava. Allora, mamma ri uleva bene. A ri figlie ri uleva bene a tutte quante ri figlie.

Za Luisella, la cainata de z'Angelamaria, diceva sempe, "Quella và che cacche cosa e và a mette mmocca." Za Luisella diceva, "Assù, Angelamaria se tè a maritete." "Ah, non è vere! Ah, non è vere! Ah, non è vere!" Sempe ca non eva vere, mamma. Ri uleva nu sacche de bene.

Na vota, s'avame accise ru porche. Patreme pigliatte na scienna. "Chestinè, zitte! la voglie purtà a z'Angelamaria," facette vicine a me. Mamma già ce l'eva purtate! A mparé a nuje evene povere. A nuje non ce mancava niente, ma quiglie evene povere. Mamma pure, prujeva pure mamma, pecché teneva sette figlie. Aveva troppe dibbisogne. Jesse n'eva jute maje a faticà. Allora facette accusì, ma mamma faticava. Mamma prujeva, purtava maccarune, purtava tutte cose. Pure mamma, sempe-sempe-sempe. Mamma ri uleva bene a z'Angelamaria, e non credeva ca se teneva ru marite. No le credeva. Ce l'avetta ncappà pe sapé ch'eva vere.

Quante è state doppe, passatte nu belle pecuriglie de tempe, e dicevene ca jessa se teneva a patreme. E z'Angelamaria cuminciatte a strillà, cuminciatte a chiagne. E jette pure mamma. "Si la uleva fà la puttana, la faceva quant'eva giona. Si la uleva fà la puttana, la faceva quant'eva giona." Mamma se le credeva.

Mó, passatte ru tempe. Quante è spusata sorma, se usa accusì, ca evena fà ammagnà. La dumenica vanne ri spuse a la casa. Quante sposa se và a la casa de ru marite. E, quante dope, la dumenica appresse, vanne a la casa de la mamma e ru patre de la sposa. (Già non se la purtavene, pecché ri scrivirne ri panne. "M'ha valutate ri panne! M'ha valutate ri panne!" Quiglie eva une appiccecuse.) Quante teneva scì a messa, sorma. Accusì chiamene, 'a messa'. Zia Fisia faceva a magnà. Cucinava là, a casa. E faceva pure nu poche de verdura. Pigliatte na pignata; ma, pe tutte la gente che ce steva, evene assaje. Pure quiglie de ru municipie venirne. Non bastava. E dicette accusì, "Assù!" Mamma s'eva menata ncopp'a ru lette. E tata jette a piglià ri cippe. Stevene ri cippe a quella massaria là. Che ru ciucce. E, allora, disse, "Assù! La té nata pignata?" facette zia Fisia. Ce steva pure Luisella. Disse mamma, "No. Ne tenghe chiù. Mó vajje d'Ang'ramaria. Vajje a dumandà a Ang'ramaria se la tè na pignata." (Sà, se prestava allora l'une che l'ate.) Jette da Ang'ramaria e dumandatte, ce steva Mingantoneje, l'uteme figlie, "Mammeta add'è juta?" "È juta pe paglia." (Ma sacchetta non se n'eva purtate.) Quant'arriva a la massariella là, pe la viozza ammonte, vedde ru cane nostre, Musselline, ch'aspettava là nante, e la porta chiusa. Questa, mentre che se ne sciva, vedette a mamma, dall'anta, dent'a quella massariella. Mentre che se ne sciva, avvisatte a patreme che n'avesse sciute ca veniva mamma. Mamma la cunfrentatte pe de nante. "Né, Ang'ramaria, addó si juta?" facette mamma. "Só juta pe paglia!" "E la sacchetta addó stà?" (Me só scurdate. Mó la vajje a piglià." E jette a la casa. Mamma se mette là nante (teneva nu curtigliuucce a la sacca) che la mazza mmane, nante la porta. Musselline, ru cane, aspettava là. Come scette patreme, daglie! Ca no ru cugliette! Vota a fujjì là pe dente e mamma ri menava a pretate. (Aveva ragione mamma pecché ri deva nu sacche de uaje. Quante uaje ri deva! Pure si rumpeva nu cippe, appiccecava lucigne. Aveva ragione mamma.) L'afferratte a pretate. E venetta a casa, patreme. Allora quante arrivatte là, ri dumandarne, zia Fisia e Luisella, "Zitte! Zitte! Ca quella me corre appresse. Me vò daglie!" Piglia e se jette a ficcà dent'a la stanza. Se chiudette dente. Isse, assaje tempe dope, rapette la porta de la stanza e mamma ri mena ru sciusciafoche.

Na vota stavame a la cappellella de Vinchiature, a na festa de la Madonna. Patreme vuleva daglie a mamma. Ce steva pure z'Ang'ramaria. Quella nfavore a l'amante. Allora, mamma no le sapeva ancora.

Patreme teneva av'te che ferre. Faceva av'te che cose. Se ri purtatte da l'America.

Patreme teneva tanta ferre. Quante venette, se ri purtatte da l'America. De tutte manere ri teneva. Allora, faceva vedé ca teneva ì a accuncià caccosa a quella. E, allora, za Luisella, quante iva isse, quella mannava a tolle le vine. Za Luisella venneva le vine. Teneva la vigna. E mannava a piglià sempe na buttiglia de vine. Feceva suspette a la gente. Za Luisella facette male Coppola.

Quante accedevene ru porche, quella jiva che ru tritele, ce ru ficcava mmocca. No na vota, chiù de na vota. Quella jiva, e quiglie tutte cuntente! Allora, la gente che la vedevene... Za Luisella ce le diceva a mamma. Mamma, "Non è vere! No le crede! Non è vere! Non è vere! Non è vere!" Sempe ca non eva vere. R'avette ngappà propria là pe jesse vere, pecché che quella mamma se la purtava bona, ce ulavame bene assaje. Ri figlie soje stevene sempe-sempe accasa. Teneva assaje figlie. Mamma uleva bene a quelle criature com'acché, ri uleva bene com'a ni figlie. Cusì faceva mamma a chiglie, a tutte quante, com'a ni figlie.

Quante s'accide ru porche, vanne tutte la gente, parente e amice e ru vicinate. E, accidette ru porche za Luisella, jette pure patreme.

Niculetta teneva vint'anne quante se spusatte. Raffaele, ru marite, eva n'anne doppe.

Le dicevene la gente ca se teneva a quella. "Faceva ncure che Sarachella!" dicette Luisella. Patreme chiudette la porta. Pó rapette nu poche. Mamma ri mena ru sciusciafoche. Angappa ru sciusciafoche e ce ru mena. Chiude n'ata vota.

Mamma nemmene nu cippe puteva mette a ru foche. Subbete attacava saccura.

N'ata vota ce ne jemme a la casa de mammell'Antonia, quante accunciarne la casa là. Pecché prima là ce steva na piccula scalella, prete ncoppa a prete. Doppe, facette la scala bona. Pó, quante ce ne seme jute là, a la casa de mammell'Antonia, (Ema juta ì a abbità là pecché hanna uta accuncià là.) Na sera ri menatte nu tizzone de foche nfaccia a mamma. Ce teneva la sanice.

Eva jute pe cippe. Steva spenserate ca mamma steva nenata ncopp'a ru lette. Non troppe se fidava.

Dumandatte a ru uagliole, Mingantoneje, ru figlie, "Mammeta add'è juta?" "È juta a piglià la paglia." Quiglie uagliole ri disse accusì. Quante vedette nant'a la massaria de la paglia, ce steva ru cane nostre, Musselline. Allora, facette male Coppola. Jesse se ne scì. Mamma steva chiù luntane. Se ne scì. Doppe se gira arrete, "Esse mugliereta!" vicine a patreme. Patreme se stette dente. Allora, mamma pigliatte ru curteglie e se mette nant'a la porta. Come isse scette… Isse vot'a scappà. Eva gione allora. Vota a fujjì dall'appedente, spezza-spezza. E mamma a pretate appresse.

Mamma, quante la cunfrentatte a jesse, prima, dicette accusì, "Ngelamarì! Addó si juta?" "Só juta pe paglia." "E dó la té la sacchetta?" Non purtava niente! Doppe, jette a la casa e pigliatte la sacchetta. E purtatte ru figlie appresse. Mingantoneje. Pe la paura. Arrivatte chiù ncoppa là, addó steva mamma. Mamma l'angappatte, la schiaffa nterra, "Puttana, dice ca n'eva vere!" e la uleva daglie che ru curteglie. (Disse mamma, "Si la uleva accite, l'accedeva.") E quiglie criature r'angappava la mane. "Z'Assù! No l'accite a mamma! Z'Assù! No l'accite a mamma!" E currirene adduje, zi Micheline De Gnazie e zi Cicche Pavele. Accupparne la fratta e venirne da quella parte. Pe paura che mamma l'accedeva a quella. Dope mamma se ne venette a casa.

Dope, la matina, appenna jurne, disse mamma, "T'haja fà la pella!" Ma, quella avette paura forte-forte-forte. Aveva paura. La matina se ne jiva de notte a faticà. Appenna jurne se ne jiva a le Cese. Maje ci'eva jute. Sule ru marite. (Pe la paura, a lavore.) Pecché mamma ri disse, "Tutte ri uaje ch'haje passate, te r'hajja fà pajà a té! Tu si stata!"

A patreme, mamma non ru facette passà d'allante, da quella via, maje-maje-maje. Se n'aveva ì sempe pe ru usc'chetta e la Via Nova. Non ce ru faceva passà pe quella via. Non ce puteva ì.

Na sera, "Vattenne!" vicine a mamma. "Vattenne d'aqquanta!" Mamma scette fore. Quante venette, ce steva na pala là, si non ci'abbadava, ru daglieva. Quiglie l'angappatte, se rizzatte, sinnó… Eva nu manicomije. I non ce la faveva chiù. Diceva, "Mamma, mamma, vaje pe serva, non me stenghe chiù quà. Non me ce stenghe chiù." E mamma chiagneva, "I perde na figlia tutte pe cunte soje." Non ce la faceva chiù. S'appiccecavene sempe-sempe-sempe. Prime no, quante è venute.

Ma, prima, quante è nate Ngerumanije, mamma se r'ammalatte la menna. E Peppine pure eva nate. Peppine, ru figlie de Ngelamaria. Patreme purtava a allattà ru figlie, pecché mamma steva che la freve, a Ngelamaria. Purtava a allattà ru criature cata quella. Ru purtava a allattà cata quella sempe-sempe. Pó, dicevene ca Peppine eva figlie a isse. Non eva allora ch'eva cuminciate che quella. Prima de ji a l'America. Allora, se la purtava bona da tempe. (Quella se teneva zi Pasquale de Coccia. Zi Pasquale de Coccia teneva ru muline, addó steva Sciarriglie. Se teneva pure a quiglie.) Pe quesse, diceva, "I aveva dibbisogne. Pe quesse l'haje fatte!" Patreme la succurreva assaje-assaje-assaje.

Mamma ne ru faceva passà maje d'allanta. Non ce puteva ì!

Zizì Piccucce e Zia Libberella
Allora, de quiste tempe, zizì Piccucce abbandunatte la mugliere e ri figlie a l'America e se ne turnatte a l'Italia. Doppe, s'aunette a Mariantonia Iannella.

Ru Tife
Sorma steva malata. Ru marite steva pe suldate. Ru criature piccule pure teneva. Ru prime figlie, Ngiuannemaria. Allora, ì ce iva ì. La notte e ru jurne pure steva là, sempe-sempe. Steva malamente-malamente-malamente, móre che no móre. La socera, za Milia, ri uleva fà ru bagne. Me uleva fà ì a égne l'acqua fresca e la uleva ficcà dent'a ru uttazze. Peppine Meula se murette pe ri fà accusì. La matrea ri facete accusì. Lo stesse quella malattia teneva. Menette da suldate e, allora, pigliatte quella malattia. Teneva ru tife. Re ignirne ru uttazze chiine d'acqua fredda e ce ru ficcarne dente. Murette. Vintiduje anne. Nu belle gione! (Quisse Peppine veniva sempe accasa. Uleva a Niculetta.) Allora, ì

74

no ulive carrià l'acqua. Diceva vicine a me, "Carrea l'acqua ca uleme fà ru bagne a sorda!" "No! No! Sorma bagne non se ne fà!" faciv'ì. "Peppine è morte. È vère?" Quella s'addunecchiava l'annante, "Madonna, falla guarì, sinnó vettela a piglia!" Ì facive paricchie notte sola-sola ì. Lore facevene, na vote ru marite, na vota jessa. Facevene ru cagnie la notte. Ma, ì steva semp'ì. Ru criature piccule. Chiagneva sempe-sempe quiglie criature. Ru purtava pe menna. Eva piccule-piccule. Ru purtava a piglià la menna da chi teneve ri criature piccule ncoppa a ru Colle. Pó, m'ammalave. Pigliave pur'ì ru tife. M'ammalave pur'ì. Quiglie ammesc'ca ru tife. Non ce putive í chiù.

E Niculetta me diceva ca ru metiche ri diceva ca ce uleva ru iacce. Ce vó ru iacce a ru tife. Ce vó le fridde. Se teneva accattà a Campuasce. Non ce ne steva dente Supine. "Chestinè, diccelle a tata!" Non se la purtavene bona. "Diccelle a tata ca me mannasse a accattà ru iacce, sinnó me mòre!" Ì le dicive a pardeme e ce ru mannatte a tolle. Ru mannatte a piglià e ce ru mettirne ru iacce. Ma, la socera no ce l'accattava. La socera no!

La socera la faceva carrià regne che non s'arrijeva alerta, perciò s'ammalatte. Carriava regne dent'a quelle cavetacce. Nuje, a casa nostra, non ce stavame abbituate accusì. E, quella iva a ru Campe, sempe a ru sole, non ce stevene arbere. E, s'ammalatte. Ru marite steva pe suldate. Però, doppe, chiane-chiane passatte bona. Ma, Niculetta la passata male!

Na vota, mettevene le rane a na parte. Evene iute a arà. R'èvene semmenate le rane. E avevena scuntà a iurnata. Cainateme se mbriacatte e faceva, "Chi esce prima, r'ajja taglià ru coglie! Chi esce prima, r'ajja taglià ru coglie!" S'appiccecarne che quiglie che metevene. Doppe, se ne jette e Niculetta remanette a mete. Jette la socera che na mazza e la dagliette ncoppa a le rina, pecché ru marite se n'eva jute, e se ne teneva í pure jessa. Quiglie avevena scuntà, pecché quiglie evene jute a arà pe mette le rane. Avevena scuntà a jurnata.

Pó, ivene a ricoglie le fave pe ri porce a le Pezze de Cerce. Sei-sette figlie. Non ce sentiva chiù. Na passate de uaie!

Mamma

Prima de venì patreme de l'America, venette ru nepote, ru figlie de la sore de donn'Angele Mosca, a casa. (La sore de donn'Angele Mosca se chiamava za Marianna.) Venette a casa pe picciune e ova. Veniva sempe, sempe là a pigliarse caccosa. E dumandatte a mamma. Disse, "Assù! Tu té ri solde che zianene a la banca? Attenzione! Te le diche ca te voglie bene. Vacce! Sinnó non piglie niente chiù!" Quiglie le sapeva. E mamma corre, currette immediatamente. Jette là. "Voglie ri solde!"

"Eh! Pecché? Ve-ve-ve!" Quiglie eva une!

Mamma disse, "Voglie ri solde! Non ne voglie sapé! Voglie ri solde!"

Quiglie pensatte, "Questa mó se mette a ì a alluccanne da tutte le parte!" E, ri solde, ce ri dette tutte quante!

Za Vitangela

Za Vitangela, l'amica de mamma, ri teneva pure quella ri solde a la banca de donn'Angele. Teneva ru marite a l'America. Si chiamava Giuanne. La purella non sapette niente. Steva malata. Steva dent'a ru lette. Non ce putette ì quella puveraccia. Stette assaje tempe malata. Ri perdette tutte quante!

Na casarella tenevene che na scalella de ligname, brutta-brutta-brutta. A la fine de Pantane stevene. Vicine a ru Ponte de Sante Rocche.

Turnatte ru marite da l'America. Eva perdute tutte quente ri solde che r'eva mannate ru marite. Vulevene accuncià la casa. E quiglie diceva, "Và da donn'Angele Mosca e t'accunce la casa!"

Quella steva malata. Steva sempe dent'a ru lette. Sempe-sempe ammalata. Mamma perciò iva cata quella. (Abbandunava ri figlie soje e jiva cata quella.)

Fallimente

Patreme purtatte cente mila lire a quiglie tempe. Pe piglià l'interesse, diece a une, diece a nate, diece a nate. Venivene tutte la gente là. Vintiquatte le dette a ru cumpare soie. Se facette la casa là, addó steva Niculetta. Diece mile lire a za Mariantonia Tirolla. Diece mile lire a za Cuncetta Mastantonie. Diece mila lire a za Mariuccia Mattiozze. Diece mila lire a Pasqualina Zullella. Sei-sette mila lire a Ntonie Urzine. Quatte mila lire a Peppine Urzine. Accunciatte nu poche la casa, ma poche! Manche a lammia fecette fà.

Pasquale Maglicrc ri uleva fà accattà quelle de ri Giacche. Accattava pur'isse. Veniva sempe da patreme. "Raffaè, pigliamecelle, ì e té!" Cente mila lire aveva paià. Ma, quiglie no ri teneva chiù ri solde!

R'eva prestate a tutte la gente. Dope dichiaranne fallimmente tutte quante. Zi Mingantonie dichiaratte fallimmente. Za Cuncetta Mastantonie pure. Tutte quante dichiaranne fallimmente. Pecché evene tutte povere la gente. Non ce steva niente chiù da fà là. Ntonie Urzine ri facette nu poche de lavore. Ri facette quella baracca là nante e scuntatte a lavore. Zi Mingantonie, se pigliatte la casa. E ru stanzine eva de zi Giuseppe. Pecché pure quiglie eva date ri solde a ru frate. E avetta paià pure quigli'ate. Ntonie Melanie pure. Ce teneva misse l'iputeca ncoppa la casa. Avetta paià pure patreme a quiglie. Nu sacche de mbroglie, nu sacche de mbroglie, e senza solde. E, allora, quella casa, la paiatte vintiquatte mila lire, doppe l'ha fatta sette. Pe sette mila lire la dette a Raffaele, cainateme. Pe ri fà fà la casa, come ca ri era iennere, ce la dette. Quella stà fatta a lammia. A quiglie tempe, non ce ne stevene. E quiglie, zi Mingantonie, facette la casa. Tutte feste da balle tutte le sere, tutte le sere, feste da balle. E, dope, non teneva niente chiù. Dichiaratte fallimente. Se ne iette a l'America. E la mugliere eva cuntenta ca dichiaratte fallimente pecché non arrivavene. Avevena faticà che quiglie, avevena faticà che quiglie, p'arrangià. Dope rimanirne senza niente-niente. Non tenevene niente, no terra, niente-niente-niente. Tutte ri pigliarne.

E, patreme, che cente mila lire, rimanette che niente.

Ru Buste

Néme carriate de prete, i e patreme, che ru vajarde, pe fà ru giardine dent'a quiglie funnone. (Funnone, a le vascie, vicine a ru uallone.)

Me facive male le rina. Me ulevene mette **ru buste**. Patreme diceva, "È colpa meja. Pe carrià quelle prete."

I, quante m'ammalave i, jemme a Uardiareggia. Me purtanne a Uardiareggia a me. Pure lo stesse. Non me puteva girà de nisciuna manera. Remanive sicche. Allora, ru metiche Taserca, me uleva fà i a Campuasce, ca teneva duje ossa spustate a la spina dursale. Angele Mosca eva tutore de l'ospedale Vittoria a Campuasce. E chiamatte là.

Mó, venette fräteme e mamma e patreme ce le dicirne. Ca i aveva ji ru jurne appresse là. Avama ji ru jurne appresse a Campuasce a mette ru buste. Me teneva mette ru buste. Fräteme no dicette niente. Raffaele eva chiù smatte.

Venette cainateme Raffaele pe vedé come steva e ri dicirne accusì, accusì. "Don Alfrede la manna a Campuasce. Angele Mosca già ha chiamate pe ri fà mette ru buste."

"É!!!" se ncazzatte Raffaele. "Quessa non ha ulute a nisciune! Dope, chi cazze ce vè chiù? Loche resta! Chi se la piglia si se mette ru buste?" facette Raffaele. "Dimane jame a Uardiareggia da zi Ciannareglie. La porte i che ru ciucce."

Jemme i, mamma, e Raffaele. Purtatte ru ciucce soje ca la varda eva chiù laria. E jemme a Uardiareggia.

Quant'eme jute là, se faceva nire, nire quiglie zione. Teneva ru libbre mmane e ru curteglie. E faceva cruce che ru curteglie.

Doppe, Raffaele dicette, "Zi Ciannaré! Si r'hanne fatte caccosa, pe ché cosa ce l'hanne fatte?"

"Ce l'hanne fatte pe via d'affezzione. No la ulevene fà ammalà! Però, hanne sbagliate! Hanne sbagliate, perció è remasta accusì."

Pó, disse patreme, "Si la fà passà bona, ri facce nu belle regale."

Ce jemme duje vote. Nata vota me ce purtatte frateme. Ce jive che frateme. Duje vote ce jive.

Le rina non me facevene male chiù pe niente. Sinnó, a Campuasce me mettevene ru buste.

Za Rosa

Raffaele non me ce fece ji a mette ru buste. Pecché c'eva capitata cummà Ngiulina, la sore. Pe quesse, quiglie le sapeva.

Quella, prima, sciva che Petre Fabbrizeje. Menette cumpà Visidore. Eva ru cainate de la sore. Steva a Bonessareje. La sore, sà, uleva che… Allora, quiste fece masciata a la cummara, cummà Ngiulina.

La cummare scanzava a Petre Fabbrizeje, chiane, chiane. Ma, quiste non se ne uleva ji. Ma, se n'avetta ji.

Mó, quante hanne spusate, è jute **za Rosa**, za Rosa Peluse. Eva povera. La mugliere de ru uatte Mincarcare. Jette quella. Diceca ri dette diece mila lire. Jette là. "M'hajja fà na ballata che ri spuse! M'hajja fà na ballata che ri spuse!" E abballavene tutte là. Abballatte na vota che gli'ome e na vota che la femmena.

S'hanne jute a dorme. Tu stà loche e i stenghe quà. Non eva matrimoneje. E, ogge, dimane, poje dimane, passatte nu mese. La cummara se palesatte che la mamma. "Ma! Accusì, accusì, accusì."

Allora, vedirne de truà proveddimente pe vedé a dó caspita tenevena ji. Pensarne ca questa r'eva menate caccosa ncoglie. (Diceca la cennera la fanne che l'ossa de morte. La pisenene.) Menate ch'hanne quella n'è cosa bona chiù.

Allora, stette nu mese, stette duje mise, e ri purtarne da zi Ciannareglie. E quiglie ri mettette a poste. Jinne tre vote cata zi Ciannareglie.

Perciò, Raffaele sapeva caccosa.

Za Chestina

A me, allora, me uleva pure Peppine Urzine. **Za Chestina**, la mamma, venette a casa. "Chestinè! Fà cuntenta a Peppine! Fà cuntenta a Peppine!"

"Za Chestì! Quiglie è state sempe quà. I r'ajje rispettate com'a nu frate. No pe matrimoneje. No! no! Non pò esse e non pò esse e non pò esse."

Quella m'angappava ru cape pe me fà dice de si. "Te denghe ri panne de Filumena." Filumena se n'eva jute a l'America. Peppine teneva dà quatte mila lire a patreme. "Te denghe ri panne de Filumena. E te denghe nu tumbere de terra a Tappone." (Me uleva mette nu tumbere de terra a Tappone vicine a me si me pigliava ru figlie.) Eva na brava femmena, quella. Eva na bella femmena.

"Nò!!!" Assolutamente ca no.

Chissà chi fó! Non sacce niente. Me ulevene a paricchie. Na vota une. Na vota nate. Non sacce niente. Non sapeva chi eva state.

Patreme se credeva ca m'eva fatte male pe carrià prete. Si eva quelle, non se luava. Non passava bona.

Patreme teneva paura. Savame carriate prete che ru vajarde. Ce mettavame le prete rosse assaje ncoppa e a duje, une nante e une arrete, purtavame ru vajarde. Patreme luava sempe prete dallappedente. I pigliava la cavedarella chiena-chiena-chiena de prete e me la metteva ncape. Na vota, une, a la Corte, "É! Si capace de te mette na cavedarella, chiena de prete, ncape?" Sola-sola, accusì. Teneva la forza dent'a le vraccia.

Patreme teneva quiglie scrupele nante l'anima. "Purtava le prete che ru vajarde e s'è fatta male le rina." Ma, non eva quelle. Non eva quelle. Eva ca m'evene fatte caccosa. Si eva quelle là, non se luava.

Ce stevene assaje prete, assaje prete, dall'appedente. Tanta caspita de prete ce stevene. Patreme cacciava sempe prete. Uleva la terra pulita. Ma, ce stevene sempe prete. A la Corte, a ru Parche, dallanta, da tutte parte. Ce stevene tutte prete dallanta.

Evene tutte prete. Patreme uleva ca teneva stà pulite, ma non ci'arrivava. No! no! Pe quelle che faceva eva meglie. Ma eva troppe. Mariangele rumpette tridice bivente a ru Parche.

N'éme carriate de prete, i e patreme, che ru vajarde, pe fà ru giardine dent'a quiglie funnone.

Me facive male le rina. Me ulevene mette **ru buste**. Patreme diceva, "È colpa meja. Pe carrià quelle prete."

Munte Vergene (1929)

Quante teneva diciott'anne patreme dicette c'avama ì a Munte Vergene. E, allora, savame a cente persune. Evene seje traìne. Ce seme misse tutte quante ncoppa. E jemme a Munte Vergene, tutte quante. Nuje javame a nu traìne, une iva a nate, chi iva a nate, chi iva a nate. Mó, quante javame a magnà, savame a quatte persune: ì, patreme, e zì Caitane e la mugliere. Na vota pajava une e na vota pajava nate. Mó, quant'arrivamme dente Pumpeje, venivene tutte ri uagliule vicin'a ru traìne e me facevene tutte ru bace a mane. Tutte la gente che stevene dent'a ri traine, "Vite a Chestinella!" Ce steva pure Mariuccia Scialona là, za Cuncetta, ru marite. "Vite a Chestinella!" Tutte quante quiglie uagliule, facevene, "Mmmh! Mmmh!" Mó, quante seme scinte da ru traine, tutte la gente ivene a chiesa. È venute nu gione vicine a nuje. Savame a quatte. E jette vicine a patreme e zì Caitane. I steve ì e za Dunatella. E dicette, "Venitevella a casa! Venitevella a casa!" vicine a patreme e zì Caitane. Ce furzava. "A la chiesa non ce putete ì." A quigliate no ri dicette niente. A nuje quatte ama sule. "A la chiesa non ce putete ì, pecché vè la pulizia. Ve ficca dente." Dicive ì, "Meglia ca ce ficca dente. Ca nuje steme a la frische dope." "Ah, mó, na bella uagliola la ficchene dente!" Allora, dicirne patreme e zì Caitane, "No, no, no! Nuje ce ne jame addó piace a nuje!"

Dent'a la chiesa ce ne javame a durmì la notte. Ce ulirne se' jurne. Tre jurne a ì e tre jurne a venì. Quante arrivava la sera, ce fermavame dent'a nu paese, e ce stavame là la notte, dent'a la chiesa. Mai a durmì dent'a ri traine. Scignavame da dente ru traine e ce ne javame a durmì, dent'a la chiesa, pure pe le scale ammonte cacche vota durmavame. Durmavame? Sta'ame tutte la notte, fine a la matina.

Michele, na vota, trasette dente a na taverna. Uleva alluggià là. Teneva la mugliere e ri figlie. S'appiccecatte che quiglie. A mazzate facette. Currirne ri fascista che ru mazzareglie. Venirne quatte, cinque fasciste. Ma, là, quiglie pareva nu pazze. Era nu lituse che ce ne stevene a ru munne.

Ru traine nostre ru purtava Giuannine Cetaiole. Ogn'é traine ce stevene duje cavaglie. Ru traine ru pigliamme a ru Colle, tutte a ru Colle, tutte quante là, tutte la gente. Ognune pigliava ru traine soje. Savame fatte l'appuntamente (la prenotazione), eva assignate. Seje traine e cente persune. Ulevene venì pure gliate. Non ce putirne venì, pecché non ce stevene sedine chiù pe t'assettà. Menette la bonanima de zì Benegne. Jette a pete. Là è luntane, Munte Vergene, a pete. Non s'arrijeva alerte chiù. Ì me rizzave. Ru facive stà assettate là. E, dope, scignive. Camminave ì a pete pe ru fà stà là. Peppine Urzine, che la bicicheletta, meze mórte eva. Troppe luntane. Troppe luntane. Non è cosa appete. Ci'hanne jute la gente a pete, ma è luntane. Troppe assaje.

Pe la via cantavame. A me, m'hanne fatte mette nante, nante. Ì purtava ru crucefisse. Ru traine meje iva nante. Ce stevene pure l'ate uagliole. A me, me caparne, me facirne

82

mette nante. Ru traine meje iva nante, ru traine che purtava Giuannine, e che ru crucefisse. Gesù purtavame.

E cantava, tutte quante cantavene. La migliore parte, diciavame la Madonna de Munte Vergene e Santa Filumena, quesse cantavame.

Canzone a la Madonna de Munte Vergene
(Quante se và a la Madonna de Munte Vergene.)
Voie Madonna mia
allumeme la mente.
Per forza de questa gente
Me vonne sentì cantà.
C'era nu giuvinotte
Ch'era assai devote
Ogn'anne ce iva na vota
A la Madonna a visità
Ce iva pe la via
Senza na pricunaria
E sempe a Maria pregà
Ce iva pe la strada
E truatte une ammazzate.
Tante ri fece pietà
S'è misse a lacrimà
Da longhe l'hanne viste
Pe suspette l'hanne pigliate
Dudece testimonie
Tutte contra ri vanne
Pe forza vonne giurà
Ca isse r'era ammazzate
Ru facinne attaccà
Dope de quarant'ott'ore
La causa è stata chiamata
A morte l'hanne cundannate
La causa sua dirò
Voie Madonna mia.
Pe té facce stà morte

83

Ì spere ancora la sorte
De l'anima mia salvà
Dope de un'ora
Na lettera da ru ciele è calata
Steva scritte che lettere d'ore
Ma che piante vuleme fà
Ru giudece la liggeva
La rota tutta piangeva
Ru giovane è innocente
Che devezione tenive
La Vergene Maria
N'avute de té pietà
Ru giovane s'è miss'incammine
Se ne và dal papa sante
Tre giorne campà e murì.

E, allora, si cantava sempe, sempe, fi'acché arrivamme, sempe, sempe, cantavene tutte quante la gente, chi sapeva cantà. La bonanima de Chestina la Roscia diceva a me, "Chestinè, canta!" "Non sacce cantà!" Pó, quante me sentette cantà, "Eh! Dicica non sapive cantà?" Nuje cantavame sempe che sorma, sempe, sempe. Sorma sapeva cantà assaje. E, allora, quella, quante me sentette cantà, teneva na bella voce, "Eh, Chestinè! Diceca non sapive cantà? E ì le sapeva!" la bonanima de Chestina la Roscia.

Nnammurate 1

A quiglie tempe, si tenive na bona annummenata, la tenive pe sempe, ma aiva esse serie. Si tu sive na libbertina, nisciune te pudeva vedé.

Ce steva la bonanima de za Cuncetta. Me uleva dà ru figlie. Za Cuncetta Scialona me uleva dà **Ngerumaria**. Mamma ri jiva quatt'anne nanze a Ngerumaria. Eva nu bell'ome. Turnatte da l'America. Che patrene se ulevene tanta bene. Ma, ì no ru ulive. Eva troppe vecchie. Steva bene. S'accattatte quelle de Cape Ianche. S'accattatte tutte le

84

casera a dó teneva ru negozio Filippe. Steva bene. Teneva solde. Nu pezze d'ome. I eva na uagliola.

Quante venette a casa, me facette chiamà. Me chaimatte mamma. Nuje stavame a ru parche. I teneva sidice, diciasett'anne. Eva uagliola.

Quiglie spusatte gli'anne nanza e gli'anne appresse jemme a Munte Vergene. Si pigliatte Mariuccia. Ma, za Cuncetta non ci'aveva piacere.

Za Cuncetta, quante stavame a Munte Vergene sempe che me se ne veniva. Se metteva a sottibracce sempe che me. Me uleva bene. Quante me uleva bene!

Ma, non eva cosa. I eva troppe uagliola. Isse, me uardava appresse quant'i veniva da faticà. I eva uagliola. Quiglie eva nu pezze d'ome.

Si non eva spusata sorma, se ru pigliava. Eva spusata. Quand'aveva diciott'anne i, s'è spusata sorma. Teneva vint'anne jessa. Ma, une la uleva a quella! Chisà quante nammurate teneva. Se ri mettette Raffaele atturne, quatt'anne e meze. Non se luava d'allanta.

Vicenze eva figlie a zi Ntoneje Frecone, eva fratecucine a mamma. Ri patre evene frate. Tenevene ru casine de Titiglie. Quiglie s'accattarne lore. (Titiglie eva venute da l'America. Se fece fà ru casine là. Stette nu belle poche de tempe, pó se ne jette nata vota a l'America.) Nu cose de fiore a nu pedastre e nu cose de fiore a nate. Diceca, quant'eva belle dente!

Nnammurate 2

E ce steva n'ate. Se chiamava **Vicence**. Vicenze eva state a casa pure. Vicenze disse a quelle uagliole, le figlie de za Chestina Barile, che m'avisse nvitate pure a mé.

Allora, i steva a la Corte, d'estate, e venette Michelina Barile. "Chestinè! Ha vení a purtà ri panne. Vanne ri panne de sorma, Mariantoneja." A la stazione ri purtavene. Eva menute ru Mericane. Se pigliatte Mariantoneja.

E patreme dicette, "Vacce! Vacce! Vacce!"

La matina, venette Manuela, e venette pure Ngerumarije Scialone, isse e la mugliere, a casa. E patreme dicette, "Ngerumarí! Uarda a quessa!"

E, allora, jemme là, a la casa de Mariantoneja, e ce steva Vicenze. Ce steva Vicenze là.

Dope, ce ne jemme a la stazione. Ma, i ru vedive. Nci'avise piacere ca steva là. Dope, jemme. Purtamme ri panne. I purtava la cassa. Jemme a la stazione, chiù là de ru caselle addó, dope, steva Niculetta.

Dope magnate, cumencene a ballà. Vicenze sunava gli'urganetta. Teneva gli'urganetta. Vè Michele vicine a mé, "Chestinè! Vé a ballà?"

"No, Michè! Non sacce abballà ì!" dicive ì.

Michele teneva tratte!

Doppe, dette gli'urganetta a nate e venette Vicenze vicine a mé. "Chestinè! Vé a ballà?"

"Non sacce abballà!"

"Quante hanne jute ri panne de sorda sapive abballà!" Eva abballata che isse. "Mó, non sà abballà chiù!"

"Eh!" facive. "T'haje ditte ca non sacce abballà!"

Allora, quiste piglia e fà fermà gli'urganetta. Nate sunava gli'urganetta soje. Mentre quiglie abballavene fece fermà gli'urganetta.

Stive nu belle poche. Dicive a Manuela, "Jamecenne!" Patreme eva ditte, "A calate de sole ve voglie quà!" (Isse steva a la Corte.)

Ce ne jemme. Sciuta fore. Quiste no le vedette.

Doppe, vedette ca non ce steva chiù ì là. Vota a scappa, a spezza-spezza, pe dent'a ri paise, gli'urganetta ncoglie. E venette appresse a nuje. Queste uagliole se sentirne male. Criticavene a mé. Pecché, pe mé, non putirne abballà chiù. Gli'urganetta se ru purtatte.

Camminavame pe la Via Nova ammonte là. Dope, scemme pe dent'a la terra. Patreme steva dent'a ru funnone là. Là ce ne jemme ì e Manuela. Michele dicette, "Chestinè! Arrivederce!"

Vicenze, venette da nuje addó steva patreme e, dope, venette a casa, e disse, "Zi Raffaè! Seme parente ma cema fenì de fà parente! I voglie a Chestinella!"

"Si te vò?"

E teneva na piccula tussetella, sempe-sempe. "Teh! Teh! Teh!" Patreme dicette, "Quessa tosse non me piace!" Eva na tosse malamente.

Doppe, i dicive ca no. "No! Non me mette a fà l'amore che nisciune! È meglie che non ce vé!" facive ì.

La sera, isse e gliate cumpagne, pigliene gli'urganette, cumencene a sunà dent'a la Chiusa, e une cantava. Dent'a al Chiusa se mettette però, no sotte la finestra. Patreme se rizzatte da ru lette, jette là, "Eh! Jatevenne! Non ce venì chiù!" dicette vicine a Vicenze. Allora, pigliarne la via e se ne jirne.

Pó, s'alluntanatte. S'alluntanatte doppe. Michele nó. Michele venette l'ate vote. Da na via ru uleva, pecché patreme ci'aveva piacere. Eva nu belle gione. Faticatore. Bona Famiglia. Ma, ì no ru uleva! Teneva ri capiglie rusce. Me mpressionave pe ri capiglie rusce. Eva belle. Teneva le spalle accusì. Gione belle. Pe ri capiglie rusce che tenena, no ru uleva. Prima, para ca ru uleva; dope, no! no! no ru voglie chiù.

Dicive ca no ru uleva. Le dicive a la cainata, m'eva cummarella, la figlia de za Lucia Iannella, Carmena. Dicive ca no, che n'avesse venute ca no ru uleva. Na festa, stavame aunite. M'accattatte castagne, ntrita, tutte cose.

Allora, dicive a quella ca no ru uleva chiù.

Menette Luca. Me le mannatte a dice. Ru frate, se chiamava Luca. Eva ru marite de Carmena.

Mó, hanne venute la sera tutt'edduje. Mamma e patreme se jirne a dorme. Patreme dicette, "Non ne voglie sapé!" pecché ci'aveva piacere. E venirne tutt'edduje.

"Ma, pecché Chestinè? Pecché Chestinè?" se utatte de quarte.

"Pecché tu và pe suldate e ì ajja remanì nante a mammeta, come è capitate a sorma." (E così capitatte pure a me che mariteme!) "Ru marite steva pe suldate e jessa s'è malata. No-no-no! Pe queste no voglie!"

Quante vedette accusì, dagliette nu pujene ncopp'a la taula.

Ru quasce uleva. Doppe pensava, "M'haja ì a tolle a quiglie che ri capiglie rusce!"

Nnammurate 3

Cummarella Lucia Riccione. Eva una che steva a ru Tratture. Là tenevene la casa. Tenavame la seggia accattata. Accattamme na seggia pe dù. Ce mettavame la catena. Quante javame la dumenica a la messa, ce truavame sempe ncoppa la Via Nova! Quella veniva da sotte e veniva pe ru vusc'chetta.

Na vota, me uleva **Michele**. Ru quasce uleva. Eva nu belle gione. Si ru vedive, na presenza bella teneva. Teneva ri capiglie rusce. E la famiglia de Michele evene gente per bene.

Allora, le feste savame sempe state che la cainate a unite là. Cummarella Carmena. M'accattatte la ntrita. M'accattatte le castagne. M'accattatte le pinozze. Ha-ha! Ru quasce uleva. Patreme ci aveva piacere. Eva bona famiglia. Eva faticatore. Belle uagliole. Ma, i, dope, no ru ulive chiù. Chiglie cazze de capiglie! Me cagnave l'idea. No ru ulive chiù.

Allora, me mannatte a dice ca la sera venivene a casa. Mamma e patreme se jirne a dorme, se jirne a ficcà dente a ru lette. No nse ulirne mette meze a ri pete, pecché patreme ci aveva piacere che Michele. Eva nu belle gione. Faticatore. E menette. Menette Luca, ru frate, e isse. I steva là. Menette. "Chestinè, pecché? Che cosa è succese ca no me vó chiù?" Ma, già eva menute ate vote a casa. Cacche duje-tré vote.

"Sa' pecché no nte voglie?" ce stà l'americane. " Pecché tu te ne và pe suldate." Ma quiglie ne facette suldate. Stevene mmane a don Michele Fenizia! "Tu te ne và pe suldate, e i capite come a sorma. M'haja stà nante a mammeta. E perciò..."

Daglie nu pujene ncoppa a la taula pe la regna. (Ri rusce so chiù cattive.)

Dope, jiva a la messa, la dumenica, e venette ru cumpagne soje. Se chiamava **Petre**. Eva figlie a la patina meja. La patina ch'eva battezzate a mariteme. Patina Tresina Puzzelama. Allora, che Michele evene grande amice.

Quiste, quante vedette ca me ne veniva pe la Via Nova abballe, me venette appresse. Me vote pe ru vusc'chetta abballe là. Veniva appresse-appresse a mé. E pur'isse appresse a mé. Arriva sotte e me mbuntatte. "Chestiné, si no vó a Michele, me te piglie a mé e quà..."

"Ché cazze stà dicenne?" facive i. Là non ce steva nisciune. "Ché stà dicenne? Ché me piglie a té? Si m'haja piglià a té, me piglie sempe Michele!" facive. Brutte ru nome...

I ce l'evene ditte a frateme. E arrivatte frateme. "Éh! Ché vó? ..."

"Uleva dice na parola a sorda."

"Vattenne da quà!"

Supino, A Quei Tempi

CAPITULE 6 - 1931-1935
Destino Mariole

Del Russo Cristina
di Rucci Nicola

Rucci Nicola
di Del Russo Cristina

Casa alla Contrada Torre,
vista davanti

Casa Torre, vista di dietro

Ri Rucce a l'America

Zizì Luigge era sfaticate. (Rosa è figlia a zizì Luigge. Quella che venetta a ru Canada, quante stavame su d'Iberville.) Non vuleva faticà pe niente. A tatiglie, soc'reme, ri frecava sempe ri solde. Ce re cercava pure là a l'America. Ma, non ce steva a quiglie paese. Steva a n'ate paese. Zizì Petre sì, stevene a une paese. Tatiglie faticava sotte a ru frate, nu cuntrattore. Ma ri figlie se 'mparanne tutte quante l'arte. Mariteme non se ulette 'mparà. Carriava prete e bricche 'ncoglie. Ma, chigliate, tutte quante se 'mparanne. Zi Petre teneva otte figlie ommene e duie figlie femmene.

Ri figlie de za Chestina erene Giuseppe e Duminiche. A quiglie vennette la casa tatiglie, a ri nepute, quante se ne venette. Allora, isse non se ne uleva venì. Ri piaceva stà a l'America. La mugliere s'ammalatte. Ri facirne na puntura. E d'allora non passatte bona chiù. Esse se ne uleva ì a l'Italia. Non se uleva stà chiù. E isse diceva de no. Jette là e cacciatte nu mucchie de solde. Eccheli! Ì non aje bisogne de te. Teneva chiù de isse, de quiglie che teneva a la banca isse. Teneva chiù quella che isse. Teneva ri burdante. Faceva cunemia. Faceva ru cafè che le coccie d'ova. La brusteliva e faceva ru cafè. Quande pardete se faceva ru sanguicce, quella ri spartiva le pane. Nce le faceva purtà tutte quelle che s'aveva tote. Era na cosa tremente. Clemente, ru nepote, steva a borde pure isse, e diceva, "La puttana no la fatte, però faceva cunemia troppe assaie ncoppa a ri burdante." No ri piaceva come faceva.

E tatiglie, socereme, dicette, "Che ri sudure meje, se spassa cacchiun'ate a l'Italia." Perciò se ne venette. Si no faceva ì sola a essa. Teneva troppe solde. E allora ri teneva vicine a tutt'e duje. Pure a la banca de Roma ri tenevene. A ru '31 venirne. A quiglie tempe, tenevene cincucente mile lire. No ri teneva nisciune, nisciune, nisciune. Manche ru chiù signore. Cincucente mile lire! Nisciune teneva solde. Diece lire erene forte. No ri tenevene a une poste sule.

L'Americane

A ru '31, quiglie venette dente Casteglie, ma ì no ru vedive. Diceca eva sicche-sicche, accusì. Allora se ne iette nate vota a l'America pe ì a piglià la carta de cittadine. Stette duj'anne e se ne venette nata vota.

La mamma venette a casa ca se ulevene accattà quelle de Capejanca, ascianche annuie là. La mamma e ru patre. Quante me vedette a me, dicette, "Questa la tenema dà a ru ragazze meje!" Queste fu gli'anne nante, prima.

Socrema jiva pazza pe mé. Quante me vedette. La prima vota che me vedette. Gli'anne nante. E pó gli'anne appresse, menette a dice ca quiglie veniva. E soc'reme, quant'eva la dumeneca ammatina, ru truava sempe ncopp'a ru colle. Pe la paura che i jiva che cacchidune. No ulevene che i me metteva a fà l'amore. Pe ru figlie. Era cosa da pazze!

N'anne prime, jessa me vedette. La prima vota. Menirne a temente quelle de Ngiulina Capejanche ca se le ulevene cumprà. Se venneva. Vicine a nuje, là. E, allora, venirne a casa. Mamma ri facette trasì. Ri facette magnà e tutte. Allora, questa, come me vedette, dicette, "Questa la tenema dà a ru ragazze meje! Non la fà mette a fà l'amore che nisciune ca quiglie vè da l'America!"

Gli'anne appresse venette. Ru mese d'auste arrivatte. E socreme, d'allora, se faceva truà sempe ncopp'a ru colle.

Niculangele

Frattante me ulevene pure. Poche prima me uleva **Niculangele**. Me mannatte le masciate pe la nepote. E quella, "Pe l'amore de Dije, non la fà mette a fà l'amore ca quiglie ha menì, quiglie mó ha menì, mó ha menì!" Jessa! Jessa!

No n'eva pratticate maje che nisciune. No ulive scì che manche nu gione. Menivene tanta cazze de giune. Menivene. Nce ulive scì. Pe paura de sorma. Pecché sorma eva ute nu male marite. E la purtava fore a ru campe. Nuje nce stavame abbituate. Nuje stavame tutte che gli arbere là. Tutte frische. Tutte frische. Ru jurne ce ne javame a casa. Stavame che tanta cummedità. Allora, và! và! E, allora, i no uleva nisciune. Quante arriva chi me piace, va bone.

Menette une da Bonessareje. Niculangele se chiamava. E me mannava a dice pe Chestinella, la nore de la sore de soc'rema. "Si me vò, quanta bene ri voglie! Quanta bene ri voglie!" diceva sempe quiglie là, Niculangele. Menirne nu jurne. I steva là sotte. Evene a duje. Isse e nate. I no me facive vedé. Ca spettava Nicola ca veniva da l'America. Jessa. Jessa. Veniva a casa. Jessa e soc'reme. Soc'reme, quante jiva a la messa i, se faceva truà sempe ncoppa a ru Colle. Sempe ncoppa a ru Colle. Quante jiva a la messa la matina, la dumenica. Pecché i no jiva a nisciuna parte. Capite? Dope, no n'eva bona chiù! Dope, no n'eva bona chiù! N'aveva chi me tolle. M'aveva tolle pe forza ru figlie.

Socreme, isse teneva chiuss'assaje de tutte quante dente ru paese. A ru trent'une purtatte cincucente mile lire. Zi Giuanne, ru pustere, diceva vicine a partreme, "Raffaè, non è sorta da lassà. Nicola se ru pigliene tutte quante. Addó se vota-vota, se ru pigliene. Non ri tè nisciune tanta solde quanta ne tè isse. Pure a la banca de Roma ri tè." Purtava la posta. Sapeva tutte.

I iva cudenne civiltà. Le diceva pur'a mamma, "Né ma…" pecché mamma ce iva a la casa. I non ce ive manche na vota. "Né ma, t'è le cose belle quella ziona, za Margarita?" Me dicevene, "Non è sorte da lassà. Ri solde ri tenne anche a la banca de Roma." Evene ricche assaje. A ru trent'une, purtanne cinqu'cente mila lire. A quiglie tempe chi ri teneva. Evene ricche assaie. E allora tutte se ru sarrirne tote.

Allora, gli'anne appresse, a ru '33, venette nata vota. Ì no puteva magnà. Me facevene male ri dente. Facette jessa, "Steva meglie l'anne scorse ch'avanne!" Sempe ca m'aveva dà ru figlie. Ce le mannarne a dice, "Vetenne ca t'eme truata la sposa!" Allora, se ne venette. Venette ru mese d'auste.

Pó, Cola Meula ri uleva dà la figlia, quande quiste arrivatte. Che la machina venette da Napule. Quande arrivatte là, Cola Meula se truatte pronte. Ru fermatte e ru purtatte a la casa, stesse quella sera. Mó, stette na settimana, e jette sempe-sempe là, da Cola Meula.

Maria Meula

Quiglie ri uleva dà la figlia. No la ulette. Eva brutta. Ri scette nante propria quante venette. E jessa jette nanze a socreme e disse, "Come và?"

"Né, né! chi te canosce? Chi te canosce?"

Quante vedette ca venette a casa, currette da sorma. "Quiglie è ru nammurate meje. È jute da sorda! È juta da sorda! Quiglie mó da mé non ce vè chiù!"

Ma i sapeva tutte. Ca isse iva là. Na settimana non ce venetta a casa. Eva vunute ru sabbete. E tutta la settimana ea jute là.

Quant'è arrivata la dumenica, ì a la chiazza non ci'haje sciute. Haje jute che frateme, a piglià certe cavetarelle, addó faticava. E, non ce scive pe la chiazza. Me ne scive pe la porta de sotte e me ne menive. Allora Maria Meula jette da socreme, nante a socreme, meze a la chiazza, "Z'Alfò! Cola Meula ogge ve vò a casa. Venite a casa! V'aspette a casa!"

"Né né, chi te canosce!" facete socreme. Allora, pigliatte e venette a casa, veniva pe la Via Nova abballe, isse e Cristine. Cristine che steva a le Pontederetavere. Cristine jette da la fidanzata. Eva la sorecucina. Steva là. Mariteme no ri piaceva. "Quant'è brutta!" dicete. (Eva brutta veramente.) Pó, venirne a casa.

Maria Meula, quante ri vedette, pe la Via Nova abballe r'aspettava. Se mettette ncoppa la terrazza de za Carmena Magliere e uardava. E, cuminciatte a se mette le mane ncape, ca non eva juta cata iessa. S'accurgette ca veniva cata mé. Currette cata sorma, "Niculè! Ca quella ma pigliate ru nnammurate! Mó, quiglie, si è jute là, non esce chiù!" Cumencia a priticà là. Sorma non sapeva niente. "Ma, che ne sacce ì! Ì non sacce niente propria!" Sorma no le sapeva. Frateme le sapeva. Ce l'era ditte soc'rema. Ma, sorma no le sapeva. E, se ne jetta a la casa; ma tutta urlanne, tutta urlanne pe ru Colle abballe là.

Mò, arrivarne nante a ru usc'chetta là. Truarne a zi Benegna. Steva zi Benegna la dente. Dumandatte, Cristine, "Zi Bené! La casa de z'Assunta addó stà?" Dicette zi Benegna, "Ma chi ulete? La mamma o la figlia?" "Èh! La mamma e la figlia," facette Cristine. (Cristine diceva a Nicola, "Ì la uleva pur'ì; ma, ì nce l'haje ditte pecché quella no me se piglia.")

Mó, menirne a casa. Come menirne a casa, mettette ru nome vicine a la porta. RUCCI NICOLA scrivette vicine a la porta. Subbete caramelle, subbete ciucculata, purtatte. Se ne jette a la casa doppe. Turnatte nata vata. Menette. Na vota veniva vestute bianche, na vota veniva vestute nire, na vota gialle, tutte, gravatta, cammicia, une culore, belle, de seta, belle, teneva assaie vestite. E, veniva là tutte ri jurne! Una vota venette che ru ovrafolse.

Mó, nuje jemme a ru Padule, a cavà le patane, e isse venette là. Non ce truatte a casa e venette là. E, m'evene ditte ca isse jiva sempe da Cola Meula ru jurne.

Quiglie ri uleva dà la figlia. No la ulette. Eva brutta. Ri scette nante propria quante venette. E jessa jette nanze a soc'reme e disse, "Come và?"

"Né, né! chi te canosce? Chi te canosce?"

Quante vedette ca venette a casa, currette da sorma. "Quiglie è ru nammurate meje. È juta da sorda! È juta da sorda! Quiglie mó da mé non ce vè chiù!"

Ma i sapeva tutte. Ca isse iva là. Na settimana non ce venetta a casa. Eva vunute ru sabbete. E tutta la settimana eva jute là.

"Vatténne a piglià la figlia de Cola Meula!"
Pó, la dumenica ammatina veniva sempe a casa. Aveva ji a la messa. Non me faceva ji chiù sola.
"Ah! T'hanne cumunciate a malemette! T'hanne cumunciate a malemette!"
"Vatte a piglià la figlia de Cola Meula!" facive. "I non m'hajja piglià pe forza a te!"

Come venette là, dicive, "Vattenne! Non ce venì chiù quà, appresse a mé! Vattenne! E vattenne da la figlia de Cola Meula!"
"Già t'hanne cumunciate a malemette! Già t'hanne cumunciate a malemette!"
"Vattenne e non ce venì maie chiù!" facive. "Vatte a piglià Maria. È na bella figliola! Pigliatella!"
"Ì, si la uleva, me la puteva tolle. Ma, no la voglie!"
Dicive, "Vattenne e non ce venì chiù!

Allora, pigliatte la via, se ne venette che nuje doppe la sera. Aspettatte fin'a la sera. Magnamme là ru jurne, pur'isse là. Se ne venette la sera. Dicette, "No ì chiù sola a la chiazza, a Supine, a la messa!" A la messa no me ce facete ì chiù sola.
Prima de venì a la messa, isse veniva, la dumenica ammattina. Pecché ì non iva a nisciuna parte. Sole a la messa la dumenic'ammatina, ebbasta. E, veniva là tutte le sante matine, quant'eva la dumenica. No me facete ì chiù sola.

Nicola non se luava d'allanta. Quante veniva da me, vestute bianche, vestute celeste.

(E prima de venì isse, ru patre. Ru truava sempe ncoppa a ru Colle. Quante ì arrivava a ru Colle, isse steva sempe là. E m'accumpagnava fine a la chiesia, pe la paura, pe vedé si ce steva cacchi'une.)

Prima, me uleva n'avete. Se chiamava Niculangele. Eva venute da Bonessarie. Chestinella, la nepote de soc'rema, quella me purtava le mmasciate pe Niculangele. Isse venette là, là nnante, a casa. Ì no me facive manche vedé. Soc'rema, "No la fà mette a fà l'amore! No la fà mette a fà l'amore! Dirre ca no ru vó! Ca r'ema dà ru ragazze meje!" Sempe accusì diceva.

"Ema spusà! Ema spusà! Pecché mamma ha bisogne. Quella è malata. Ha dibbisogne."
Jessa veniva a casa, "Ì haie dibbisogne de na femmena, pecché non pozze laurà assaje." (Steva chiù bona allora. Ma, a lavà non ce iva.)
"Ema spusà! Ema spusà!" Duje mise e meze. Mettette ch'era muratore, quande publicatte ru prevete. (Ma non era vere.)

Ru Pontedetavere:

Ru Vicinate
Zia Chestina (la sore de soc'rema), za Chestinella, e za Filumena
Cumpà Libbre e za Lucia (prima) e cummà Chestinella (dope); e ri figlie Ntonie, **Carlucce**, Ngiuline, Maria, Assunta, e Luiggine (ru figlie de cummà Chestinella)

La Casa
La casa a ri Pontederetavere eva de la mugliere de socereme. Tatiglie Duminiche, ru patre de secereme, eva massare, ma non teneva niente. Jessa, socerema, teneva quella casarella. Una la teneva prozia Chestina e une la

teneva jessa. Dope facinne allungà. E facinne due stanze là. Da l'America. La sore la facette fà. Quante irne, truanne fatte. A quigle tempe eva na casa e nate poche! Ce steva la cucina e duje stanze che ru corridoie allongne, allonghe. Allora quà casa eva accusì? Za Crisante se fece na casa bona. Ma, si no, non ce ne stevene case bone.

O mette la casa addó só jute o la casa meja! O mette quella o quella! Doppe, a casa meja non me ce truava chiù. Quella là eva chiù bona. Menava finanche la cera. Ce stevene le marmette pe terra, a quiglie tempe, a quiglie tempe. O mette là che là!

L'Acqua

A ru Pontedetaule, là, avene jì a le Cannalicchie a jenne l'acqua. Ce steva la funtane vicine a quelle de Libbere Coppola. Là javame a jenne l'acqua. Zì Michele teneva ru puzze, ma seva seccate. Non ce ne steva acqua.

L'acqua de le Tre Funtane

Quante steva da **socerema**, ì ri iva a piglià l'acqua de le Tre Funtane. Che la damigiana ncape de venticinche litre! Venticinche litre purtava ncape. Eva ncinta pure a la prima figlia. Ce mannatte zia Mariuccia, la sore de socereme. L'avetta pajà. No ri piacette. Ma, dope ce jiva i a piglià l'acqua. Vinticinche litre d'acqua. Eva na damigiana. Da le Tre Funtane a ru Pontederetavere.

Dope de quande spusamme, la matina, mariteme se uleva fà coce o duje ova o le patane fritte dent'a na patelluccia. La mamma veniva a temente dent'a quella patelluccia, si ci'eva misse assaje oglie or assaje rasse. Ì me sentiva male. Ì no ri canusceva. A casa meja no le faciavame quesse. Ce steva la rascia a casa meia. *Chisse só la gente ricche!* faceva ncore a mé.

Quiglie se ne iva a la chiazza. Tutte le matine se ne iva in piazza. Metteva ru cafè a gli'amice dall'anta. Iva sempe-

sempe a Supine. Subbete dope spusate, jiva a la chiazza e uffriva ru cafè a tutte quante quiglie

Ma, socrema, eva fetente. Fetente da le prime, da ché só juta. Da ché só juta.

Mariteme se uleva fà coce duje patane la matina. I ce remanive tante male! Pecché appena spusate. Se faceva coce o duje patane o se faceva fà ru cafè. Non faceva fà café. Se ru teneva ji a fà da la ziana ru cafè. No puteva fà là. Ne faceva fà. Meniva a temente dente a quella piccula patelluccia quante oglie c'eva misse. Quanta rasse c'eva misse! Tutte le matine. Nuje, a casa nostra, tenavame la rascia. Diceva mamma, "Non sacce come te si abbituata!"

E i, pe non fà fà la risa a la gente, ca me ulevene tante. Tante, tante me ulevene. Tante, tante. Ce steva Niculangele de Cose. "Si me se piglia, ma quanta bene ri voglie!" me diceva Chestinella a mé. Faceva la masciata. Teneva tanta nammurate.

Quante ì spusave e ive là, la sterrava. Allora non era mica come a mó. Ri menava finanche la cera. Ce stevene le matunella come a queste. Pure la cera ri menava. Ri panne, erene tutte sporche. Brutte! Sporche! Zuzze, zuzze, zuzze. Ce ri faceva lustre come a nu sprecchie. Tutte la gente ce le dicevene. E non vuleva jesse. Ca ì l'era iuta a sterrà. Non vuleva. "C'è menuta Chestinella pe te fà pulita!" E la sore chiussaje ce le diceva. Zia Chestina.

Pó, na vota ì steva lavanne dente ru Pontederetavere, là. E venette la bonanime de za Chestina. Se luatte ru grembiule d'ananze. "Chestinè, laveme stu grembiule!" E ce ru lavave. "A ragione ca ri panne lucene! Ca tu sa bene lavà!" dicete. Quella me uleva bene. Quella eva na femmena. Non eva come a jessa. No, no, no.

I, quant'ive nante annanze a **socerema**, la sterrava. Ri piaceva ca la sterrava. Fù pe ru marite. Pecché **socereme** me uleva bene. Quante truava quacchi'une l'appennante, pecché quiglie eva muratore, diceva, "Vè vide che bella nore che tenghe!" E ru purtava ncoppa. Quella eva gelosa! Quiglie veniva ncoppa. "È veramente ca té na bella nore!" E, quella eva gelosa, la vecchia. Socereme me uleva bene com'a na figlia, e ì com'a nu patre. Ma, quella eva ...

Socerema, 1935

Iva a coglie le foglia cavere. De verne. Dente a gli'orte là. Allora se puteva ncriccà bunarella. Iva a coglie le foglia cavere. E le faceva jì a lavà a me là a la funtana. Che le fridde. "Ru mediche m'ha urdinate la verdura!"

Tatiglie uleva sempe ri maccarune. Quande cacchevota socrema sciva cate la sore là, socreme me diceva, "Chestinè, cocemella na vranchetella." I ce la cuceva preste, preste na vranchetella de maccarune.

I me pigliava scorne. Sà pecché me pigliava scorne? Quiglie che me ulevene: "Ha fatte bone!" Λ Michele, ru uleva e pó no ru ulive chiù. Michele La Tenente. Nu belle gione eva. Sultante teneva ri capuglie rusce. Ru uleva. Dope no ru ulive chiù. Michele, Peppine, Niculangele, Vicenze. Tanta uagliule che me ulevene. Quiglie dicevene, "Ha fatte bone!" Pecché ì dicive, "No me te voglie piglià pecché no voglie venì nante a mammata." E pó capitave nante a quella là. Capitave nante a quella chiù cattiva ancora.

Vitantoneje

Vitantoneje, ru figlie d'Angele Arcare, ru frate d'Onorina, venette là nante e dicette, "Chestinè, asse me vedé le fotografie de Nicola!" I le ive a piglià ncoppa e ce le facive vedé. Socereme m'alluccatte, "Ché ce la fatte vedé affà?" Aveva ragione.

Pó, quante me truava pe la via, diceva, "Chestinè, non sacce come fà a stà senza marite?"

"Vitantò!" dicive. "Tu tementeme mbaccia. Vide le prete che stanne là nterra? Te le mene a una a una ncape. Attenzione! Non só quella che te crite tu."

101

(A la cummara ri facette perde ru marite. Se purtatte cummà Giuseppina. Ru cumpare ru dagliette na mazzata ncape a quiglie. Ri rumpette la coccia. Cumpà Giacchine.)

Non me diceva niente chiù. Quante me truava, me trattava com'a na sore!

Nenna Chestinella

Frateme stette malate, i eva prena de sette mise, quante cadive che Chestinella nbraccia.

Venette ru metiche Taserca pe frateme, ca teneva la pulmunija a tutt'edduje le sciancura. Allora, quante è venute don Alfrede, cummarella Giuannina, la mugliere, ma ditte, "Cummarè! Và a chiamà a cummà Lucia!" Steva a la parte de sotte là. "Che menisse ca è venute ru metiche." Si se uleva fà na visita.

Scigneva che la criature mbraccia, teneva la criature ncoppa ru vracce. Scenche pe le scale abballe. Frateme eva fatte le carratore pe fà scegne l'acqua, pecché l'acqua fermava. Jive a mette ru calecagne de la scarpa dent'a là. E accuppave tutte le scale, tutta quanta, ma la criature me la mantenive accusì. Jette a ncoppa a la soglia de la porta. Steva la porta sotte accusì. Ru capucce de quella criature jette ncoppa là che ru cape. Morta! Morta eva!

I chiagneva e frateme diceva, "Sule ca non te se fatta male tu!" I eva ncinta de sette mise. Pe duje-tre jurne non me sentiva la criatura. E socerema!

E, doppe, pigliamme questa criatura. Don Alfrede la fece mette dent'a l'acqua, l'acqua caveta. Chiane, chiane, se ne remenette, pe bona furtuna.

I là chiagneva. Frateme diceva, "Chestinè, non fà niente! Non fà niente! Faceme gliavete. No nporta ca se more."

Nziamaje se muriva! Na bella criatura! Eva chiù bella jessa che ru sole.

Eva piccula, piccula. Non camminava ancora.

Dope, ru puze meje me ru metecatte ru dottore Vitone. Non ce javame cata don Alfrede. Me facive male pur'i quà.

Jive accusì, de scianche. La criatura ncoppa la soglia de la porta accusì, che ru capucce. Ma, i a lassà no la lassave.

Certe femmene de quella parte, Colabrode, là, "Quella è svenuta! Quella è svenuta!" Eva stata quella carratora che steva fatta. Ru calicagne de la scarpa jette a fenì là e cadive deritte-deritte sotte. Evene paricchie scaline.

La criatura meja no la jittave, ca socerema, nziamaje. Mamma meja! Tre jurne no me la sentive la criatura. A socerema ri jirne a dice ca, quante i me ne jiva, me jiva a settà pe la via fore. Non eva vere!

Me dispiaceva de frateme. Tutte ri jurne me ne jiva là. Tanta che ri uleva bene. Me dispiaceva tant'assaje. Eva gione. Tre figlie teneva. Teneva Assunta, Ngiulina e Chestinella.

Chiane-chiane, chiane-chiane, chiane-chiane, passatte bone. Ma, ru meteche Taserca ru licenziatte. Ca nonn'aveva che fà chiù, ca se muriva. Allora, jirne a chiamà ru meteche Vitone, eva chiù gione. Quiglie r'ajutatte. Evene jute a scola aunite che frateme, quiglie là. E quiglie r'ajutatte finché passatte bone.

Passatte bone e rapirne la via a la Libbia, a fà ru suldate volontareje. N'avevene come fà pe campà. Non ce steva niente de fatica. Non ce stevene solde. Come faticavene la gente? Ché ulevene fà?

E, allora, se ne jirne a la Libbia. Frateme, Michele Cevetiglie, Cumpà Dunate. Eh, avoglia tu quanta se ne jirne! Non avevene come fà! Non putevene manche magnà. Frateme non eva cose de ce jì, ca Francische Pallotta, ru socere, teneva assaje robba, ma quiglie le rane se le venneva, e a lore non ce ne deva pe niente.

Ce stette cinqu'anne a la Libbia. Cinqu'anne facete ru suldate là, isse, che cumpà Dunate, chi c'eva jute, fine a ché fenette la uerra.

Là, diceca, só cattive. Si t'angappene ti ficchene prima l'agura dente l'ogna.

Nenna Margherita, 1934

Mariteme faceva ru suldate quante nasciette nenna Margherita. Eva fatte quatte mise de suldate. Evene cinque mise che s'avame spusate, quante tenetta jì a fà ru suldate.

Ma quella me uleva mette de cape sotte. M'eva misse sotte. Quella che faceva, faceva, jiva tutte bone. M'eva misse sotte. Uleva che steva sempe sotte a jessa. Nu poche. Ma n'ate poche è troppe. Mariteme non ce steva. Cumandava tutt'essa. Mariteme jette pe suldate. Dope cinque mise. Eva ncinta de cinque mise quante quiglie è partute pe suldate. Stive nante a quella là.

Le fece apposta, la puttana. Se ne jette a Casamiccia a ri bagni, quante me teneva nasce la criatura, ri principeje d'auste. Me nascette a ri sette d'auste. Se ne jette a Casamiccia, pe se barburà meze a la gente, ca i mó me teneva ru marite. Accusì m'eva lasciate a libertà. Capite? La puttana. La puttana. Vì la puttana! Vì che puttana! Quella eva marpiona. I no ncapiva niente. I eva fessa. No ncapiva niente. Eva troppe fesse.

Quante me teneva nasce la criatura, se ne jetta a Casamiccia. Quiglie iurne jive a lavà dente la peschera de cumpà Libbere. Chiglie me ulevene nu sacche de bene, chiglie d'allanta, ru vicinate.

"Eh," me chiamarne d'allanta. "Tu loche ru fà su criature! Dente sa peschera!"

Recuglive tutte ri panne pe no ri fà remanì sporche e ri jive a lavà dent'a la peschera, là. E, stesse quigli'urne, frattante che chiava ri panne, me tutte ammullave. Steva patina Chestinella, ma non me ce parlava. Tutte pe jessa. Tutte pe jessa. Ce steva quella e ce steva la socera pure. Non chiamave a nisciune. Mentre che chiava ri panne. Ri chiava e ri metteva ncape. Dent'a ru suttane.

Jesche fore e vaje da za Filumena. Socereme steva là. Isse diss'accusì, "Oi Chestinè, i voglie jì accattà nu pacchetta de fronna addó Onorina."

E, arraccuntave a za Filumena. "Za Filumè, accusì, accusì." Non me sapett'addice niente, quella bestia.

Dope venette e jemme a casa. Dicette a me, "Che ce uleme magnà?"

"Né, tà, che tó fà fà caccosa?" diciv'ì.

"Ah," dicette. "Mó t'abbruce vicin'a ru foche! Mó ce magname caccosa accusì." No ri mancava niente. Tenevene tutte cose.

Allora, pó, vedde ca i me ne jive là dente. Chiagneva i vicine a la machina. Me pigliava vergogna. Za Lucia, la mugliere de cumpà Libbere, la mamma de Carlucce, me dicette dope, "Pecché no me si chiamata da coppa la finestra?" Me pigliava scorne. Era la prima vota.

E, doppe, venette socereme là dente. Quiglie se pigliava scorne pur'isse. "Chestinè, sa si ajja chiamà a mammeta?" facette.

"E valla a chiamà!"

E, isse, currette e jette a chiamà a mamma. Jette a chimà a mamma e jett'a chiamà la levatricia. Quella femmena teneva cinque figlie. Teneva pure na criatura piccula. Isse l'avetta ntremmenà tutta la notte. La criatura mea nonnasceva. No m'aiutava pe niente, niente, niente, quella femmena.

E, pó, doppe, nascette a le quatte e vindicinque la matina. Le quatte e vindicinque a ri sette d'auste 1934. Eva le cavete. E ce steva za Michelina Ventura e mamma e la levatricia. Quella notte. Tutta la notte. Da la sera, a le quatte, vint'un'ora, fin'a le 4:25 la matina. Se vedeva, la vedevene la criatura, vedevene ru cape, vedevene ru cape, ma non sciva mai. Ma, quella no m'aiutava pe niente. Non capiva pe niente! Teneva cinche figlie. Socereme teneva la criatura piccula soja. Là ntremmenava tutte la notte.

Allora, me s'eva lacerata l'utera. Ru dottore Vitone (ru jirne a chiamà la matina) m'eveva mette ri punte. Ru medeche, quante venette cata me, dicette a mé, "Quessa ve fà murì. Quessa non capisce propria. Vuje sete giune. Nziamaje quessa non se ne và! Quessa non capisce niente!

T'ha ruinate!" Quella non te tuccave pe niente. Ha ajutà! Ha ajutà! Non te tuccava pe niente.

Se ne steva jenne e truatte a jessa ncoppa a le scale. Jessa steva menenne. Ru medeche, "Vattenne!" La fece turnà arrete. "Vattenne!" dicette.

Nu metre d'arza m'aveva mette. S'era lacerata l'utera. Me se laceratte l'utera. Nu metre d'arza me metteva. Tutte le sante matine.

Doppe, la matina, otte matine a la fila, veniva ru dottore. Metteva a volle na cavedara d'acqua ncoppa a ru foche. Quiglie eva pulite. E metteva ri ferre là dente. E che nu ferre tante longhe me metteva l'arza, nu metre d'arza, tutte le matine. La matina appresse la veniva a luà, chiena de marcia. Stive pe tante tempe non puteva manche camminà.

Me tiravene finanche le latte, pecché teneva troppe latte.. Ne teneva tropp'assaie. Troppe assaie, assaie, assaie.

Ce steva na criatura, figlie a za Filumena Malevizze, a quella parte, quella me veniva a spiccià le menne, quiglie criature. Pure Assunta, la figlie de frateme. (Me le ricurdatte Assunta.) Frateme ce mannatte Assunta. Menette frateme a truà. Ce mannatte Assunta a tirarme le latte, paricchie vote. Ne teneva troppe assaje.

La criatura era piccula. Nonarrivava. Pò m'accattanne ru tira latte, ru suga menna. Pure ru metiche me tiratte le latte che ru tira-latte.

Socereme me jiva a tolle nu criature. Ma, pó, socerema non ce ulette fà ji chiù ru marite a piglià ru criature. Ce fece ji a mé. Teneva jì i, ma no mputeva camminà pe niente, pe niente, pe niente. Pe niente! Ti diche accusì. Non puteva camminà pe niente! Tanta uaje ch'eva passate.

Socrema me fece jì là, a dà la menna là, a la casa de quella. Ent'a le prete, ent'a le Pontederetavere là. Nomputeva camminà pe niente.

Socerema. La teneva fà í a magnà. R'aveva coche ri picciune. Ce steva cumpà Michele che me purtava sempe ri picciune. Veniva sempe, sempe, sempe. Ru s'avame battezzate. Sempe, sempe veniva. Teneva coce a jessa ri picciune. I ce r'aveva accide, ce r'aveva pelà, ce r'aveva cucinà, e magnavene marite e mugliere. I eva na gnuranta propria, na gnuranta propria. Vicine ru foche. Vicine ru foche. Vicine ru foche.

E quella sà' come diceva... (Prime de nasce la criatura, tante tempe prima, se ne jette a Casamiccia, a farse ru bagne.) Allora, diceva accusì, "Ah, é chiù una che sa fatte ru bagne che na sgravidada!" Esse come me diceva a mé. Ma, i eva na gnuranta veramente. *Se ve le ulete fà, ve le facete!* *Vedetevella vuje!* I ce le cucinava. Lore se le magnavene. Sule lore. Sule lore duje!

Mariteme steva pe suldate. Dope battezzate la criatura, venette. No me ricorde quante tempe teneva la criatura e battezzamme. Cummà Giuseppina e cumpà Michele Magliere battezzarne. Dope nu mese venette mariteme. Ma la criatura la battezzamme prima. Prima de venì mariteme, battezzamme la criatura.

Pò ri facirne ru reclama, a mariteme, e se ne venette. Ma, doppe, doppe, doppe. Pecché eva nata la criatura e ri facirne ru reclama. E accurdarne e ru mannarne. Ru mannarne doppe.

Mariteme se truatte venute, pecché pe ru reclame che facirne. Ca m'eva nata la criatura. E se ne venette. Prima venette a licenza. Dope ru cuncedarne. Poche doppe ru mannarne.

Quante m'è nata la prima, la prima figlia, hajj'aute male partura. Ru mediche me tenetta mette ri punte.

Socerema eva accusì, ce passava pe coppa.

Chi ò vivere in pace,
Osserva e tace.

Ca me teneva ru marite

Pó, ca me teneva ru marite, allora non ce la facive chiù; ma, sinnó, prima no ri diceva maje niente, maje niente, maje niente.

Quante che me la ditte la prima vota eva ncinta a quella uagliola. Me la ditte dent'a la mandra là, pe socereme, ca l'eva ditte Chestinella, ma quella l'eva ditte jessa.

Quante le disse la prima vota (a ru Pontedetavere), dicive, "Cacche jurne t'appenne! T'appenne là! T'appenne!" addó stevene le savesicchie. Dicive, "Feniscela! No le dice maje chiù! Sinnó!"

Doppe, quante mariteme è venute, è venute da suldate dope nu mese ch'è nata la criatura. Ma, non me rijeva alerta. Nomm'eva assistuta pe niente. Ì aveva assiste a lore. Teneva fà ammagnà ì a lore. Tanta uaje ch'eva passate! Non puteva camminà pe niente. M'aveva ì a spiccià le menne accata quella, da quella parte de ru Pontederetavere là. No ru ulette fà ì a tolle chiù a ru marite ru criature, ru figlie de zia Filumena.

La uttatte pecché quella metteva schiattamente a me ca l'aveva daglie. "Tu m'ha lassà jì!" dicive. E, allora, mariteme la uttava. I non me sentiva bona pe niente, niente, niente. Non me rijjeva alerta. Non me uletta fà lavà a zia Mariuccia. Pajava ì. Non ce la uletta fà venì chiù.

Nu jurne, jette a lavà zia Mariuccia. **Zia Mariuccia**, la sore de socereme, eva na bona femmena e pulita pure. Jette a lavà a ru Pontederetavere. Jette pure jessa. Se paratte nante. Pe vedé si ce menava assaje sapone. Ca cunsumava le sapone. Quant'ì faceva nu vacilotta de panne e uleva ì a lavà, uleva venì. Ca cunsumava le sapone! N'haje passate nante a quella femmena là.

A mé, no me uleva manche fà ji a lavà quante teneva la criatura. Pecché, la criature sporca sempe-sempe, tutte ru jurne. Allora, fà quiglie vacilotte de panne. R'ó ji a lavà! No me ce uleva fà ji. Pe no cunsumà le sapone. Preticava, sempe-sempe, quant'i jiva a lavà.

Zia Mariuccia jiva a lavà. I ri dive nu belle falzuletta, belle, de tibba, ncape, chiglie ausavame. Nu belle grembiule. Eva de rare. Pe la fà ji a lavà. No me fidava. Tanta uaje ch'eva passate, no me fidava. La signora se jiva a mette nante a quella, quante quella jiva a lavà. S'assettava nante a quella pe vedé si che menava le sapone. Eva cose da pazze. Cose da pazze! Nusciuna femmena eva accusì. Se jiva a settà nante a zia Mariuccia.

Na vota, disse accusì, "Oje, Chestinè! Piglia duje patane! Mittele ncoppa a ru foche a coce!" Patane accusì. Te la magnà accusì le patane.

Ma i sa' quante pasta eva fatte, i. Me l'evene purtate la gente. Pasta. Zucchere. Tanta cose me purtavene quante me nasciette la criatura.

Zia Mariuccia dicette accusì, "Oje, Chestinè! Fà patane e pasta e magne pure tu!" E accosì facive.

Come ca teneva troppe latte, assaje latte, me teneva sempe ji a spicci le menne, sempe-sempe. A quella parte, za Filumena Malevizze teneva nu criature, Luigge se chiamava.

Stevene a quella casa ncoppa là. Allora, jiva sempe cata za Filumena. Prima me ru jiva a piglià socreme ru criature pe me fà spicci le menne. Pure Assunta. (Me le ricurdatte jessa.) Franteme me la mannatte. E, allora, questa chestiane me purtatte ru criature a casa. I non eva magnate pe niente. Nteneva latte. E chiagnevene tutt'edduje. La uagliala meja e pure quiglie criature. Ma, pó, chiane-chiane, sciglive... No me sentiva bone. Sciglive quelle patane, le tritilave, le lavave belle-belle, e le mettive a coce. E facive pasta e patane.

Quante menette! Te la sarrija fatte sentì! "I t'haje ditte, 'Mitte a coce sane le patane!' No pasta e patane!" La pasta eva la meja! Me teneva sotte bacchetta, quella troja.

Ma, i, pe non fà rite a la gente! Come la mannava a fà ncure doppe, la puteva mannà a fà ncure pure prima. Doppe, la mannava a fà ncure a jessa, a la mamma, a ru patre, a tutte

109

quante. Però, ca me disse ca me teneva ru marite. Perciò. Quella troja. Quella eva na troja.

Za Filumena, gente ricche, quante me truava, diceva, "Chestinè, magna a nascuse, zia! magna a nascuse! Quessa de pile-de pile te ne fà ì. Tu quante si juta là, siva na riggina. Mó te ne stà jenne arrete-arrete." Pecché non me faceva magnà bone!

Quante me ive cata mamma. Mamma dicette, "Vattenne, Chestinè!" No stesse quigl'jurne. "Non è bone, mamma. Quiglie trova, pecché è ricche assaje meze a tutte quante." Cattive eva ma me uleva bene, me uleva bene. Non pozze dice ca non me uleva bene. Allora, dope, patreme eva jute a zappà, e venette socereme. Isse nce venette pe la paura ca ru daglieva patreme. Patreme no ru daglieva, ma, intante, avette paura e nce venette. Ce venette socereme. "Chestinè, vetenne! Chestinè, lassela perde! Vetenne! Lassela perde! Quella è stata sempe birbanta e birbanta è. Vetenne!" vicine a me. Quante ive là, la chiamave "mamma" pure. Mamma da coppa e mamma da sotte. Stive tre jurne cata mamma.

Me ne jive cata mamma allora. No me sentiva bona, ma mamma m'alluccava. Mamma! "Chestiné! Vattenne, mamma! Vattenne! Vattenne, mamma! Lassela perde! Lassela perde! Ca la gente mica cridene quelle che dice jessa!"

E, allora, venne socereme. "Chestinè, vetenne! Chestinè, vetenne!" Quiglie eva brave, ma quella eva na zocchela. "Vetenne! Vetenne! Vetenne!" Mariteme eva venute pe suldate. A licenza. "Vetenne! Vetenne! Vetenne!"

Mamma, "Vattenne! Vattenne! Vattenne!" Mamma uleva la pace. No uleva che lassava mariteme. "Hanne accattate na bella proprietà. Chi la tè quella proprietà? E, dope, te ne và là e basta!" Esse come diceva mamma. Ha capite? Mamma me ficcava le cose bone ncape. Le mamme só quelle che portene l'opere. Sa' come me diceva, "Ce stanne le figlie de

Mariagiuanna Coppola là. Só quatte-cinche. Quiglie se piglia una de quelle. No ri manche." Esse come me diceva. A quiglie tempe ce tenevene. Non ce stevene solde. Ce tenevene chi teneva ri solde. Allora, mamma me ficcava quelle dente a ru cape, sinnó no mme ne jiva. Sinnó no mme ne jiva! Mamma me facette ji. Sinnó no mme ne jiva chiù. No! Me steva là. Me jiva a tolle ri panne. Me steva a casa meja.

Mariteme non ce menette. Quiglie avette paura de patreme. Ma quiglie non ce culpava. Isse non ce culpava. Quiglie sa' come me diceva, "I sacce ca no n'è vere! Sacce ca no n'è vere! Lassela perde!" Esse come me diceva.

Nu jurne zia Mariuccia jette a lavà a ru uallone là. E jesse jette assettata nante. Pó, jessa, "Oje, Chestinè, mitte duje patane a coce ncopp'a ru foche! Quante venime, ce le magname!" I chisà quanta pasta teneva! Me l'evene purtata quante nasciette la criatura. Ri picciune, compà Michele ognepoche de tempe me ri purtava. Ri cuceva pe lore, a socereme e jessa. Dicette zia Mariuccia, "Oje, Chestinè, fà pasta e patane!" Teneva ri cannarune. Teneva tutte cose. Me l'evene purtate la gente. "Fà pasta e patane accusì magne pure tù." ch'aveva allattà. E facive pasta e patane. Ah, quante venette! Eva robba meja. Me l'evene purtata. Evene vunute la gente. Me l'evene purtata. Quante venette! A sentì tu! I no me rijjeva all'inpiede. Za Filumena Malevizze me purtatte ru figlie pe ri fadà la menna, ma ì non teneva niente chiù. No magnava! Puteva tené le latte! I teneva troppe latte. Ma, allora, quella femmena venette. Non sacce addó avetta ì. Cuminciarne a chiagne tutt'edduje, ru meje e pure quiglie de quella. Ma, patane e pasta le facive lo stesse. Eva birbanta, birbanta, birbanta. Non eva brava. No.

La mugliere no uleva accattà niente. "Pozze magnà picciune e pullastre. Chi me le fà fà?" Quella a te te uleva fà magnà le patane, ma essa no. La menestra te la magnà tu. Da tu e tu nu piatte de carna. Subbete finiva. Steva bona. Ta vedé come steva bona. Steva janca e roscia com'a nu mile rosa. (Pure quant'è morta.)

Pe diece lire, ca ri prestatte diece lire, socerema se fece dà la cuperta. Chisà quante valeva la cuperta! Ru pigne. Ru pigne. Se faceva dà ru pigne. Diece lire! Non se ne futteva propria.

Pensava sempe ca ri Fusc'chine evene tante ricche e dope jirne bascia furtuna. Dichiaranne fallimente ca non tenevene niente chiù. Avveramente erene ri prime de ru paese e dope niente chiù. Sempe quelle diceva. Teneva paura. Non deva niente a nisciune. Té, ca ru figlie diceva, "Ma! Damme duje lire ca…!" Te putive mpiccà! Non ce le deva. Maje.

La Torre

Mó, hanne accattate là, a la Contrada Torre. Hanne strementate prima de nasce Margherita, ru mese d'auste de ru '34.

Quante facirne ru strumente pe la terra a la Cuntrada Torre, a nascuse, a nascuse. Mariteme chiglie solde che teneva ce ri mettette tutte quante. I teneva mille lire. Ri dive pure le mille lire. Eva cuntenta c'accattavene là. Sinnó non se truava niente.

Chiglie solde che teneva, quiglie se ri frecava. Se ne jiva a la chiazza. Bicchierine e queste e queste. Esse che faceva.

Ru patre, pe ce ri luà da sotte, pensatte d'accattà là, pecché nisciune ce jiva ca se le uleva accattà. Nisciune teneva ri solde. Sarrafine Meliglie l'eva pajate cente mile lire, prima. Priva valeva de chiù. Dope sessanta mila lire, pecché s'ammalatte la mugliere a l'America, e le dette pe sessanta mila lire. Za Chestinella, la sore, teneva la pricura.

E socreme, pe luà chiglie solde a mariteme, quiglie poche che r'evene remaste; pecché, a l'America se fece mannà ru libbre, e se pigliatte sitice mila lire. Forse on faticava perciò se cunsematte sitice mila lire. E seje ce ri mannatte socreme.

A quiglie tempe sitice mila lire! Sitice mila lire. Sà che facive che sitice mila lire a quiglie tempe? Quatte tumbera dent'a ru giardine accattave. Quatte tumbera a quiglie tempe. Quatte mila lire ru tumbere se metteva allora la terra a gli'orte. Quatte mila lire. A quiglie tempe che quatte mila lire accattave nu tumbere de terra dente a Ri Giardine.

Purtatte vestite, quelle, quell'ate. Faceva riale quà e là.

(Eva ì che manteneva, sinnó quelle là se le pigliava appresse-appresse. Pe la paura.)

Diece mila lire. Le cagnava pe s'accattà nu pacchetta de sigarette. Diece mila lire no r'avastava na settimana pe s'accattà sigarette. No r'avastava. Non pensava a niente, de la casa, de ri figlie, a niente. Niente, niente.

Ì non ce uleva ì, pecché quiglie non faticava. Dope, socerema, me faceva ì a faticà.

Ma, prima, prima, socrema me faceva ì a zappà che gli'ommene, che zappavene la terra là, a Rije Verdare. Allora, jiva a zappà mez'a quiglie. Ru jurne ì non magnava. Pane e cepolla. Aveva allattà la criatura. Non teneva chiù latte. Prima teneva assaje latte. Mó, jessa se sentette male a tené la criatura.

E, pó, ce ne iemme là, a ru palazze là. Teneva otte misa la criatura.

Socrema me faceva jì a zappà a unite che chiglie. Jesse se teneva tené la criature. No ri piacette. Se stancave ru jurne che la criatura. E, vicine a socereme, diceva, "Se n'hanna jì! Se n'hanna jì! I nce la facce! Se n'hanna jì!" I non teneva manche latte chiù. Pane e cepolla magnava. Pane e cepolla. Sule ru jurne. La sera niente. A quigli'operaje.

I stive là, a ru Pontederetavere, duj'anne e meze. A ru trente tre spusave i. A ru trenta quatte nascette quella criatura. Quante me n'aje jute, jesse ce na fatte jì. "Se n'hanna jì! Se n'hanna jì! Se n'hanna jì!" Pecché vuleva che i faticava, che jiva a zappà, meze a gli'ommene. Metemme là. Pecché le teneva Petre Meliglie. Quant'è venuta la fina de gli'anne, l'ha uta lassà. Vuleva che ì jiva a faticà, a zappà.

Pane e cepolla magnava. Pane e cepolla, ru iurne. A gl'iommene che purtava tatiglie magnavene dope. I magnava pane e cepolla. Ì perdive le latte. Non teneva latte chiù pe niente. Teneva faticà meze a chiglie. Jessa teneva la criatura. Se sentiva male a tenella. Capite? Na iurnata a tené la criatura. Se stancava. E, allora, "Se n'hanna jì! Se n'hanna jì! Se n'hanna jì!" vicine a socereme.

Dicive a socereme, "Come facce doppe. Quiglie non ho faticà pe niente. Non ho fà niente. Come facce pe campà?"

Tè la terra, ma si no la fatiche!

Ri solde r'eva misse tutte là. Teneva pur'i mille lire. La gnurante, jiv'addà pure chiglie p'accattà là! Mariteme ce mettette tutte quante ri solde che teneva. No ri remanette niente. Socereme, ru patre, ce ri luatte tutte da sotte. E le reste ce le mettette isse. Le reste che ce vuleva. Sessanta mila lire pajamme. Eva cuntenta c'accattavene là. Eva na bella proprietà. Ma, seme passate uaje. Tropp'assaje lavore.

Jive da socereme, "Ce ne vulete fà jì," facive. "Ma come facce? Quiglie no vò faticà."

Dope dicette socereme, "Te denghe le rane finacché vè la raccolta." Le teneva Petre Meliglie. "Finacché vè la raccolta, te denghe i le rane."

E, doppe, ce ne iemme là. Ì non me ne uleva ì. "Quiglie non fatica. Come facce dope? La criatura tenghe piccula." Socreme dicette, "Te denghe le rane fine a ché vè la raccolta."

CAPITULE 7 - 1936-1940
La Proprietà Mariola

Alfonso, il secondo figlio

Io e il mid mulo, no 602, che si chiama **Odolo**. Questo mulo lo porto io tutti I giourni. E il piu forte mulo nella batteria. E anche il piu cattivo. L'ultimo a destra sono io.

24 aprile 1934
Vi do I mini piu cari saluti. Una strata di mano a tutta la famiglia.
Tuo figlio Nicola
P.S. Quello a destra e **Pasquale**

Torino, 4 giugno 1934
Mandatemi qualche cosa di moneta perche io non ce ne ho piu. L'ultimo uomo a destra sono io.

115

Terreno Acquistato

La Torre: Acquistato dicembre 1934, fondo rustico seminatorio, circa due ettari*, confinante con via Rio Verdaro, via dell'Altilia, e col torrente Rio di Mezzo, con casa rustica composta de cinque vani a pianterreno e di altrettanti al piano superiore.

Merlicchie (Estensione): Acquistato febbraio 1952, terreno, 14 are*, contrada Torre, confinante da due lati con proprietà esistente.

* ettare = 10,000 m^2
* are = 100 m^2

Quelle eva tutte de Giuanne Meliglie. Pure quelle de Ntoneje Ngelone e quelle de Nunzeje, ru frate. Ce le dette pe ri fà fà la casa.

Quelle è state vennute che ru capemandra in comune. Ce stevene quatte metre de servitù.

L'Acqua

Che pense de Supine? Supine eva malamente. Eva male passà. Troppe lavore. Troppe scummedità. Niente cummedità ce steva. Carreja acqua ncape, è! Quante eva chiù giona, purtava na tina d'acqua ncape de vintiduje litre e nu sicchie mmane, pe nonfà mancà l'acqua. È! Dope non ce la faceva chiù. Ma, no lavava maje ri piatte che l'acqua malamente. Ri metteva là. Quante jiva pe d'acqua, ri lavava.

Quelle vicine a nuje la jivene a jegne dente a ru fosse là, tutte quess'aqua sporca (che veniva da **ru uallone**), dente a ru uallone a quella parte, l'aqua sporca. Là, na vota, murirne le pecura. Assaje murirne. C'evene menate l'acqua, quante mine l'acqua a le rane. Quelle è velene. Haje menate pur'ì l'acqua a le rane. Quell'ereva malamente. Quelle è velene. Allora, evene lavate ri cose là dente. Le pecura steve sotte. Murirne. Quatte-cinche pecura murirne. Quella è acqua sporca là, da quella parte. E a quess'ata parte pure. Ru uallone è acqua sporca. Maje l'haje usata i. Maje-maje-maje.

Manche quella a **ru puzze**. Prima la usava i, pe gli annimale. Socereme mettette na catena e certe cóppe accusì. E pe la fà scì quell'acqua, avive a care a faticà. Se jignevene chiglie coppe e meniva dente a ru tubbe. Ma, pe la fà sci, ce uleva nu lavore! Dope, s'arruzzì la catena. S'arruzzì tutte l'acqua. N'eva bona pe nisciune. No p'annimale, no pe chestiane. Dope, Giannne de Lisce ru menette a pulì. Ma i la usava sultante pe ce lavà ri panne. La sera, quante facette la vasca Vittoreje là vicine, teneva na bella stricuratora pe stricurà, ri nzapunava, ri stricurava, cacciava quelle sapone, dope metteva l'avete, e ri metteva dente a la conca rossa. La matina ri jiva a sc'carià là, a ru uallone da quella parte. E venivene belle janche-janche, pecché stevene na nuttata che le sapone. Metteva ncoppa a ru puzze là. Pusava la cosa là. Stevene na nuttata. Ma, sinnó, quante jiva a lavà, ce uleva assaje tempe. Ma, allora faceva preste. Pecché i ri teneva nzapunate. Evene state na nuttate che quelle sapone. Venine belle janche.

Allora non s'ausava **ru cofene**. Prima facevame ru cofene. Jive a lavà ri panne. Ri nzapunave. A l'uteme a l'uteme. Ri sc'carive e pó ri nzapunave. Come ri ulive fà tu. Dope ri purtava a casa. Metteva ri panne dente a nu cofene. Eva de creta. Eva de socrema. Ri metteva dente a quiglie là e, doppe, ce metteva nu mesale ncoppa, nu cose doppeje de panne, cose tessute, panne antiche, eva apposta pe ru cofene. Quiglie eva appusetivamente pe ru cofene. Jiva ncoppa. Metteva a bolle la cennera. Ulliva l'acqua. Menava la cennera dente. Pigliava quell'acqua e la metteva dente a là. Ri panne venivene bone, ma ce uleva assaje lavore. Pure a casa meja faciavame quesse. E, allora, la matina (la cennera steva pe coppa a ru *mesale* là), luava quiglie *mesale* de panne, ru jiva a scuterà, e dope jiva a lavà. Venivene bone. Veramente venivene bone. Janche-janche-janche. (Meglie de chiste quà.) adduravene pe tante che venivene bone. Facevene assaje gente ru cofene prima. Dope, no ru facevene chiù. Facevene che la varrichina. I non troppe la usava la varrichina.

Quiglie cofene me ru rumpette Vittoreje. Ce fece ji ncoppa la cosa de la furnacella. Tenavame la furnacella. Ce mettive ri caraune dente. Facavame ru sughe. Ascianche addó cucinave. Tenavame na bella furnacella fatta là. E, allora, quella cosa la fece ji ncoppa a ru cofene. Se rumpette. Doppe, pe no ru fà vedé a socereme, ru purtatte ncoppa a ru sulare. Socereme, non sacce pe ché ce jette là, vedette ru cofene rutte. Socerema ru teneva care-care, che gli occhie, quiglie cofene. Ma, prima, no me ru faceva usà! Ru teneva jessa. Ma, quella ne faceva cofene, no. Sa', che faceva? Ri panne, ncrudite-ncrudite, ri chiava belle-belle. Ma, non evene pulite. Ri sciacquava dente a la conca. Putevene venì pulite! No menava maje sapone. Putevene venì pulite! Dente a la casa. Ché fà? Nu poche d'acqua!

A la Contrada Torre. Là javame a **Funtana Majura**. Luntane assaj. Là è luntane. Prime stevene tutte prete. Mo hanne fatte la via nova, ma quell'ate è tutte prete. Ì aveva paura quante teneva ì a jenne l'acqua. Non ce iva la sera.

Pe lavà ri panne javame a **ru uallone Rio Verdaro**, a Funtana Majura o sotte a ru punticeglie. Ru punticeglie r'hanne fatte dope, quante hanne fatte la Via Nova.

"È fresca l'acqua?"

Na vota, a Funtana Maiura. Eva caveta l'acqua sotte la funtana. Quante esce l'acqua sotte la funtana è chiù caveta. Denta a ru fiume è chiù fredda. E, ive a lavà là, d'inverne. Passa une e disse: "È fresca l'acqua?" Menette une da coppa là. Nó respunnive. Avise paura. Doppe, duie-tre vote: "È fresca l'acqua?" Niente. Avive paura. Nonce steva nisciune. Se ne jette. Doppe arriva nu poche chiù ncoppa e se torna n'ata vota. Se torna n'ata vota. "È fresca l'acqua?" Quante venette, ancappe na preta e dicive, "Ché vó? Te sc'caffe na pretata ncape! Te rompe ru cape!" Vedette accusì e se ne jette.

"È bona pe beve quest'acqua?"

Quante teneva sul'Alfonse, na dumeneca, lavava a ru uallone. La via nova l'hanne fatta quante Marije teneva duj'anne. E menette une, ri gambale a ri pete. Passatte. Dope, venivene la gente da la messa. Eva la dumeneca. Ì eva juta a lavà ri pannuline de la criatura. Quiste và ncoppa ru mure de Cola Meula e face vedé che s'accunciava ri gambale là. Aspettatte che passarne la gente. Passarne la gente. Doppe, passa ru uallone n'ata vota e se mette nante a me. Dicette, "Signora, è bona pe beve quest'acqua?" Ì facive, "La funtana stà là ncoppa si vó ì a veve? Questa non è bona. È bona sule pe lavà." Dicette, "Si spusata o si giona?" "Só giona," facive ì. (Teneva Fonse, Fonse piccule, dent'a la fascia.) Facette, "Si tu…" "Mannaggia," facive. Me ncricche. "Si non te ne và!" Ancappe na preta. "Scusa, scusa!" "Vattene!" dicive.

Ru Vicinate a la Torre:

Zi Ntonie e za Mariuccia e ri figlie Menechella, Giannina, e Rusina

Za Marialibbera e zi Nunzie (che steva a l'America)

Za Lucia e zi Mingareglie e ri figlie Giuseppe, Mariantonia, Luigge, e Carmena

Giuseppe "Ianniglie" se pigliatte a Ngiulina de l'Autilia (prima se ne irna a l'Altitalia e dope se ne irne a ru Belge); ri filgie evene Duminiche, Lucia, e Cuncetta.

Ngiulina Iannella eva figlia a ru frate de Piccucce. Evene gente ricche, gente bona. Le sore de Ngiulina se pigliatte ru chiù ricche de ru paese nostre. Ngiulina eva brutta. No ri nascirne ri dente. Giuseppe se la pigliatte, pecché jessa teneva assaje robba.

Mariantonia se unette a **Piccucce** (Quiste lasciatte la mugliere a l'America. Essa se chiamava Liberella Del Russo e eva la sore de patreme, Raffaele Del Russo; ri figlie evene **Giuanne** e Cristina (pure lore se ne irne a l'America).

Za Chestinella Meliglie e zi Raffaele Marcantonie e ru figlie Angelantonie steva a ru Canada

Zi Sarrafine Meliglie eva ru frate de za Chestinella e s'eva spusate la figlia de Piccucce a l'America; Sarrafine vennette la terra a mariteme!

Chiù tarde, venirne Carmena e Angelenicola e ru patre de Carmena, zi Pasquale Murrone; ri figlie Giuanne, Alfrede, Pasqualina, e Luciella

Ancora chiù tarde ce stevene Giuseppina e Pasquale Mileficche e ri figlie.

Piccucce e Ngelone

Denta a quella terra ce steva Piccucce. Nicola pittava là, dente a la casa. Ru patre eveva ditte, "Pitta!" Nicola se ne jette nante a gli'operaje. Ce steva Petre Meliglie, quelle uagliole, tutte quante. E, se ne jette là. Piccucce teneva regna ca se n'aveva ì, ma non se ne uléva ì. Se uleva stà là. Teneva regna ca se l'èvene accattate, ma non uleva. E sparatte! Quiglie dette nu salte e no ru cugliette. Ma, teneva cariche ru fucile ancora. Duje colpe. Allora, currirne tutte quante chiglie. Isse ri pigliatte ru fucile, se tu mettette ncoglie e jetta a la caserma.

Prima, dette nu salte, pecché quiglie ru sparatte. E, dope, ri currette ncoglie. Cadirne nterra tutt'edduje. E, dope, ri pigliatte ru fucile e ru purtatte a la caserma. Ru irne a tolle ri carabiniere e ru ficcarne dente. A Piccucce ru purtarne dente.

E, allora, metteva la gente ca uleva esse perdunate. Uleva esse perdunate. Mó, se mettirne gli'avvucate ca evevena fà causa contr'a quiglie. Steva dente. Mó, venne Ntonie Ngelone là, a casa, e disse accusì, "Mittice pure a muglierema e pure a Mariuccia (Mariuccia Camberra) pe testimoneje, ca quelle hanne viste tutte!" Quelle là ri ivene contra. Ri ivene contra. "Quiglie ha sparate nterra. Mica a sparate a isse." Queste duje femmene. Mó, scrivette gli'avvucate, "Duje testimoneje de le toje propria te vanne contra!" scrivette vicine a mariteme. Pó, liggeva questa lettera e disse a Nzelona, "A vuje non v'ammènteva!" Parlava de quell'ate testimoneje, zi Petre Meliglie, le figlie, tutte quante. Cristine Saracheglie pure passatte dall'ante, ru vedette, pure steva misse pe testimoneje. Tutte quiste dicevene la verità. Quelle dicevene differente. Contra isse. Ca non eve vere!

E dope, socereme ru perdunatte. Ru perdunatte. Piccucce pajatte le spese e ru lassatte ajjì. Ru fece scì da le carcera.

Quante Piccucce sparatte a mariteme, zi Ntoneje Ngelone venette a casa. Piccucce steva dente, steva a le carcera. Venette a casa e dicette accusì, "Mettetece pure a Mariuccia Camberra e muglierema, ca l'hanne viste. Quelle hanne viste tutte cose."

Allora, mettirne pure a quelle pe testimoneje, a quelle duje.

Ce stevene tutte chiglie de ri Meliglie, stevene là, faticavene là. E pure Cristine Saracheglie. Passava pe la via.

Mó, signatte gli'avvucate, tutte le testimoneje. Scrivette la lettera a mariteme, ca duje testimoneje soje ri jivene contra. Evene Campetta e za Mariuccia. Ca n'eva vere ca uleva sparà a isse. Sparatte nterra (pe ri mette paura).

Allora, mariteme liggette la lettera, stesse là vicine. "Mariù! A té non t'annommena!" dicette vicine a Mariuccia Marcheteglie. A tutte quante annummenava, gliate testimoneje, a jessa e Campette no r'annummenava. Sule diceva, "Duje testimoneje de le toje propria te vanne contre." Diceva gli'avvocate.

Dope, s'accurdarne. Piccucce ancora manna masciate. S'accurdarne. Socreme non eva amante de fà cause. No ri piaceva. Pajette sule le meticine pe mariteme e basta. Ma, non se pigliarne niente. Quiglie non teneva niente, Piccucce. Che uleva pajà!

Ru facirne scì da le carcera doppe. Scette da le carcera.

Mariteme zunpava da coppa ru lette la notte, pe la paura. S'eva mpaurite. Ru sagnarne. Tutte cose. Se mpaurette. Pe nu belle poche de tempe. Da coppa ru lette se menava la notte.

Piccucce steva là, pecché quelle là eva de ru jennere. Mariteme jette là pecché ce stevene quelle uagliole che faticavene, zi Petre Meliglie, tutte quante. Lore la tenevene quella terra. Piccucce steva dent'a la casa. Abitava là, ma se n'avetta scì. Come facèmme ru strumente, no ri dirne de tempe, se n'avetta scì, se n'avetta ì. E se ne jette a quella casa là, a quelle de za Lucia, a la casa de za Lucia, là se ne jette. Teneva regna, pecché non uleva che lore se l'accattavene. Era de ru jennere. Isse ri teneva date cinque mila lire a ru jennere. Ma, za Chestinella Mercantone, ch'era la sore de Sarrafine, che venette, ce le dette le cinque mila lire. Ri dette le cinque mila lire arrete. "Te n'ha jì!"

E, allora, scette fore che ru fucile e ru sparatte. No ru cugliette! Pó, steva cariche ru fucile. Cummà Carmena da nante. Ca nse scaricatte ca, sinnó, accedeva pure a quella. Quante quelle currirne. Currirne tutte quante. Cummà Carmena, diceca, steva nante a ru fucile.

Pittavene dente la casa. No ulette pittà dente e se ne jette cata chiglie. Socereme diceva, "T'haje lassate là. Te stive là."

Pittavene pecché c'èvene fatte la lammia. Là èvene tutte travera de ligname, tutte affumate. Allora, luarne tutte cose e facirne la lammia a tutte parte. E, allora, evevena pittà. Socreme fece fà la lammia.

La Passate Ncommune

Fece fà pure **la loggia** (1935). Ri nepute, Duminiche e Savereje, facirne la lammia. Chiudette a la loggia. Dope, facirne a rapporte. Diceca evene tote la servitù de quigli'ate là. Prima, là steva raperte. Steva raperte, ma quelle è state chiuse prima, prima de fà la loggia. Passavene dall'appennante, non ce ivene pe la via arrete là. Passavene da l'appennante. Ì teneva quella criatura dent'a la cunnera. Ì faticava dent'a la terra. Duje ciucce, che le fascine, de Ngiulina Iannella. Iessa remanette a parlà e ri ciucce camminavene da sule. Si non curreva, la criatura me l'an jittavene petterra. Socereme, vedette accusì, e chiudette l'annante, mettette tutte le taule. Chiudette, pecché sotte a la loggia steva raperte ancora. Ntoneje Ngelone ra fatte arrapporte. L'avvocate donn'Angele Mosca teneva la precura de zi Nunzie, ru marite de za Marialibbera. Quiglie steva a l'America. Allora, è venute a temente isse, Angele Mosca, e ru ngignere. N'aveva che fà. Non aveva tote niente a nisciune. La servitù l'eva paiata socereme. L'eva jute già a paià. La mannatte a zi Nunzie a l'America. Pecché avema pajà ru meze mure. Ce l'eva pajata già.

Socereme steva meze a la chiazza. Donn'Angele ru vedette e ru mannatte a chiamà. Ce steva pure Chelemente. E jette, jette ncoppa. E disse, "Nuje seme state là. Non ce stà niente de male de quelle c'ha fatte. Ru meze mure ra pajate e tutte cose, peró ri nipute toje non tenne l'assicurazione. Si paje cinquecente lire, tutte và bene. Sinnó..." Passavene uaje chiglie ca non tenevene l'assicurazione e evene faticate. Allora, socereme pigliatte cincucente lire e le dette a donn'Angele. E non se ne parlatte chiù.

Ngignere e avvucate eva pe Ntoneje Ngelone. Ca ulevene passà dall'appennante, pe nante a le nostre. Ulevene fà rapí là. Ulevene fà stà come steva prima.

L'avvocate insieme. Allora è state queste. Quante teneva quella criatura piccula i. Pe Ngelone. Ca s'avame fabbricate, s'avame fatte la loggia là. Lore non sapevene. Socreme eva pajate già pe ru meze mure. Angele Mosca eva tutore de ru marite de Marialibbera.

Allora, Ngelone (quiglie non sapeva mesurà) mesuratte ca ce steva tante de loche che ci'avame pigliate de chiù. Non eva vere. E jirne a tolle Angele Mosca. E ru purtarne ru Sant'Antoneje, Camberra e za Mariuccia.

Allora, Angele Mosca mesuratte. Non è vere. E dicette, "Tu ci ha ragione. Non t'ha pigliate niente. E ru meze mure l'ha pajate. Però, ri nipute toje stanne senz'assicurazione." Ch'èvene faticate là. Duminiche e Clemente. E r'avette dà cincucente lire, sinnó arrangiava ri nipute, pecché non tenevene assicurazione pe faticà. Pajatte pe non fà dà uaje a chiglie, ca evene faticate là senz'assicurazione.

Jette cat'Angele Mosca. Allora, socereme steva meze la chiazza, isse e Clemente. E ru mannatte a a chiamà, Angele Mosca. Ch'avesse jute là. E, allora, socereme jette.

Curera, 1935-1940

Nata vota, socerema, quante steva a casa, prima che stette malata assaje, disse a mé, "Chestinè! Damme quatte-cinque ova. Voglie jì a truà Ntoneje." Ngelone teneva le cosse ammalate.

Allora, pigliatte e jette, che quatte-cinque ova.

Ce steva **Camberra** là. Evene amice. Ce steva pure Raziella, la sore de Ntoneje Ngelone, la mamma de cumpà Visidore. Mó, Parlavene. Hanne sciute accunte pe Piruchella, ca Piruchella teneva nu vecchie là. Allora, socerema ha ditte accusì, "Fà meglie Mariuccia che une e che nate e no, come fà quella, che nu vecchie!"

Facirne la testimoneja e donn'Angele menette a chiamà. Jirne cata donn'Angele. E pure cincucente lire r'avetta dà pe lassà a jì. Cincucente lire avetta pajà socereme, sinnó faceva curera a la mugliere, pecché ch'aveva ditte ca quella eva puttana.

Allora, donn'Angele Mosca dicette, "Si non t'ó fà fà curera, damme cincucente lire!" a quiglie tempe pó, quante accattamme là, solde non ce ne stevene. Socereme ri teneva. Se n'apprufittavene. (Socreme, pe luà l'occasione…)

Ngelone steva ammalate. Eva state a Casamicce. Teneva le cosse ammalate. E socerema ru jette a truà.

E, allora, nuje non sapavame niente, quelle ch'evene ditte. Quella manche ce facette cosa.

E, allora, jette a dice a cusì a quella, nante a tutte quante. Quande quella ri disse accusì, Mariuccia Campetta cuminciatte a chiagne. Ch'eva unesta! Ca jessa no le faceva quelle là, che une e che nate. No uleva esse ditte.

Allora, za Raziella eva contra-prova. Za Raziella e zi Ntoneje e za Mariuccia, la mugliere de zi Ntoneje, evene testimoneje. E ché ulive fà?

Palline pe Cerasa

Dope, passatte nu belle poche de tempe, non sacce quant'anne passarne, Ntoneje Ngelone jette a Casamicce. Pe ri rèume. Teneva le cosse ammalate. Eva state sej'anne a la uerra, la prima uerra.

Jette a Casamicce. Allora, teneva le cerasa. (Come faceva?) Le uardava la notte. Mó, quella cerasa, quiglie nce steva, ce la jirne a coglie.

La mugliere, meze la chiazza, "Quante vè Ntoneje ri fà pruà ri palline! Quante vè Ntoneje ri fà pruà ri palline!" Ca r'evene cote le cerasa, vicine a Cuccelone, là.

Allora, jette la matina de notte. Purtava sempe ru dujebotte ncoglie. Tutte le matine se ne jiva che ru dujebotte ncoglie. Jette.

Da luntane passavene chiglie che stevene pe la via de ri Cerre, Micalangele Pezzente, isse e ru figlie. Pe se ne ji chiù preste, jivene spezza-spezza, pe dente a le terre. Non ce steva niente. Jivene addritte-addritte. Ma, dente a le soje non evene arrivate ancora. Ri sparatte!

Ru figlie dicette, "Zi Ntò! Pecché ce spare?"

Ri sparatte nata vota.

Chiene de palline, ru figlie e ru patre. Avirna ji a tirà ri palline a Campuasce.

E, dope, ru jirne a tolle ri carabinere e ru ficcarne dente.

E vedemme, la matina, za Mariuccia che chiagneva. Là strillava. E jemme là nante, i e mariteme.

Seme jute là. "Ché ha fatte? Ché ha fatte?"

"Ah! Come voglie fà? Ntoneje meje diceca ha sparate a chiglie. Non è vere! Non è vere! Dujebotta non se ra purtate!"

E mettirne tante testimoneje ca dujebotta non se r'eva purtate quella matina. Cuccelone. Tutte ri... Piccucce pure. Isse ajutatte a quiglie e quiglie ajutatte a quiglie, l'une che l'ate.

Allora, mettirne ca non eva purtate dujebotta quella matina.

Mó, Giuseppe la Roscia non se parlava che zi Ntoneje. R'angappatte nu jurne. Quiglie passava da l'appennante. Jiva da Marijalibbera, la cainata. L'abbuttatte de sc'caffune. No ru uleva fà passà da l'appennante.

E passava pe nante le nostre doppe. Disse a mé, "Né, Chestiné! M'ó fà passà d'aqquà?"

"Ché me mporta a mé! É passa da loche!" Ce steva nu canceglie là (pe ji da la parte de Marijalibbera e Mariuccia). E passava dall'anta, pe nante a le nostre. Ca quiglie ru daglieva. Marijalibbera là teneva la passata, nante a quelle de zi Ntoneje! Ma, intante, non ce putette passà.

Mó, chiglie de Ngelone hanne jute da Giuseppe la Roscia. L'hanne misse pe testimoneje.

E perciò jette bone, pe Giuseppe la Roscia. Ma, avette paja! Dicerne ri carabinere, "Na vintina de mila lire!" Allora, a quiglie tempe. A quiglie tempe! S'accunciatte pe le feste.

Giuseppe la Roscia jette cata Angele Mosca e disse ca Micalangele Pezzente sapeva ca non se parlava che Ngelone. (Che ne sapeva quiglie! Sapeva ri cazze soje ca non se parlava che Ngelone!) È jute cata isse e Giuseppe ra ditte, "O te denghe nu quintale de rane o te tenghe mille lire, si tu dice ca quiglie purtava ru dujebotta ncoglie la matina."

126

Quiglie r'ajutatte. Ru cacciatte fore. Dope, ru cacciarne fore da le carcera. Ma, però, avetta pajà, avetta pajà. Ri carabinere dicirne ca pajatte na vintina de mila lire. Sinnó, mó sciva isse! Quiglie r'ajutatte, pecché quiglie non ce se parlava.

Lore ri mettirne ncape a quiglie ch'avesse jute cata Angele Mosca, ch'avesse ditte ca Micalangele aveva ditte accusì.

E, doppe, se la purtavene bona e puteva passà dall'appennante pe ji da Marijalibbera!

Ma, prima, magnavene picciune e pullanstre. Ova non ne vennevene. No niente. Dope rimanirne povere. Ru sfizeje ru pajarne. Ntenevene niente chiù. Se fenette tutte ri solde che teneva de l'America. Eva jute a l'America. Eva assaje tempe ch'eva venute; ma, stevene bone. Stevene bone. Stevene bone. Ma, doppe...

Quiglie steva a l'America prima. Sempe a l'America è state.

Teneva nu belle uagliole. Se chiamava Giuannine. Se murì. Giunotta. Teneva na quinicina d'anne, quiglie uagliole. Pe la cossa.

La cossa ri faceva male. E ru purtanne ncoglie a la casa, ri uagliule, cumpagne.

Quante jette a la casa, la mamma se credeva ca pazziava. Chisà che cazze jeva denta a quella cossa! Ce murì che quella cossa. Quinici'anne teneva. Eva nu belle uagliole!

Quante è morte quiste uagliole, ru prime figlie, Ngelone steva a l'America.

Dope teneva Menechella. Dope ha avute Giannina e Rusina. E nate nu uagliole pure. È morte. Diciotte jurne aveva. Murette pure quiglie uagliole.

Ri Ianniglie

Pe la pulizia non facevene niente, za Lucia e Mariantonia. Eva na cosa de l'altro mondo. Sporche, sporche, sporche. E non tenevene dà magnà. Evene ricche. Ru socere de za Lucia eva ricche fracete. Non faticavene. No ulevene faticà. No ulevene fà niente, tutte la famiglie, ommene e femmene.

Ce steva Luigge, ru figlie de za Lucia. Se purtava ru dujebotte ru jurne quante jiva fore. Se ne jette a l'America. Invece de faticà, curreva appresse a gli'auceglie.

Sporche, sporche. Na vota, venne Peppine Merlicchie. Mariantonia cacava ncoppa a ru bagliucce. Le jittatte sotte.

No ulevene fà niente. Pe quesse murivene pe la fama.

Quante i eva rossa prena a Vittoreje e Mariantonia eva rossa prena a Cristina (chiglie poche tempe se vanne nante), i chiantava dallappedente.

Piccucce, "Ellela là la nepote meja! Tu non si bone pe niente! Si sporca e malamente!" diceva a Mariantonia.

Chiantava. Si chiante, pó raccoglie. Sinnó addó piglie?

Mariole de Fessaria

Tenevene ri pepulle senza coglie. Ri pepulle, ri rosse, senza coglie, rusce-rusce. No ri cuglievene! Manche ji a coglie ri pepulle, la famiglia. E ri tenevene là dente. Nisciune ri teneva accusì.

Licciardine e Giuanne de Gnazeje, sóceje, jirne la notte. Luigge, ru figlie de za Lucia, corre. Licciardine eva chiù gione. Utatte a scappà. A Giuanne de Gnazeje Luigge r'abbuttatte de mazzate. Che ru casce de ru fucile, ri rumpette, non sacce, quanta custate. Rimanette là nterra. Dope, ru jittatte meze la via.

Allora, la matina r'hanne truate. R'hanne truate là nterra e ha ditte ca r'evene date pe l'acqua. Ca isse teneva l'acqua e pe quesse r'evene pigliate a bastunate.

Za Lucia veniva pure a casa e le dicette a tata.

Invece de ru sparà, r'abbuttatte de mazzate che ru casce de ru fucile.

Dope, Giuanne de Gnazeje, non sacce quanta custate teneva rotte, ma, passatte bone. E s'a unirne, Licciardine e Giuanne de Gnazeje. Stevene aunite a ru Colle, là.

Se fenirne le magnà, quelle che tenevene. Chiglie no teneva da magnà e chiglie no teneva da magnà. Non tenevene niente chiù. Facirne a chi prima arrivava a la caserma! Arrivatte prima Licciardine e dope Giuanne de Gnazeje, pecché eva chiù vecchie. E le dicevene sempe. "Ricciardeglie eva arrivate prima, pecché eva gione. Avette ragione quiglie ch'arrivatte prima."

Ulevene arrubbà ri pepulle. Arrubbavene pure le regne. Ma, arrubbavene cose de picculezza, cose de fessaria. Non n'arrubbavene cose rosse.

A Custanze Licciardine ru ficcarne dente pecché eva jute a rubbà nu pare de picciune. Ru mettirne a la cella. E diceva sempe, "Quella cella m'ha ruinate." Ognettante ri calava na gliotta d'acqua ncape. Non sacce quante tempe stette là. Ma, stette assaje tempe là dente. Pe senza niente.

Non eva ch'arrubbava cose rosse. Ch'arrubbava n'annimale. No! no! Arrubbaba nu pare de picciune, le regne. Fessaria propria. Arrubbava pe senza niente.

Jette cata Sciarriglie. Scassatte la porta. A ru muline là ncoppa. No ru muline quà sotte. A quiglie chiù ncoppa là. Se pigliatte nu quintale de rantineje.

Jette Ntoneje Sciarriglie. Che la chiave. "Ferma ca t'allampe! . "Ferma ca t'allampe!"

Avette paura. Se pensava pistola. Jetta ru sacche de rantineje e se ne scappatte.

E disse accusì, dope, quante le sapette, "Si sapeva ch'eva la chiave che teneva mmane, ru pigliava e ru jiva a ficcà dent'a la fota." (Ricciardeglie eva forte.)

Arrubbava fessaria. No uleva arrubbà a la banca pe s'arrecchì.

Diceva socereme, "Quiglie ch'arrobba na callina, ru ficchene dente, pecché che fà che na callina? Che ri melejune pó pajà! Paje pure ru giudece pe scì fore."

Mariule Mamma e Figlie

Giuanne eva criatura, eva piccule. M'arrubbava.
M'arrubbava a me. Na vota, na Pasqua, nuje jemme a magnà
da socerema, me pigliatte ri picciune, me jette a piglià l'ova,
me pigliatte tutte cose.

Facette cadì ri picciune da dent'a ru nide. De ri figlie.
Allora, ru chiamave. "Sente, Giuà! Vé quà! Tu te ra pigliate
ri picciune? Za Chestinella non te dice niente! Non fà
niente!" Ru patre steva malate.

Dicette accusì, "I r'ajje fatte cadì da là. Mamma ra pulite.
Ra cotte. I e tatucce ce r'eme magnate."

Doppe, dicive accusì, "T'aja fà curera. Ajja ji a la caserma
mó.

Chiamave a za Chestinella. "Dice a za Chestinella come si
fatte!" E raccuntatte a za Chestinella.

Dicive, "Hajja ji a la caserma!"

Piccucce s'avezatte. "Nipò! Nipò! I te ri paje! I te ri paje!"

"Hajja ji a la caserma!"

Jive l'arrete, derete la muraglia, aspettave nu poche, e
turnave a casa.

Nata vota, la Pasqua, eva reposte l'ove a cummà Minudora. E
vedeva Giuanne. Jiva facenne cuttizzeglie dallanta. Pensava
ca pazziava. Uagliule-uagliule, pazzejene.

Se pigliatte tutte quante l'ova. Tutte quante se le pigliatte!

Me ne vajje pe piglià l'ove pe cummà Minudora. Jive a
tolle l'ova. Non ce ne steva manch'una. Dicive, "Me la
pigliate Giuanne!"

Jive cata Mariantonia. "Ah, i non ne sacce! I non se sacce!
Ca pó te le paje!" Ma, ché pajatte!

Nata vota, se jette a coglie ri tozze. Ri tozze pe fà le
scrocche. Non só bone.

"Quiste quà non só bone! Mó, te ri diche i qua' só bone!"
Ce ri cuglive i quiglie bone. "Quiste só bone pe coce!" E ce ri
facive purtà. Stevene a la casa de ri Peluse, là sotte.

Zi Raffaele teneva ru callinare avete-avete. Eva avete assaje. Eva avete come a isse. "Come fà pe ce ji?" diceva zi Raffaele. Jiva a tolle l'ove là ncoppa. De quatte-cinch'anne. Le purtava da la mamma. La mamma se le pigliava.

Za Chestina jette na vota. "Mariantò! Quell'ova che te porta figliete, le vappiglia là, cata le meje!"

"Ah! Nomma purtate niente!"

Arrubbava sempe-sempe.

Na vota Mariantoneja s'arrubbatte tutte ri pucine de za Chestinella. Pullastre. Tutte cose. Jivene sotte la caute e jessa se ri purtava là sotte, a quelle de Pelude, là.

I teneva duje jocche. Fetavene allora. Pure la jocche meje s'arrubbatte.

Dope, i pensave ch'eva jessa ch'arrubbava. Jive là na matina e spiave pe la finistrella, ma non se vedevene. Dente eva scure.

Jive ncoppa cata jessa. Chiamave, "Mariantò! M'ha fà nu piacere! M'ha dà na penna ca s'è malate pure Fonse mó." Eva piccule Fonse. "M'ha dà na penna de callina. M'hanne ditte ch'ha fà nu nciarme là!"

Jette sotte. Mettette nu panne vicine a la finistrella. No me fece vedé a mé. Tiratte e me dette la penna de callina.

Dope, za Chestinella eva juta a venne ri puparule, jessa e ru marite. Jive i cata za Chestinella e ri dicive, "Za Chestinè! Mariantonia s'ha pigliate pure ri pucine toje, tutte ri pullastre toje e pure le calline meje. Mariantonia."

Allora, quella jette a uardà e vedette ri pullastre soje. Come ri vedette, dicette, "Quiglie só ri meje!"

Venne a casa e me le venette a dice. "Mariantonia s'ha pigliate tutte ri pullastre meje!" E jemme. Venne pure mariteme. E r'angappatte tutte quante. Tutte ri soje! Evene tutte quante ri soje! Ma, le calline meje non ce stevene. Quante jive i che ri carabiniere, Mariantonia jette a Mercone.

Le purtatte là le calline, le duje calline meje. Fetavene. Evene jocche.

Povere Piccucce, quante za Chestinella se pigliatte tutte ri pullastre, "Nepó! Nepó! I te le paje! Te le paje! Te le paje!" facette. Paja-pà!

Za Chestinella se ri pigliatte tutte quante. "Quiglie è ru meje! Quiglie è ru meje! Quiglie è ru meje!" Mariteme ce r'angappava. Se ri pigliatte tutte quante.

Diceva Mariantonia, "Ma! Venivene sotta a la cauta!"

Na vota, Giuanne dagliette a Fonse. Quiglie eva cinch'anne prima d'Alfonse. Fonse eva nu mavelone. Mavelava sempe. Ru d'agliette. I r'angappave. R'azzeccave vicine la reta a isse, Giuanne.

Jette a tolle la cetta là nterra. Teneva la cetta nante la mandra. La cettola. Me uleva daglie che la cetta.

Se truatte a venì Ngiulina, la ziana de Giuanne. "Oje, mamma! Ca quella tè cinche figlie!" Me daglieva, sinnó!

Le Pane

Margherita teneva otte mise quante nuje eme jute là, a ru '35. E, me deva nu tumbere de rane ognevvota che finiva le pane. Me ru metteva ncape e ru iva a macenà a ru muline. E aveva purtà le pane pure a lore. Non sule pe mé.

Allora, quante ce ne jemme a le nostre, i aveva jì a piglià nu tumpere de rane accata lore (socereme e socerema). L'aveva purtà ncape a ru muline. Le faceva macinà. Me le purtava a casa. Faceva le pane. L'aveva purtà pure a lore. Metà.

Ru Nduvinatore

Teneva Fonse e Vittoreje. Ce steva nu nduvinatore mez'a la chiazza. Quiglie se celava e te diceva la vera verità. Allora, dicette mariteme, "Fatte adduvinà!" Me facive adduvinà. E allora parlatte, "È una bellissima ragazza!" Facette la prima vota. Doppe, facette a me, "Sente, taja dice na cosa dent'a la recchia." E allora me disse dent'a la recchia, "Ciaje nu serpente velenose dietro le tue spalle. Si se te potesse gliotte, te se gliuttesse." Quella steva arreta a me. Non le dicive manc'a pardete. Ne ce le dicive. Dope isse se facette nduvinà. Currette a casa. "Ma ditte ca tu non me vó bene! Ma ditte ca tu non me vó bene!"

Me facive nduinà meze la chiazza. Meze la chiazza! Teneva Fonse e Vittoreje. E quiglie là me disse accusì, dente la recchia, no a le publiche. Disse, quante jive cata isse, prima me tementette meze la mane. Dicette, "È una bravissima ragazza!" dicette quiglie là. Dope, ha ditte, "T'haja dice na cosa dente la recchia!" Sa', dicette ate parole. Ca me uleva tené sempe ri figle vicine a mé. "O' tené sempe i suoi figli al suo seno!" Eva vere! Eva vere! Jiva pazza pe ri figle. Dope, me chiamatte, "T'haja dice na cosa a la recchia! Ci hai un serpente dietro le tue spalle." Steva arrete a me. "Si te se putesse gliotte, te se gliutesse!" Eva vere! Eva vere!

Pó, i me ne jive a casa e mariteme se facette nduinà. E disse accusì, "Tua moglie no nte vò bene!" Menette a casa! ...

La zocchela no nse facette nduinà. La zocchela. No ri diceva bene. "Ha! S'ha fatte avantà pure da quiglie! Meze a tutte la gente. Ca è na bravissiva ragazza. Come è brava!" diceva doppe. "S'ha fatte avantà pure da r'anduinatore! Ca è na bravissiva ragazza!" Se sentiva male la zocchela. Se sentiva male. "Ma no n'è vere ca è na bravissima ragazza!" pecché la uleva struppià (a ru Pontedetavere, quante le disse la prima vota).

L'Accétta

Za Lavera me disse a mé, "Chestinè! Vé a fà quà ru cofene ca ce stà la furnacella." Nuje ne tenavame là furnacella. La fatta Vittoreje doppe.

E jive là. Teneva ri panne là. **Cola Meula** no veniva. Quelle capavene le patane. Pó venette e me disse accusì. Sochreme e sochrema evene jute a Munte Vergene. E me disse accusì. "Pe la madonna! La taccareje a quella signora!" facive.

Disse, "La ditte dente a quelle de Razijina la Pellera!" Eva vere! Dente la cantina.

Quella jetta cata Razijina la Pellera. Steva a borde. Ca r'aveva fà le punture ru metiche, e avetta ji a Supine. Fore non ce meniva ru dottore Taserca. Allora, prima jette da la Tacca. Quella, diceca, eva sporca. E se ne jette cata quella a borde. La pajava. E, doppe, jette dente la cantina la sera. Barbuttava contra de mé. Ca i me teneva ru marite! Ca i me teneva ru marite! "Hé-hé-hé! I che conte chiù! Jessa!" Contra de me. La signora. Eva na signora propria.

Ì me faceva accustà socreme vicine a me? Nisciume vicine a me. Jiva barbuttanne mmeza a la gente ca ì me teneva ru marite. Mannaggia. No la taccarijave propria pe miracule. Se rinchiudette dente pe la paura. A pujena la faceva. Cola Meula vuleva che ci appiccecavame. E allora m'arraccuntatte. Ma era vere. Non è ch'era buscia. Ente la cantina ce stevene tutte gl'iommene. Tutte gente ente la cantina de quella. E diceva, "Ah! ah! ah! Quella se t'è mariteme. Ah! ah! ah!" Mez'a tutte quante la gente, là. Cola Meula me le dicette a me. Quiglie iurne se n'erene jute a Muntevergene. Pò, no ri diceve niente. Pe la gente. Me pigliava vergogna. Non ri dicive niente quante turnanne. Stinne paricchie tempe. Tante, tante tempe. Dope, pe na settimana se ne jirne là sotte. No magnavene chiù a casa. Se ne irne a magnà a la casa. No m'era purtate niente, niente, niente. S'èveme accise ru porche. Niente. Quant'è niente, è niente. Magnavene sule ncoppa a nuje. Capite? E se ne irne a la casa lore. Allora, **Luciella** (la mugliere de ru chianchere) me dicette, "Cristì, iere z'Alfonse ha accattate nu chile de carna a la polpa. Te la purtata?" "N'aje viste niente i," facive i. Chiglie jivene a magnà là. Pò, stinne na settimana. Na settimana intera sempe a la casa jinne a magnà. Non ce magnavene pe niente. No la sera. Venivene sule a durmì.

Na sera ì faceva a cena. Cuceva ru farre. E menirne, tutt'edduje, che nu chine de maccarune. "Chestinè! Coce ri maccarune!" Come acchiappe quiglie maccarune, TRRR, ri iette pe la casa fore. "Vatter'a coce a dò te ra cotte tutte questa settimana!" facive. "Non cata me! Mò si venute cata me a cocete ri maccarune?" E appresse a quelle, dicive, "Come a quessa zocchela de mugliereta!" Come sentette dice accusì se ne jette dent'a la stanza. "Che ha ditte dent'a quelle de Raziina La Pellera? Mannaggia! Ca si non ce la sa dà tu l'educazione, ce la dench'ì!" L'ancappe e r'azzecche vicine a ru mure. Quella s'inchiudette da dente. Avette paura. Eva vere. Non è ch'era buscia. "Mannaggia! Ca ve taccareje tutte quante!"

E, doppe, la matina jetta da Cola Meula. Se purtatte a tata. Ri facive pure a magnà. Cucive ri puparole. Dope, dicette essa, "Tu ha male capite, Chestinè! Chestinè, tu ha male capite!" Zitte. Non parlave pe niente. Pe niente. Non diceve niente. Ma mariteme già m'era chiavate ru puine dente ru musse. Non ce ive cata ru medeche. Me ce purtatte Luisella ru jurne appresse. Me s'era spaccate ntutte ru musse. Disse, "Accusì te resta doppe." Quante venette ru jurn'appresse Luisella. Cinque punte avetta mette. Svenive pure là. La pena che teneva. Tutte pe jessa.

Me vedinne chiena de sanghe. "Questa và a la caserma!" Ma ì non ce iva. Non ma mai piaciute la legge a me. Steva chiena de sanghe. Ru jurne appresse ri facive pure a magnà. "Se n'ha jì! Veneta jì! Si no nse vanne, so guaje." E, pò, pigliarne e se ne jrne. Se ne jirne a la casa lore, tutt'adduje. A quelle che ri faceva i!

Avette paura. Ca se nzerratte dente! No mporta ca steva malata, l'accunciava. A socereme, l'angappave. Ru sciaffave vicine a ru mure. "Si non ce la dà tu l'educazione, te la denghe i, a te e jessa, a quessa troja!" dicive.

Otte jurne. Otte jurne se n'evene jute a magnà sempe là sotte. No purtarne niente-niente a casa. Sule la cassa e ru lette. Evene accise ru porche. Là ru tenevene. Magnavene ncoglie a nuje. Savesicchie, quelle, quell'ate.

E sa' che me facevene? Faceva a magnà a socereme. "Ah, i mó non tenghe fama!" diceva jessa. Aveva appiccià ru foche nata vota, la gnuranta ch'eva i. Là aviva appiccià ru foche. Che le cavete. "Ah, mò i non tenghe fama. Chiù dope." Ah! M'eva sfastidiata. Non ce la faceva chiù. Dope, quante s'ammalatte ntutte.

No menivene a cenà là la sera. Menivene sule a durmì. Otte jurne. No menivene a magnà chiù. Dope otte jurne, Luciella me chiamatte derete la casa là, me truatte, "Chestinè! Zi Alfonse ajjére accattatte nu chine de carna de polpa!" Chi la pigliava a chiglie tempe! A dó ru chianchére. "La purtata?"

"N'haje viste niente!" Jivene a magnà là sotte. Magnavene là. La sore. La sore m'arrappurtava pure. La sore de socerema. Ma, jessa no la faceva sallì maje ncoppa, quante jiva là. Maje ncoppa la faceva sallì.

Dope, venette socereme. I cuceva ru farre. Non tenavame manche nu solde. Mariteme non faticava. Sule a Fonse teneva. Quigli'anne se menatte a faticà, pecché, ru purtave fore ru criature, pe faticà i, dente a la cunnera. S'ammalatte. Pigliatte la bronchita. La bronchita difusa, come l'eva tenuta quella criatura. Menette ru metiche. Dicette, "Vuje veta fà na cura!" pecché s'ammalarne tutte quante ri figlie. Ru pigliave e ri facive ri mbacche. Nante e rete. A la prima avise paura. Non ce le facive fà. Ma a Fonse ce le facive. Passatte bone. Passatte bone. Teneva la facciolla accusì. N'allattava pe niente chiù. Niente!

Dope, è venute quella sera. No ntenavame solde. Niente. Tutte ri solde r'aveva fatte mette tutte vicine a là, p'accattà là. Eh-eh-eh, addó ri và a piglià chiù! Teneva mille lire, i, la scema. Ri jive a dà pure le mille lire. Eva cuntenta c'accattavene là.

È venute socereme, tirate-tirate. I cuceva ru farre. Nu chine de maccarune. "T'è, Chestinè! Coce ri maccarune!"

Angappe chiglie maccarune. Ri jette tutte pe la casa fore! "Vatter'a coce addó te r'ha cotte fine a mó! Tu e quessa zocchela!" e allora ri dicive, "Ché è juta a dice dente a la cantina? È! Ché è juta a dice dente a la cantina?" Me aveze conme a nu disgraziate. "Ché ha ditte! Ché ha ditte! Quessa puttana! Ché ha ditte!" Se ficca là dente. "Ca stasera vajja accite a tutte quante!" dicive. "Hajja fà capra-capra!" Scappe, se ficca là dente, e chiude la porta da rete che la chiave. Angappe a isse. Ru sc'caffe vicine a ru mure. "Si no ri dà la ducazione tu a quessa puttana, ce la denghe i a té e jesse!" facive. "E jatevenne! Ca sinnó ne vè cosa bona!"

La matina jette a chiamà Cola Meula. Ma, i fuse fesse. L'aveva afferrà a pretate, a quiglie là, quante quiglie veniva. Dope, jive ncoppa. Cucive pure ri puparule. Ri facive pure magnà.

Doppe, dicette, "Tu ha male capite!" vicine a mé. "Quella mica ha ditte a cusì! Tu ha male capite!" Ma, l'aveva taccarià! Ma, eva passate tanta uaje. Ma, aveva taccarià pure a quiglie. Ma, intante, ru lassave ajji.

Ru jurne appresse, menette mamma. I no haje ditte niente a mamma. E dicette mamma, "Margarita addo stà?" Steva ncoppa la loggia. Là steva.

"No nsacce addonta stà!" facive. No diceve niente.

Jette cata jessa. Se uleva fà bella. I aveva torte. Jessa aveva ragione. La puttana n'eva vere. Eva vere! Luisella ce jetta cata za Raziella la Pellera. Za Raziella ce le disse, ma Luisella a mé no me le disse. Dope, me le disse, dope morta. (Quante la vestiva, dicica, la ngappava e la sbatteva. Luisella la vestiva a socrema, quante eva morta. Me le disse Ngiulina

Iannella a mé. La sbatteva che ru cape, da parte e da nate. Tanta regna che teneva contra de quella, Luisella.)

E, dope, quella ce le disse. Le disse a mamma. Mamma venette sotte. " Ma che si pazza! Accusì! Ca n'évvère! Pa-pa-pa!"

"Ah, pe la madonna!" facive. "Questa puttana, i non ce l'haje ditte a mamma, jesse ce la ditte!"

Jive a piglià l'accetta sotte a gli'arcone. La uleva ji a taccarià ncoppa. Allora, mariteme me sc'caffatte nu pujene vicine a ru musse. No me la puteva luà da mane l'accetta. E me dagliette.

Cinche punte avisa mette cata ru metiche. Menette Luisella e me purtatte cata ru metiche. Dicette accusì, "Tu reste accusì, che ru musse spaccate! Te pozzene accite!" Me purtatte cata ru metiche. E cinche punte.

Mariteme e Cola Meula

Non vuleva fà niente, niente, niente. Prima, se ne jiva in piazza, ru cane chiazzare. Dope, se ne jiva nante a Cola Meula.

Dicive nu iurne, "Venghe là. Te facce na menata de pretate a te e a isse," facive. "Te rompe ru cape a te e a isse, si no la fenisce." Se ne ive sempe nanze a quiglie. Quiglie sunava gl'iorghene. Isse non pigliave niente. Mannaggia! E dope, pó, fine a quante murette quella criatura, non faceva niente. Niente! Niente! Ì me la cacciava fore dent'a là. Pe quelle me s'ammalatte. La cacciava fore e aveva faticà. Quiglie no vuleva fà niente. Nemmene la crapa jiv'attaccà. Si quant'è niente, non è niente. Cinqu'anne stette accusì. L'uteme uaje eva capitate.

Dope, mariteme se menatte a fatica. S'avetta menà a faticà pe forza. Ho sapé pecché se menatte a faticà? È morta la prima figlia. Eva ncinta a Alfonse. Ma non faticava. No uleva fà niente, niente, niente.

Capitave nu uaje. Pe non fà rite a la gente. Me dispiaceva. Pe non fà rite a la gente. Ca chiglie che me ulevene, dicevene, "Ha fatte bone! Ha fatte bone! Ha ncappate nu bone chiochierachiò!"

Allora, quante murette la prima figlia, eva ncinta a Alfonse. Quella murette a ri sitece de dicembre. Fonse nasciette a ri vintisette de febbraje.

Pó, purtava fore quiglie criature. E non vuleva fà niente. Ntonie Ngelone ancora ri dice, "Nicò! Nicò! Fà caccosa, si no dicene ca nuje séme Americane!" Niente. Sempe nante a Cola Meula. Cola Meula ru tirava.

Cola Meula le faceva apposta. Ru faceva ji sempe là. Pe ce stizzà.

A Cola Meula che niente ri deva nu meze presutte. Che Cola Meula evene grand'amice. Quiglie eva chiù isse che ì. A me non m'adduserava. Quelle che diceva ì evene tutte buscije. Allora, ru purtatte là. Ri fece magnà ru presutte. Dope, ri taglia na bona fella. "Portatella, Cò! Portatella, Cò!"

Però, isse, Cola Meula, si ulive caccosa, eva sempe pronte. "Quelle che vó! Quelle che vó!" Na vota, jemme a fà le casce a la muntagna, i e mariteme. Jemme la notte. Sbagliamme pure la via. E quigli'anne avetta partì pe la uerra. E, dope, jetta da Cola Meula e se faceva dà caccosa de tutte ru giardine. "Voglie queste! Voglie queste!" Pe le purtà a quella femmena che faceva le casce. Zi Marcelline. Là javame. Tutte, tutte, quelle che ulive. Ma, dope, na pezza de ricotta, na pezza de casce, ce la uliva purtà a quiglie!

Quante steva pe suldate, i eva mise a pizze quatte mila lire, a poche la vota. …

Proprietà Mariola

Dent'a la terra quiglie non ce uleva faticà. Teneva vintisej'anne (1935) quante s'ha misse ru bivente mmane la prima vota. Ché uleva fa? Quiglie, i steva là, doppe, pigliave e se ne jiva dente. Non se uletta mparà a attaccà na regna pe n'attaccà. Non sapeva no meta, no trescà. Non sapeva favicià. Non sapeva fà niente.

Quiglie nonneva fatte (pe la campagna). No steva abbituate. Carriava ncoglie. Iva appresse a ri murature a l'America. Si puteva jì a faticà che na ditta, eva bone.

Ma, la legge: prima tu che stà affamate e no tu che té le pane. Mariteme eva proprietarije. Isse eva ru l'uteme meze a tutte quante la gente. Quigliate evene povere. E isse no ru maje chiamavene. Prima de la uerra e dope la uerra. Sempe. No ru facevene faticà. Pecché isse teneva la proprietà, eva proprietareje. Gliate no nteneva niente. E ha faticà quiglie che no ntè niente. No tù! No ntruava maje fatica. A l'uteme, si puteva ì ce iva, sinnó nò. Ri povere chiamene, pecché quiglie non tenne niente. Disse cumpà Dunate, "È ricche? Sì ch'erricche!" Pecché dicive a cummà Minudora, "Ma, a tutte chiamene e mariteme non ce ru fanne ì!" Disse ru compare, "Quiglie è ricche! T'è la proprietà rossa!" Pó, o ce uadagna o non ce uadagna, te la vite tu. La legge eva accusì. Iva ncoppa a ru municipeje a firmà ru tesserine, ma no ru chiamavene. No ru chiamavene. Quante veniva na ditta, no ru chiamavene. No ru chiamavene. Chiamavene tutte quante. A quiglie ru chiamavene a l'uteme.

La Cittadinanza Americana

Quante seme iute a quella proprietà che ce seme accattate a la Contrada Torre, socreme, ru patre, a ditte accusì, "Nicò, vattenne a l'America. Me chiame a me e tu te ne vé nata vota. (E rinnove la carta da cittadine.)" Hanne iute da zì Cristine, ru sopraggente. Ru sopraggente non ce steva. Hanne turnate. È juta da quella criatura, nenna Margherita, "Margherita! M'ó fà ì a l'America a Meula?" "None, a tata, none!" "Nenna non me ce vó fà ì!" E non ce ulette ì chiù.

Mariteme puteva ji a l'America quante teneva quella criatura. Ce puteva ji. Allora non eva sciuta quella circulare, ca chi eva fatte ru suldate, eva giurate, perdiva la cittadinanza. No ancora.

Jirne da ru sopraggente, da Cristine Bone, soc'reme e mariteme. Socreme diceva, "Và là, a l'America, e tu te ne vé!" ca isse non se uleva stà là, a l'Italia.

Allora, non ce ru truanne ru sopraggente e turnanne a casa. Venette là nante. Teneva quella criatura, i. E dicette, "Né! Ho fà ji tata a l'America?"

"None, tata! None!" Quella menatte ru cape ca no (come faceva isse).

"Nenna no me ce vò fà ji. Non ce vajje! Non ce vajje!" E non ce ulette ji chiù da ru sopraggente.

Queste fù prima de la uerra.

Pó, quante è state doppe, Ngiulina, sormacucina, me vedde la cullana ncanna...

Quante perdiva la causa pe la cittadinanza (jive tre vote da ru sopraggente a Cantalupe, i e Fonse), perdiva ca no steva presente. "Si jsse và là, resta là!" Non ce ulette ji. Non ce ulette ji. Faticava a quelle de Libbere Coppola.

Pò, venette cata mé. "M'hanne cassate!"

"Vattenne!" facive. "Vattenne da nante a gli occhie meje! Vattenne da loche!"

Chisà quante n'eva fatte! Jiva sempe a Cantalupe. Ri purtava. Ru pajava. Pe ri fà legge le lettere. Isse a mé non me faceva sapé niente. Chisà quante n'eva fatte! Non ce ulette ji!

(Alfonse teneva quinice-sitice anne.)

(Cantalupe se trova da la parte de Sassinore, Mercone. Da quella parte.)

A l'Argentina fù bone. Nate e trecente mila lire doppe!

Che ru patre non ce ulette ì a faticà.

Allora, se ne jiva sempe-sempe a la chiazza. No uleva fà niente-niente-niente. Zi Ntoneje Ngelone ri diceva, "Oje,

Nicó! Pó dicene ca séme Americane!" Niente! Non ne uleva sapé.

"Tè gli'occhie accennareglie!"

Quante jiva a la messa, la matina, la dumeneca, la mamma de Carlucce, za Lucia, come me vedeva, se vestiva. "Hajja ji a purtà a Chestinella!" M'ajutava a purtà quella criatura. Javame a la messa. Come arrivavame nante a la chiesa, tutte le cumpagne meje, tutte quante... Ma quella eva bella! Jiva che tutte quante. Chi eva-eva. Tutte. Faceva za Milia Avezacure, "Tè troppe belle gli'occhie. Tè gli'occhie accennareglie!"

Allora, dente la chiesa, la pigliavene da nante e la purtavene fine a sotte. Chi la purtava da parte; chi la purtava da nate. Eva na bella criatura!

Ru dottore Vitone veniva a fà le punture a socrema a la casa de ru Pontedetavere. Quella casa addó stavame nuje eva meglie de la soja. Allora, veniva là, se la metteva mbracce isse, e chiamava, "Meula! Meula! Meula!"

"Ma non te só Meula. I non te só Meula!" faceva isse. "I voglie la figlia meja!"

Don Michele Finizia, la dumeneca veniva là e diceva, "Cristì, damme ri pannuline ca me la voglie purtà a Margherita!" Quiglie eva tante amice che ru figlie de Pasquale Magliere, ru patine. Allora, se la veniva a tolle e jiva da za Pasqualina Meliglie, jiva dallanta, pe la casara dallanta. Pó, za Pasqualina Meliglie, quelle uagliole, cummà Carmena, Matilda, Elisa, dope me la purtavene. Ma, la sera me la purtavene!

Sempe se la veniva a tolle. Sempe, sempe. Quella jiva che tutte quante.

Quante jiva pe d'acqua (assettata dente la stanza là, pe paura de ru foche), me ne sciva zitte-zitte, pe ji a angappà na tina d'acqua. Sule ca no me vedeva. Si me vedeva! Eva paciona. Paciona. Eva na bella criatura.

Za Pasqualina Meliglie diceva, "Si eva i m'ammattiva! Si eva i m'ammattiva!"

"Margherì, scioscete ru nase!" E faceva che ru falzuletta. Dallanta, tutte quante la ulevene bene. Tutte quante.

Chiagnette Na Jurnata Intera

S'ammalatte dope. Ca l'evene uastate. La purtave da na femmena ca nciarmava. Ri metteva n'acqua ncoglie. La purtamme a Uardiareggia pure, da zi Ciannareglie. Disse, "R'hanne sugate tutte le sanghe. Nt'è niente sanghe chiù. Pe niente!"

Ma, i, a quanta parte l'eva purtata! Pó, teneva la tosse cumplesiva. Ru dottore Vitone ri mannatte a accattà le punture. Mece de ri dà quelle pe la criatura, ri dette quelle pe la gente rosse. Mariteme le spaccuttatte. Capiente. Pecché ca isse sapeva legge e scrive. Ma quiglie no ncapiva pe niente.

Le spaccuttatte. Quante arrivatte la matina ru dottore dicette, "Cristì, perde dudece lire! Ce le uleme fà?"

Dicive, "Dottó! I no ne capische! Ne capische! Pecché è de gente vecchia. No n'è cosa!"

CHIAGNETTE NA JURNATA INTERA. Ri fece tutta quanta la puntura. Pe quelle murì. Pe quelle murì. Sinnó, chiane-chiane se ne remeniva. Come stette ammalate Mareje. Come stette ammalate Giuseppe. Se ne remeniva pure quella. Pecché la purtava camminanne. Pigliava l'aria. Cagnava l'aria. E se murì! Se murì! A ri sitice de Dicembre (1935) murette.

Mammella Margherita venette là. Ri pigliava la mesura. I non ce steva. Quante vajje là. Jessa e za Mariuccia Marcheteglie. Pe ri fà fà la vesta ca se muriva. E ri fece fà la vesta, le scarpe. Le scarpetelle lo stesse come a la veste. Na bella vesta. Bella! Che na nocca messa belle. Na bella vesta ri fece. Mammella Margherita le facette.

Ma, ri urdenatte la vitamina ru dottore. Mariteme no nfaticava. No uleva faticà. Non faceva niente. Non ce la putive accattà! Mammella non ce la uletta accattà. Dope, quante aveva murì, ce la ulevene accattà. Quante steva malamente propria.

Ah! menette pure… socreme pajatte la jurnata a une, a n'ome, e mannatte a tolle une de Santa Croce che ne capiva de janare. Menette pure quiglie. Pajatte la jurnata a quiglie. Ru mannatte a tolle. Ma, non ce facette niente. Fù la puntura!

Eva sciuta pazza. Pecché nata uagliola, quella steva malamente-malamente, e i jive cata quella, a la casa de quella pe vedé che punture r'eva fatte. Ma, no r'eva fatte quelle! Non'evevene quelle! E quella se ne remenette, quella uagliola. Eva la figlia de la cainata de Nicola Sc'cuppetta.

Eva sciuta pazza. Jive cata quella pe vedé che eva fatte. Che eva fatte? Che eva fatte?

Socreme diceva, "Pare la Madonna Addulurata!" quante veniva là. Tanta pena che teneva.

Questa eva morta a ri sitice de dicembre. Quande è state a febbraje, a Carnevale, fanne na masc'carata. Frateme venne là nante. Ah! Quante ri vedive, chiude ru canceglie. "Jatevenne!" facive. Tanta pena che teneva.

No puteva vedé le criature de passà. Tanta pena.

Giuseppe Ianniglie, na sera, pe me fà distrajà (Eva rossa prena a Alfonse.), me purtatte a la casa a mé e mariteme. E stemme nu poche a la casa. A tù e tù, arrivatte gli'urganetta. Ah! Fore gli'urganetta! Piglie e me vajje a casa. Pó, isse venetta a casa. "Chestinè! Ma pecché! Ma pecché! Stà sempe accusì! I te l'haje fatte pe te fà distrajà!"

"No! No! No voglie sentì niente!" dicive. "No! No! No!"

Maria de Gnazeje. Quella eva na janara. Quella eva na janara veramente. Allora, mariteme l'eva battezzata a la nore de quella. Patine Guerrine eva ru figlie. Isse e Ngiulina Iannella battezzarne a quella, la nore de za Maria de Gnazeje. Ma quella eva janara veramente!

E venette là pe cerasa. Pe ji a coglie le cerasa. I vajje cata mariteme. "Facelle ji a coglie!" Ma, eva fatte n'acquarella. Le cerasa melelle. Non ce le ulette fà ji! "Nziamaje catene; dope, l'haja pajà!" Pecché se sciurava, no. Non ce le ulette fà ji!

Quella criatura, mbraccia a mé, mabraccia a quella, mbraccia a mé, mabraccia a quella. R'eva menate la colamita. Cata la cummara nce jiva. Cata quella sì. Eva janara veramente!

Na vota, seme jute a Castel Petrose. I eva giona. E teneva Ngiulina mbraccia. Nipotema, la mugliere de Ntoneje. Ce steva pure la mamma. Cummarella Giuannina eva venute pure jessa. Frateme no venette.

E, allora, questa **za Maria**, quante javame a la Madonna pe la costa ammonte, venne cata mé, angappa la criatura de botta. Non ce la uleva dà! Ma! E la purtava pe la costa ammonte. Dope me la dette. I, ogne é tante, "Za Marì! Dammélla! Za Marì! Dammella!" Doppe, me la dette, ma eva camminate assaje tempe! Cummarella Giuannina teneva paura. Dope, lassa quella, me dette quella criatura a mé, Ngiulina, e piglia nata criatura a nata femmena. Pecché, dicica, hanna fà pentimènte de cuore a la Madonna, pe quelle ch'hanne fatte (accusì) a le criature. Eva vere! Eva vere! Eva vere, quella! Eva vere ch'eva janara. Eva vere veramente.

E me s'ammalatte. Allora me s'ammalatte.

Dope, mariteme, jette a coglie le cerasa ru jurne appresse e ce le purtatte, ma nce stevene! nu sicchie de cerasa.

Ah! Ce le cugliette pure quigli'urne! Nu sicchie de cerasa. Magna! Magna! Magna! Se le tutte magnarne! Stesse quigli'urne. Le jette a coglie isse.

Ma, dope, nate jurne… I teneva paura pe quelle che faceva a quella criatura! Mbraccia a quella! Mbraccia a mé!

Supino, A Quei Tempi

Dope, nate jurne, jette a coglie nate sicchie de cerasa e ce le purtatte, ma nce stevene. quante jette a ru Colle là, nce stevene! No la cummare e manche jessa. Nce stevene.

E me s'ammalatte. Me s'ammalatte e và quà e và là e và là. Ma, se salvava però! Si non eva pe la puntura se salvava. Fù pe la puntura che ri facette quiglie.

Dope ru dottore Vitone la mannatte accattà quell'ata! Le punture pe criature. Dope quatte jurne. Quella steva pe murì!

Però, i, la pena che teneva, diceva, "Pozza avé nu dispiacere pur'isse!"

Isse teneva na figlia de cinc'anne. Evene a otte uagliole. Giucavene meze a la strada, a la Canala stevene. Passatte ru cane uaste. Muccecatte a tutte-é-otte! A tutte quante. A quelle criature.

E, allora, a tre dottore… Isse steva a la uerra, isse steva pe suldate. A trea, facirne la puntura contra la rajja, come facirne a quell'ate, quell'ate evene chiù rosse, quella no la purtatte, murì. Cinc'anne teneva, la figlia de ru metiche. Pure che la puntura murì. Ma, i diceva sempe, "Pozza avé nu dispiacere come a mé!" pecché isse capiva. I non capiva. I ce le dicive, "I non capische niente, dottó! Si è bone, faccelle! Sinnó, non ce le fà!" Isse capiva. Doppe, le mannatte accattà quell'ate! Quante aveva pe murì. L'accattatte. Ma, dope ri murì pure a isse. Dicica sciva pazze isse pe la figlia soja! Scette pazze pe la figlia soja. Tre dottore, dicica, ce stevene. ri facirne la puntura contra la rajja, sinnó s'arrajjava la criatura. Pure la figlia de Marialibbera la Cuppara ce steva. Pure quella. Quell'ata eva chiù rossa. Quella eva piccula. No la suppurtatte.

Ru funerale che ri fece fà, socereme. Tutte la chiesa alluminata, tutta quanta. Tutta quanta. Nu sacche de solde. Allora, la pigliarne (soc'rema me uleva fà ji pure a mé, "Vacce, Chestinè! Vacce! Vacce!") e la purtanne denta a la sacristia. Ri menirne a fà le fotografie. Le facirne denta a la

146

sacristia. Quande ma'! Chi te le fà! Ma, quande tè ri solde, te vonne bene tutte quante. Quiglie eva pajate nu rosse funerale pe la criatura. Tutta la chiesa alluminata. Tutta quanta. Tutta quanta. Steva la chiesa chiena-chiena de gente. Socereme ce le facette.

E, dope, isse le jette a piglià, le fotografie. Quante me le purtatte, mamma! Come me parette brutte! Me parette brutte. Quella eva tante bella!

Gesù disse a ru pettirosse,
"Non puzze avé maje dulore de figlie!"
(Pecché ru dulore de figlie è ru chiù pessente che ce stà.)

* Margherita teneva sitice mise quant'è morta.
* Ru farmacista non capette la ricetta ch'eva fatte ru metiche, ca ce uleva la puntura pe criatura e no pe gente rossa.

Alfonse

Dope, s'ammalatte Fonse. Pigliatte la tosse cumplesiva, pecché me ru purtave fore. Come faceva! Teneva faticà!

Socreme dicette, "Te denghe le rane fin'acché arriva la raccolta."

Fonse pigliatte la bronchita difusa. Quell'ata criatura pure l'eva pigliata. Cacciava la schiava da mmocca. Eva piccule. Steva dent'a la fascia.

Menette ru metiche. Dicette, "Vuje veta fà na cura (Vuje ve teneta stà attente). La prima è morta. Sinnó morene appresse-appresse ri figlie."

Dope, vaje ncoppa. Dicive a mariteme, "Ajuteme!" Piglie certe tuagliucce. Mecche a volle l'acqua dent'a nu cose pulite e ce mecche nu poche de sale. Poche sale. No assaje. Allora, turceva e metteva derete a le spallucce, turceva e metteva mbette. Passatte bone Alfonse. Passatte bone.

E, allora, se cuminciatte a menà a faticà. Jiva a ru vosc'che. Isse, Mariangele Ciannone, e Nicola, quiglie che jett'accide ru tenente. Chiamavene da quella parte, "Giamè!

147

O veni o no veni?" E carriatte tutte quesse cose secche.
N'accattamme lena pe niente.

Socerema, "Quiglie ha ji a la selva? Jesse non ce pò i?"
nante a quella de Mercantone. Mariuccia Uleria steva sempe
che meche. Quella me jiva a lavà ri panne. Diceva, "Quella
t'è la muraggia. E i vaje sempe a lavà ri panne e l'ajjute."

Quante Fonse s'ammalatte, dicette, "Mó me se more pure
quiste!" E d'allora se mettette a faticà.

Murette quella criatura. Mariteme non faticava pe niente. No
ulette fà niente. Pe niente propria. Pe cinc'anne non faticatte.

Dope è nate Alfonse. R'ajja uta purtà fore dente a la
cunnula pe faticà. E s'ammalatte.

Pe Fonse se menatte a faticà. Pe paura ca se muriva.
Pecché eva morta quella. Pe paura che muriva pure quist'ate.
E, allora, se menatte a faticà. Doppe, faticava.

Eva capace. Non è che non eva capace. È ca no uleva fà.
Pensava a ri solde de la mamma e ru patre.

Là, a l'America, faticava che cinche mastre, cinche
murature. Eva capace. Purtava ncoglie. Faticava a l'America.
Ma, dope ch'è jute sule,

Quant'è venute da l'America, eva sicche, sicche accusì.
Na lena eva. Quante venette che la mamma e ru patre. Pecché
la mamma no ru faceva magnà. Eva sicche, sicche accusì. Ru
vedive dente Casteglie i. Steva che za Crisanta.

Quante è turnate duj'anne dope, steva bone. Forse non
faticava.

Vittoreje

Sà che facevene a principeje? Prima venivene a fà laria che
na prete, ri vove. Avevena passà ncoppa la terra pe l'alliscià.
La facevene liscia-liscia-liscia. Pecché là ce steva le rane
doppe. Accusì eva belle pulite. Dope venivene a trescà.
Menave le regne e ri vove aggiravene, aggiravene,
aggiravene, che la preta appresse.

148

Quante eva ncinta a Vittoreje i, zi Raffaele ru Urdiole menava la preta pe fà laria. Evevena fà laria. Allora, ri vove pigliarne la mosca. I e zia Fisia, rossa prena a Vittoreje, utarne a scappà, che la preta appresse. Menivene diritte a nuje! Se fermarne meze a duje salecune. Tutt'dduje. Une a na via e une a nata. Sinnó venivene deritte a nuje, a me e zia. Nuje ce ne scappamme ncoppa a ru lemetone. Venivene deritte a nuje, chiglie vove! Pigliarne la mosca.

Quesse fù quante nascette Vittoreje. I trescava che ri vove. Allora, come ca i eva fenute ru tempe pe Vittoreje, eva nasce Vittoreje, mariteme mettette sej'ommene a pulì le rane. Vente non ne menatte pe niente quiglie jurne!

La matina, là non se fà a colazione, quante trische. Pane, furmagge, caccosa accusì.

Allora, i cucive le fave, i e zia Fisia. Facemme nu cavadare de fave, nu tijellone accusì.

E disse zia, "È meglie che ce le porte tu. È meglie che te ntremine." Ca aveva nasce la criatura.

Allora, me le mettive ncape e le purtave i là.

Faceva Mariangele, "Si le fà Chestinella che ri pete, me le magne. Ma, si le fà Mariantoneja che le mane, non ne voglie!" Alluccava dallanta. Evene a seje.

Disse Raffaele Campalone, "Chestinè! Non sacce come te veche ogge!"

"E ché me vite! Stenghe bbona!" (Eva rossa prena.) A Vittoreje ce steva ròssa. Vittoreje eva rósse quante nascette.

Prime mezanotte nascette Vittoreje. Quiglie jurne.

Zia steva che meche. E disse a cumpà Petre, ce steva Licciardine, "Me stenghe pur'i! Me stenghe pur'i!" pecché le rane non s'eva pulite. Nu poche s'eva pulite. Eva poche.

Allora, dicette mariteme a cumpà Petre, "Pé! Pé! Statte! Stette pure tu! Chestinella stà accusì. S'in case me n'ajja ji!" E accusì succedette veramente. " Quiglie le rane se le porta." E, allora, ru cumpare se stette là. Eva giunotta. (E se stette là.)

E chiamatte zia Fisia, "Nicò! Nicò! Và a chiamà a Assunta!"

Jette a chiamà a mamma. E jessa jette a chiamà la levatrice. Pecché, duj'anne prima, quante eva nate Fonse, ru pigliatte za Lucia Iannella. Quella ce fece la contravenzione. L'avemma pajà. Vinticinche mila lire. Ca quella no la savame chiamata la levatrice. Come ch'eva passata ru uaje a la prima, la levatricia, no la chiamamme. Chiamamme a za Lucia, quante nascette Fonse.

E, allora, jette a chiama quella zocchela ncompetente.

Venette za Chestinella Mercantone. "Assettete ncoppa a le cosse meje!" facette za Chestinella.

E me mettive ncoppe le cosse de quella e me mantenive e scette Vittoreje! Diceve a mammma, "Angappure! Ca và de cape nterra!"

Mamma ru pigliatte. E arrivatte quella ncompetente.

Quella ncompetente, disse mamma, ca struppiatte la seconda. La seconda no la fece scì bbona. La fece remanì dente. Maje accusi! Mamma capiva bbone. La struppiatte. La lassatte dente. No tutta la cacciatte fore. Apposta le facette.

Pe quesse m'ammalave. M'aviva fà ri raschiamante doppe. Stive tre anne che la muraggia.

Quante veniva, i diceva, "M'haje lavate! No me voglie fà lavà!" No la facive venì chiù. Chiù veniva e chiù pajave!

Eva ru mese de luglie.

Doppe, avise la muraggia, muraggia, muraggia. Stive tre anne che la muraggia. Ngiulina Iannella dicette, "Mica pó stà accusì!" Le rine me se spezzavene. Ncorpe ce teneva nu foche. Me faceva male sempe, sempe, sempe. E petacce de sanghe! Petacce de sanghe! Non eva cosa bbona.

Allora, Ngiulina Iannella dicette, "Jame cata la levatrice a Mercone! Non pó stà accusì!" Lore se la purtavene bone che za Lucia, quella femmena.

E jemme là. E quella là dicette vicine a Ngiulina, "Questa è giona?"

"No! Tè ri figlie! Ha avute già tre figlie!" facette Ngiulina.

E me visitatte. Me disse, "Ci haje nu piccule tumuretta. Si non te ru fà luà, pó scì maligne! Ha ji direttamente da ru dottore. Te l'ha fà luà!"

E, allora, jive da ru metiche Taserca. Don Alfrede me mannatte da Montalbe a Campuasce. E quiglie me facette ri rasc'camente!

Dope de ri rasc'camente, nata vota la muraggia. Ha jiva ji nata vota.

E, allora, jive da ru metiche Taserca. "Dottó! Nata vota!" dicive. "Non me la fatte bbone!"

Disse, "Ci ha ji nata vota!"

E jive nata vota a Campuasce. E jive da Montalbe. Me visitatte. "Ci ha nu piccule tumuretta accusì. Mó te denghe na cura dent'a nu mese."

M'aveva fà ri lavagge e me faceva le punture. Me faceva Luisella le punture.

"Si se leva, se leva dent'a nu mese!" Sinnó, l'aveva luà.

Dope, passate nu mese, jemme a Campuasce. E me ce purtatte socreme e tata. Quante jive là, me visitatte. (No ru teneva chiù. Quelle eva sanghe restritte e pareva tumore.) Me chiavatte nu pacchere. "S'è luate!" dicette. "Non ce stà niente chiù!"

E, dope, chiane, chiane. Passatte n'anne però. Pecché, la prima vota che me facette ri rasc'camente, se svigliatte la meticina, che m'eva addurmita, e non puteva camminà chiù. Stive n'anne accusì.

Sette anne senza figlie.

Supino, A Quei Tempi

Cristina M. Del Russo - Rucci

CAPITULE 8 - 1941-1945
La Uerra Mariola

Cristina (a destra) con Carmena del vicinato

R'Internate

Evene de la Cecoslovacca. Dallanta venivene. Une eva avvoccate. (E la mugliere. Quant'eva bella!) Prima teneva une figlie. Se chiamava Lasc'che. Teneva ru tempe de Fonse. Dope ri nascette navete. Se chiamava Giorge. Menive lore duje, la mugliere e isse, a casa e ru lassavene, sule-sule-sule, ru criature. E, allora, quante venivene là, dumandava ì, "E ru bambine? Chi ru tè? Michelina?" Pecché Michelina Tirolla faceva meze servizie, fine a meze jurne che lore. Puliva. Faceva a magnà pure. Jessa cucinava.

Dice, "Michelina ru tè?"

"No-no-no! Stà solo."

"E se piange?"

"Come piange si cojeta. Come piange si cojeta."

Piangeva forte e se rumpé a tutt'edduje ri fianche quà e quà. Duje vozzera. Accusì. Ernia struzzata. No r'aveva ancora sè mise. Avirna aspettà sè mise pe r'operà. A sè mise r'avirna operà.

Pó venette nu jurne e dicette ca ru criature teneva duje vozzera da na parte e da nate. Evene chiamate ru meteche. Eva ernia strozzata. Quiglie chiagneva tutta la jurnata. Lore se ne scivene. Nse ne fregavene. Che quigliate c'evene riuscite perciò ulevene fà la stessa cosa che quiglie.

Ce steva ru giudice. Veniva sempe-sempe. Venivene, isse e la mugliere. Evene vicchiareglie.

Veniva nate. Eva maccaniche. Quiglie eva morte de fama. Steva isse, la mugliere, e la socera. La socera, la daglieva. Socereme, ce ritavame quante quiglie veniva là. "Daglie!" faceva socereme. "Daglie! Daglie!" Eva na bella femmena, eva. La mugliera eva na bella giona. Bella-bella-bella eva.

Pó ce steva navete. Eva barbere. Stevene ncoppa a ri cannune là. Quiglie nce venivene a casa, ma ri purtava la farina. I cernena la farina e ce la jiva a venne. A quiglie. A ru giudice. A gli'avvocate ce ne purtava chiussaje ca evene a cinque. Teneva pure ru frate. A quiglie ce ne purtava chiussaje.

No ri piaceva pecché l'eva passata una vota che ru sutacce. Ma i nce la passava chiù. Una vota!

Pecché quante veniva a casa, ri davame le pane. Vedeva le pane eva janche! Eve chiù janche le pane meje. Ma i l'eva passate duje vote!

Me la metteva ncape. Vinticinque chile la vota. E ce la purtava. Sempe-sempe-sempe, ce la purtava. E pajavene.

Venivene là pecché mariteme sapeva parlà inglese. Prima venivene a piglià le latte da Ngiulina Iannella. Teneva na vaccarella. La menna tutta sporca. Quella eva sporca. Quiglie la pulizzava isse che ru giurnale quella caspita de menna tante ch'eva sporca!

Pó, mariteme disse, "Te la trove ì na lattara pulita." E ru mannatte da Carmena Cevetiglie. Eva pulita Carmena! Iva a tolle là le latte, ma ce veniva lo stesse a casa, sempe veniva, passava e veniva.

Ru maccaniche se le pigliava ancora le latte da Ngiulina. Quiglie eva sporche pur'isse. Teneva nu pantalone de pella. Eva de pella. Ru sule sciaqquava accusì. Sempe quiglie teneva ncoglie.

L'avvocate eva ricche assaje. Quande veniva caccosa a la chiazza, l'accattava tutta quanta. S'accattava tutte le presottera a l'ammassa. Ce steva l'ammassa. Pur'i ci'haje purtate duje presottera. E, allora, s'accattava tutte cose. Ri facirne arrapporte. No meniva niente. Quiglie poche che veniva, se le pigliava tutte. (Manche eva bone!)

Quiglie se Supine ri facirne arrapporte, e ru mannarne a Petrella de Fornina, ru chiù paese malamente de l'Italia. (Accusì diceva l'avvocate.) Nu poste malamente, assaje-assaje-assaje. Là ri mannarne, l'avvocate e la famiglia soja. Sule a quiglie. Quigliate evene morte de fama. Che s'accattavene quiglie!

Quiglie teneva quinice damigiane d'oglie. Quinice-sitice presottera. Ri truanne tanta-tanta robba, ma la purtatte tutta là. L'eva pajata!

Steva a quelle d'Alberte Peluse. Abitava là, a la casa d'Alberte Peluse.

Pó, quante è jute là, è venute ru giudice, isse a la mugliere, a casa, e m'ha ditte a me ca l'avvocate afferrate a cazzotta ru secretareje. Ru ficcarne dente. Me dicette ru giudice a mé, "L'avvocate stà in prigione." *Evene carne e ogna* che ru giudice.

L'avvocate è venute da Petrella di Fornina, jette da Alberte Peluse, e venette a casa. Quante è venute dall'anta, non steva bone. E me disse a mé ca uleva l'indirizze de mariteme ca ru uleva scrive, ri uleva fà sapé notizie de la famiglia nostra. Se pigliatte l'inderizze ncoppa la busta. Sa fatte dà l'indirizze pe scrive a mariteme. Uleva sapé addó steva mariteme. Pecché, isse, quant'è partute pe Petrella de Fornina, mariteme steva a casa ancora. Partette tante tempe dope pe la uerra. Dope. Dope assaje. Quant'isse avetta i a Petrella di Fornine, mariteme non eva partute pe la uerra ancora.

E, allora, venne là. Se pigliatte l'inderrizze. Pure ru maccaniche se pigliatte l'inderizze. Ma, ru maccaniche no ru scrivette. Sule veniva sempe pe pane là. Nu cante de pane. Teneva na fama che nonn'era na cosa bona. Quiglie non teneva niente.

E, allora, l'avvocate se pigliatte l'inderizze e scrivette a mariteme. A lore, ri mannarne a Bare, tutte quante **r'internate**. Mariteme steva a Tarante. Diceca stanne vicine. E là liberanne apprima, addó steva mariteme. E quiglie scrivette ca eva state a casa, eva viste a Fonse e Vittoreje, a nuje tutte quante, e stavame tutte bone. Pecché, evene otte mise che le lineje evene tutte tagliate. Non se puteva scrive chiù, niente, ponte menate pe terra, tutte cose. Non se scriveva chiù. Non se sapeva niente chiù de nisciune.

Ri scrivette e, mariteme, quande se n'aveva menì, quande se ne venette, jette a la casa, ru fece ì a la casa. Ru face magnà là e dope ri dette tanta cose. Ma, nuje, pure nuje, ri davame sempe-sempe caccosa. Nu paneglie de pane, nu poche de frutta, nu poche de cosa. Sempe-sempe ce le davame. Sempe-sempe. E, allora, ri dette tanta robba pe se le fà purtà pure pe la via.

Pó, quante ce stevene **gli'alleate**, venette nata vote, isse e ru sciofferre, da Bare. Mariteme pigliatte nu presutte. Ru tagliatte a quatte parte. E ce stevene pure ri polacche. Ce stevene tre polacche là. Quiglie ru presutte no ru pruatte pe niente. Quiglie se facirne n'abbuttate de presutte, ri polacche e pure ru sciofferre. Magnavene, ma l'avvocate non ne pruatte pe niente. Magnarne, magnarne. Dope dicette a me, "Lèv'ru da loche!"

"Signora! T'ó fà ajutà?" a quelle che m'avena dà. E, allora, isse scrivette e facette ru cunte. Fece ru cunte de quelle che s'evene magnate e me fece pajà. E pajarne, pajarne.

Quiglie eva brave. Ru giudice eva brave pure. Ma, ru maccaniche pe niente-niente.

Quante ru maccaniche veniva là, chiamava da luntane, "Signora! Signora!" Teneva fame. I ri deva ca cante de pane, caccosa. Socereme veniva sempe-sempe là. Faticavame.

Pó, za Chestinella vedeva ca quiglie veniva sempe, ma se veniva a tolle le latte da Iannella. Come ca quiglie veniva sempe-sempe là nante, ma là nante veniva, maje dente.

"É! Chestinè! T'avissa fà próte ri dente, ca non ce stà Nicola?"

"É! Nu pisciatture di quiglie! Za Chestinè! Che te si chiavate ncape? Ca i non so mattarella!" facive i.

Ri Rasc'camente

Allora teneva sultante Alfonse e Vittoreje. Stive sett'anne non'avive figlie. Quante me facive ru rasc'camente. E

Montalbe dicette, "Non ha chiù figlie!" Ru rasc'camente che me facette! Stive sett'anne! Teneva sempe la muraggia. Ma, assaje! Mariuccia me jiva a lavà. Cose da quell'altro mondo! Jive da don Alfrede. Don Alfrede dicette, "A ji nata vota! No t'ha pulite bone!"

A Campuasce, Montalbe me facette purtà a la casa, dent'a la stanza, no a l'ospedale, pe non me fà sentì mujina dente l'ospedale. Seje tuaglie de sanghe! Come nu rasteglie. Tirava dente e luava le sanghe. E ce steva mariteme nante quante quiglie m'ha luate tutte quelle sanghe!

Montalbe disse, "Mediatamente jate venne! E portela a casta! Sinnó se sveglia la meticina."

Mariteme me jette a purtà a la chiazza. Ce steva nu callascione d'autobus che tenevene chiglie. Si ru fermavene, non camminava chiù. E me jette a purtà a la chiazza, a purtà la lettera a ru metiche Taserca. Ce l'eva mannata ru professore. Chiglie evene carna e ogna.

Non puteva camminà chiù pe tanta dulore che teneva. Mariteme non me manca accumpagnava. Niente. Pe la via abballe camminava storta. Non puteva camminà. E dope le dicirne a sorma. Sorma currette. Venette a casa.

Me face rizzà da ru lette ca aveva mette le sale a la pasta. Non sapeva quanta ce n'aveva mette. "Rizzete! Rizzete! Rizzete!"

Pó, venirne **gl'internate**, l'avvocate e la mugliere, e vedirne a mé accusì.

"Ché è che te sente?"

"Non pozze stà de nisciuna manera pe tanta dulore che tenghe."

E se ngazzatte vicine a mariteme, "Non capisce niente propria!"

Vittoreje se uleva mette mbraccia a mé. Quiglie l'angappa e ru scansa a quella parte. "Quella non se rejje all'impiede e t'ó mette mbraccia?" dicette.

Allora, fece venì n'internata che faticava a la farmacia. Fece venì quella a casa.

Disse quella vicine a mariteme, "È chiù nu rasc'camente che quante una sgravida!" Avveramente, forte, assaje-assaje. Delore che non eva cosa bona. E me fece mette a ru lette.

"Quella ha stà a ru lette!" Avetta venì jessa!

Stive n'anne ammalata. N'anne!

E Montalbe, quante ajje jute la seconda vota, me truatte nu tumuretta accusì. Me dette la cura pe nu mese. M'avisa fà lavagge che l'isofornica. E me dette le punture. Me le veniva a fà Luisella. Nu mese!

Quelle eva sanghe e pareva tumore. Fù la levatricia che me ruinatte. Pe regna!

Quante ajje jute, me purtave socereme e patreme. Ca m'aveva uperà.

Quante ajje jute là, Montalbe m'ha misse ru specule, e ha tementute, dope mu mese. M'ha chiavate nu pacchere. Ha ditte, "Stà tutte apposte! Non ce n'haje chiù!" Eva sanghe. Eva sciute. Non ne teneva chiù!

Ma, stive assaje tempe ammalate. Assaje tempe! Assaje tempe! Chiane-chiane, me ne revenive. Stive n'anne. A principije, mariteme me faceva stà all'impiede, non me faceva mette a ru lette. Pe quiglie non eva niente. Non capiva! Non capiva!

Dope, me passatte.

Dope che m'eva fatte ri rasc'camente, ru metiche dicette ca teneva nu piccule tumuretta accusì.

Vicenze de Storia

Prima de la uerra, non ce steva fatica. Musselline chiudette tutte le vira. A nisciuna parte putevene ì chiù gli'ommene. A le femmene che faceve ri figlie terzetta senza marite, ri deva la pensione. E a le femmene bone no. A gli'ommene, a chi non se spusava ri mettette la tassa, a tutte quante, pecché uleva la gente. Pure a Vicenze de Storia. La gente dicevene, "Pecché no ri dà la figlia?"

Vicenze de Storia eva matte, matte ntutte propria. Ri irne a fà ì pure a la uerra. Ru mettirne de sentinella e quiglie cantava, "Voglio? Corpus Domini!!!" Se mettette a cantà com'a ri prevete. Ca dicive, "Statte zitte!" Non capiva.

Meniva sempe cata patreme. Diceva, "Zi Raffaè! Damme na fumata!" Sempe-sempe. Patreme ru uleva bene. Patreme, la gente accusì, alluccava sempe vicine a me, a sorma, a tutte quante, "Non maltrattate quiglie che non só normale! No ri maltrattate ca è puccate!" (Maje ì. Maje. Hajje aute pietà, ma non m'haje fatte maje maraviglia. Maje. Quiglie uleva esse meglie de té. Tu ra purtate ru presutte a Criste. Non ce ru pó purtà pe esse meglie. E, accusì è sciute e tu l'ó maltrattà!)

Ri Cavedare

Mussilline faceva piglià tutte ri cavedare a la gente. Tutte cose. Tine, conche. Te servivene. A quiglie tempe. Ri faceva scassà. Faceva ri proiettele. Pe sparà. Le fede de la gente che tenevene vicine a ru dite. E ce le faceva tolle. Tutte faceva piglià. Ma rimanivene povere la gente. Pur'ì rimanive povere. No conca, no tina, no cavedare, no niente. Duje vote. Duje vote le pigliarne. Le pigliarne la prima vota e le pigliarne la seconda vota.

Le campane, se le pigliavene. Sule a Santa Cristina non ce le facirne tolle. Le femmene se pararne tutte quante nante. Tutte le femmene. Dicica ce stevene tutte le femmene nanze a quelle de Santa Cristina. E non ce putirne ì. Si no, ulevene ì compa a ru campanile a pigliarle. Ma, per l'ate parte, le pigliarne pe tutte parte, pe tutte ri paise, e pure quelle a quell'ate chiese nostre. Pure quelle se pigliarne. Tutte quante se pigliarne. Cose d'acciaie se pigliavene tutte.

Le campane se le ulevene tolle. La chiesa chiena de gente. Da tutte le parte. Da tutte le parte pigliavene le campane. A tutte le chiseje. E le pigliarne a quell'ate chiseje, le pigliarne. Ma, pe quelle de Santa Cristina, se pararne nante quelle femmene, parevene ni diaule. Ca non ci'avevena ì a turtamente a tolle le campane.

Allora ulevene ì a piglià pure quelle campane là. Ce steva na femmena de Pantane. Se paratte nante che nu pale. Non ce putirne ì! Non ce putirne ì! La chieseja la chiudirne. Là non ce putirne ì!

Le pigliarne a Sante Stefene, a ru Priatoreje, a Sante Lurenze. Le tutte pigliarne. Se pigliavene pure quelle. Quelle evene chiù rosse. Non ce le facirne piglia. Le campane non ce le facirne piglià.

Ma, non ce la facette. Che uleva riuscì a fà uerra! Ruinatte la gente pe senza niente. Ma non ce riuscì.

La Tina

Chiglie che se pigliavene la rama. Chiglie, meniva une e veniva a temente la casa, a tutte le casara. E, allora, le pesavene quelle che tenive. Assignavene e ce le teniva purtà. E, allora, arriva ru tempe che ce le teniva purtà e ce le teniva tutte purtà. Maritime ri purtatte tutte cose, conche, cavedare rosse, tina, tutte, tutte, ma gliate nó. Me facé fà chisà quanta chiante. Non puteva ì pedacqua chiù. Come faceva!

Doppe, ive ì là, a catachiglie che scassavene ri cavedare ru jurne appresse. Stevene derete ru Uascere, meze la chizza là, là scassavene cavedare. Tutte tinte stevene, pecché ri cavedare evene tinte. Ce steva ru foche sotte. E, allora, ive là ì e ri dicive, "Ì non hai come fà pe ì pedacqua. Stenghe luntane." Quiglie pigliatte na tinella, na piccula tinella, bella, bella, bella, na tinella eva. No l'avevene scassate. Piaceva pure a lore. E me la dirne. Ma, ru pajave però. Ra isa pajà. Te pajavene quante ri purtave ri cavedare, ma te dévene na fessaria. Che te devene! E me la purtave. Dope, za Raziina la Pellara me vedette che questa bella tinella. Dicette, "Chestinè, dalla a me ca ì te ne denghe une chiù rossa. Questa è troppe piccula pe ì pedacqua." E me ne dette una. Ce squagliava le sale dente, pecché quella faceva le pane. Era panettera. E, n'eva bona. Eva brutta. N'eva bella. Ma, eva chiù rossa magare. E me pigliave quella.

Mo, venirne na seconda vota. Ma, ì non teneva niente. Quella tina la mettive dente ru puzze. No la facive truà. La tina la carcave d'acqua pe magnà. E, allora, la ficcave dent'a ru puzze. La seconda vota, socreme purtava na bella tina bona. Dicive, "Dammella a me e ri pórte questa malamente." No me la ulette dà. No me la ulette dà. Ri purtatte quella bona. E arrangiave. Come ulive fà!

Non se truavene a accattà, pecché non putive tolle. Ru ramare eva chiuse pe la paura. Non te putive accattà niente. Quelle che tenive, aviva arrangià. Ma, na ruina eva, na ruina. Si steva vicine a l'acqua n'eva niente, ma ì steva troppe luntane. Faceva che nu sicchie mmane. Maritene lassatte sule ru manere. R'aveva sule accite. Sà pecché no ri dicive niente? Ca pe non fà casine. Ce steva r'internate nante, gli'avvucate. E, perció me stive zitta, ca si nó r'angappava nganna e ru strangurava.

Pecché me jette a venne ri cavedare? Pe piglia ri solde pe fumà. Vennette tutte cose.

Scupiatte la Uerra

(Mariteme se truatte venute.) E scuppiatte la uerra. Ru cumpagne de mariteme, dope, stesse de Supine eva, avetta jì a la uerra. Jetta a la uerra a l'Africa. A l'Africa la prima vota. Là scuppiatte la uerra. Là avetta jì quiglie. Mariteme se truatte venute.

Ru cumpagne soie facette tutte quanta la uerra. L'avetta fà tutta quanta. Pecché se truatte là. Avetta partì pe l'Africa. Fin'acché fenì.

Pó, dope, che tante tempe, ru chiamarne. Fece n'anne e meze. Steva quasce fenenne la uerra. Ru chiamrne. Ma quiglie avetta ì. Pasquale Spurtone se chiamava. Steva a unite che mariteme. Quiglie era pure de Supine. E quiglie avetta partì là. Maritene se truatte poche tempe prima. Se ne menì. Pó quiglie avetta partì a la uerra.

Pó, mariteme stette tante tempe che no ru chiamarne. Come ca quiglie eva fatte ru suldate. E, doppe, ru chiamarne. Facette n'anne e meze de uerra. Pecché era quasce la fina.

Era poche tempe. Dope fenì. Addó steva isse, là liberanne apprima. A Tarante. Steva vicine Bare. Là fu la prima zona che liberanne. A dó steva isse. Dope, chiù dope se ne venette. Pecché ce stevene ri tedesche.

Ri Tedesche

Ri tedesche se stirne quinice iurne sultante a Supine. Quiglie evene passate assaje-assaje vòte pe la Chiana. Evene passate assaje vote. Certe femmene, femmene de Supine, ri purtanne a Supine. Perciò venirne a Supine. Non ce venivene sinnó. Evene passate. Cumbattevene da quella parte. Se vedeva sempe la sera, la sera annotte. Quelle ri purtarne. Allora, mettirne la mitragliatrice ncoppa a ru campanile de Santa Cristina. E spiavene quante arrivavene gli'alleate. Vedirne ch'arrivarne gli'alleate. Evene ri Canadese ch'arrivarne apprima. E, allora, se la sviaggiarne. Lasciarne tutte cose e se ne scapparne, pe la paura. Pecché là non putevene scì ncoppa. Irne a temente a la Via Nova, ncoppa là. Non steva fenuta. Allora, se turnarne arrete nata vota. Perció avèmme furtuna, sinnó pure nuje Supinese ce n'avama scappà.

Ri tedesche non erene cattive. Avevena campà. Là se truavene. Addó se truavene. A ri paese che se truavene. Le prime, prime, facirne purtà tutte ri fucile a la caserma. Fucile, pistole. Tutte chi teneva l'arme. Parlarne ncoppa ru municipie che tutte quante n'aveva tené nisciune arme dente la casa. Ri ivene a ruetà. Allora, tutte la gente che tenevene l'arme... già steva signate a la caserma... quante tenne ru permesse, stà signate ncopp'a ru registre. Allora, tutte quante ivene a purtà tutte ri fucile a la caserma.

Doppe, stevene tutte accampate nante le case, dente ru paese, e ce tenevene pure le frasche ncoppa. Pecché, gl'Inglese, ri Mericane menavene le bombe. Vicine a ru cimintere, là, a ru Tire-essegne ce steve une che la mitragliatrice. Ri tedesche, quande vedevene l'apparecchie, ri menavene. Na mitragliatrice steva là and nate steva chiù a quella parte de ru Cummente.

La priva vota che ri só viste. La prima vota è venute une, nu tedesche, tenavame tutte quante paura. Tutte la gente tenevene paura. È venute nu tedesche da lappedente a le nostre là. E, dope, quiglie n'ha date fastidie a nisciune, è juta da Giuseppe Ianniglie e teneva na piccula jincarella, se l'eva cumprata, allora, non eva troppe tempe. La pajatte quatte cente lire, a quiglie tempe. Quiste ra date mille lire, ru detesche. La pajatte. Ri dette mille lire. E se purtate la jincarella. La prima vota.

Dope, è venute nate gione. E nuje stavame a la casa de zí Ntonie Ngelone. Durmavame là pe la paura, a ru suttane. È menute quiglie. È jute da Giuseppe, Giuseppe Ianniglie, e uleva l'ove pe ru capitane. Giuseppe ne teneva. E teneva na cassa chiusa. Era de la mamma. Uleva che rapiva la cassa. La mamma la teneva chiusa. Le chiave se l'era purtate. Uleva a forza che rapiva quella cassa. No la putette rapì, pecché non teneva chiave. E, se ngazzatte ru tedesche, contra de Giuseppe, e che la pistola mane, ca teneva rapì la cassa, ca uleva l'ova, pe forza. Mó ì steva da zi Ntonie Ngelone, durmavame là. È venuta Ngiulina. Disse, "Chi de vuje t'è l'ova? Ca si nó quiglie m'accite Giuseppe!" ucine a nuje. I haje ditte, "Aspetta..." Pecchè, ì quante facevene l'ova, teneva Fonse e Vittorie, ce ru sbatteva la matina, tutte le matine, e ru metteva dent'a le rane, pecché dente le rane l'ova se mantenne fresche. Dicive, "Mo, vaje a temente a casa." Ma, teneva paura. Vajje là, e ru vidive, eva arrivate vicine a la suppenna là. Ri facce ru salute e ru chiame e venette. "Vé quà! Vé Quà!" facive. E ru porte dente. Rapive gli'arcone. Facive temente stesse a jisse. Ce steva na piccula riella. Allora, quiglie anchiappava la riella. Cuminciatte a rite. Allora, vajj'ì e cacce l'ova. Evene ott'ova. Ì non le manche sapeva quant'evene. E se ne pigliatte quatte. E disse, "Queste me le piglio per mio capitano. Si no, no le mica prendesse." E, dope, venette zi

Ntonie, za Mariuccia. Me dumandatte quanta figlie teneva. Fonse e Vittorie venirne cata me. Dumandatte mariteme addó steva a la uerra. Dicive, "Sta a Tarante." E venette cugnateme Raffaele pure. E stette tante tempe, stette tante tempe là. Dope, dicive a Raffaele, "Dumanda si s'ho magnà caccosa!" "No, no, no," disse. E si pigliatte nu rappule d'uva. Teneva l'uva appesa í. Se ne magnatte nu poche. Dope, la dette a nu uagliole là, une de ri figlie de Giuseppe. E se stette nu belle poche. E me dumandava a me, "Lui, quante galline ci'ha?" L'aveva che Giuseppe. Pecché ì quatte ne teneva. Ce l'avame accise. Quatte ne teneva. Dicive, "Pure quatte, pare. Vó la callina?" facive ì. "Vó la callina? Ì te l'ancappe. Te l'accit'ì." "No, no, no! Me la deve dà lui. Due galline e le deve pulire." L'avetta pulì. Ì ce la uleva dà ì. Diceve, "L'angappe e te la pulische pure." L'aveva purtà a ru capitane. "No, no, no! Io, queste quattro uova," faceva vicine a Raffaele a zi Ntonie. "Le prendo per mio capitano. Se no no le mica prendesse," disse. Non se le pigliava pecché ì teneva ri figlie. Dope, se stette tante tempe, ri pulette le calline, duje calline, e se ne jette doppe. Ma, gentilmente. Brave, proprie.

Dope, ne passatte iurne, venirne nate e tre, pareca evene, che la corda mane. Ivene piglianne ri porce. Dallante ri pigliarne a tutte quante. Ì teneva na scrofa, teneva sette purceglie. La scrofa steva bona, rassa. E, venirne a temente pe dente a la finistrella là. E ri purceglie stevene tutte vicine a la mamma, durmivene. E lore faceve ru segne come durmivene ri porce. Ritevene chiglie giunotta. E, allora, se ne ivene. Venirne a temente duje, tre vote. No sule chiglie, gliate pure. Pe vedé. Irne a temente a quella de za Mariuccia. Ce teneva ru porche dente là, ru porche steva zitte, non ci'abbadarne. Non ci'abbadarne. La bonanima de zi Raffaele Mercantone ce ravetta purtà. Cola Papa ce ravetta purtà. Pure che s'aveva accite, ce ravetta purtà. Stesse lore ce ravevena purtà.

Le Péra

Mó, ne passarne iurne, e menirne a cinque. Venivene, sempe venivene, ma... Menirne a cinque.

Mó, séme jute a coglie le pera, ì e Giuseppe. Quesse pera ròsse, pera longhe.

"Chistinè! Queste le culglieme pe ri tedesche!" facette Giuseppe.

"Ma statte zitte! Mó ri tedesche se venne a piglià le pera!" facive ì.

Se pigliarne sè' saccura de patane e nu sacche, chiene-chiene, de péra. Non ce jivene chiù dent'a ru sacche perciò le lassarne.

Quella porta là non l'eva fatta rapì maie nisciune de tutte quiglie ch'erene venute. Quiglie là, che nu fucile a mitraglia ncoglie, ru pantalone curte. Ma, era nu diaule. Me disse a me, "Pigliate la chiave!" Ì steva ncoppa la finestra. Nu uagliole se ficcatte la pistola dent'a la stivala. Disse a me ch'avesse raperte quella porta. E ive. Jette a temente prima a tutte pe coppa. Nisciune c'era jute. Sule chiglie ce irne, chiglie cinque. Pe tutte, pe tutte, pe tutte, irne a temente. Pe tutte parte, pe tutte parte. Sule gliarcone non ci'abbadarne, sotte. Trasirne, trasirne dente. E, me disse a me, "Apri la porta!" E rapive la porta. Ce stevene le patane, quesse patane longhe e le pera, messe tutte ..., pe le mantené fresche. Allora nu gione de quiglie pigliatte nu pire. Dicive, "Prendete! Prendete!" facive ì. Disse, "Non possiamo portare. Ce vò ru sacche!"

Ru iurne appresse venirne e purtarne ri sacche. Che nu cammie blindate là pe dente a le prete. E purtarne ri sacche. Pó, sbagliarne. Ì era jute a mette a magnà a ri porce e ri vidive nanze a quelle de za Mariuccia. Za Mariuccia, ì ce l'eva ditte. Za Mariuccia, rèvene tóte tutte le calline a za Mariuccia, tutte quante. Za Mariuccia anzengatte addó eva. E venirne. E venirne là. Za Mariuccia venette pur'essa. E ri jignavame le patene. Prima se jignirne nu sacche de pera.

Nu sacche gchine, gchine, gchine. Le facive ì. E dope ri ignavame le patane. Facirne se' sacche de patane, avene fin'a ncoppa. Le sacchette. E nu sacche de pera. Faceva. Dope, quiglie, sèvame jinte pure nate, le sbacatte, quiglie che cumandava, stess'isse, quiglie che teneva ru fucile, quiglie cumandava, ma eva nu diaule propria. E, allora la bonanima de zi Ntonie, teneva ru pète gonfie, venette là, raccuntava ch'era state a la Germania, ch'era state là, là. Ri dette na sigaretta pure. Doppe, veddette ca savame jinte quellate dente a quiglie sacche. Uardatte le patane quanta evene che remanivene. La metà se purtatte. E, le fece sbacà quelle là, quelle che stevene dente a quigliate sacche. Stavame cumincianne a jenne nate sacche, ì e za Mariuccia. E, allora, le pigliatte e le sbacatte stess'isse. E se purtatte ru sacche. E se ne irne.

Pó, d'allora non hanne venute gchiù. No venirne gchiù pecché se na irna ì. Se na irna ì. Mettirne la bomba. Menarne ru muraglione nterra ncoppa a ri Cannune là. E, allora, la gente, pure zia Chestina se ne vennette a casa. La gente se ne venirne a casa, da luntane. Allora publicarne ca la tal'ora mettevene la bomba. Facirne sapé. Allora, la gente se ne scapparne. Una casa se scarrubbatte. Na casa se scarrubbatte. Chiglie te le facirne sapé. Allora, paricchie se ne venirne a casa. E quelle prete arrivarne a ru colle, e pure a pantane, quelle prete de ru muragliene. Quant'era forte! Steva luntane. Non è ch'era vicine! Arrivarne pure là. E quella casa che se scarrubbatte pure luntane steva. Jette nu sasse. Scarrubbatte la casa. Ma, non ce steva nisciune dente. Ma, ogne ponte che vedevene ulevene menà nterra, tutte ri ponte. A l'uteme, a l'uteme remanirne ri minatore. Ri ponte de la ferruvia r'erene menate tutte nterra. Ri ponte de la via nova, tutte nterra. Non ce steva manche nu ponte, niente. Se vedevene nu piccule ponte, ulevene menà nterra pure quiglie. E, se ne irne, pecché a Supine non putirne scì ncoppa. Irne a temente, ma la via nova non era fenuta pe scì. E se turnarne arrete. Se ne irne.

Zitte! Zitte! Zitte!

Quante ce stevene ri tedesche. Venirne cinque pe l'appennanze e daglievene che l'accetta vicine a la porta, che l'occhie de l'accetta. E, allora, "Zitte! zitte! zitte!" vicine a Fonse e Vittorie. Erene uagliele. Une de sett'anne e une de cinque. "Zitte! zitte!" faceva. Ce stevene pure socereme e socerema. Stavame ncoppa là. Quiglie daglievene. La scassavene la porta. Allora, currive sotte ì. Scaveza steva. E vajje a rapì la porta. E, ulevene ru porche, che la corda mmane. Vedirne ca ce durmivene ri figlie vicine, e se pigliarne duj'ova. Duj'ova ce stevene dente gli'arcone. Duje ce ne stevene, duje se ne pigliarne.

Ri purceglie evene già arrivate a duje mise. E, a duje mise, s'hanna smammà. Ra dà a magnà. Non tenna allattà chiù vicine a la mamma. Venette Maria la Cuppara da coppa, da Supine, e venette a casa. "Chestinè! Non smammà ri purceglie, canne ditte, ru superiore che cumanda, ché chi t'è ri purceglie la scrofa, e si è ncinta, no l'hanna piglià!" L'ordene eva date. Ri mittive nata vota sotte, tutt'a sette.

Evene sette. Evene rósse. La scrofa eva ròssa. Steva rassa pure. E, ri mettive nata vota sotte. Sinnó ri smammava, se la pigliavene. Che ne sapeva ì. No sciva. Quella eva jute a Supine e predicarne da coppa ru municipeje ca evene date l'ordine ca si la scrofa eva ncinta o si teneva ri purceglie, no l'avevena tolle. Veramente, non se la pigliarne. Sinnó me se pigliavene pure la meja. Zi Raffaele ce l'avetta purtà. Ce l'avetta purtà isse. Cola Meula pure. Ntonie Ngelone la teneva ficcata sotte. Nate porche ru strapurtatte. Une re teneva ficcate dente, dent'a la rolla. Nci'abbadarne. Ce irne a temente. Nci'abbadarne. Teneva sempe le magnà nante.

Durmiva. Sinnó se ru pigliavene. E, ce r'aviva purtà pure! Tu ce r'aviva purtà.

Le Calline

Ri tedesche, a zi Ntonie Ngelone, ce le pigliarne tutte quante le calline. Ì steva là. Nuje stavame dente là. Durmavame là la notte. Za Mariuccia vicine a zi Ntonie, "Ficca ru lume sott'a ru tirafume!" Pe non fà vedé le lustre. Le calline là urlavene. Ri tagliavene ru coglie. "Oje Ntò! Ncase venne, aveza le mane! aveza le mane!" Ma, nce venirne vicine a la porta. Se pigliarne tutte quante le calline, tutte quante. Una la truatte la matina zi Giuseppe Malevizze meza la via che ru coglie tagliate. Tagliarne ru coglie e quella se ne scappatte. La notte, no la vedirne. Le calline, tutte quante ce le pigliarne, dent'a quiglie scentì là.

Ri Tedesche Morte A Supine

Ri pezze rosse stevene a ru cummente, a la caserma, pe meze la chiazza. Stevene accampate dente a le casera de la gente. Ri suldate, nvece, ...

Quiglie ch'accedirne (N'accedirne cinque-seje a Supine) stevene da questa parte de quelle de ri Barile. Ce stevene gli'arbere. Allora, ce stevene tutte ri cammeje pe nante ... Ce mettevene le foglia pe ncoppa. Ma, chiglie, vasce-vasce, ri canuscevene. Sapevene ca ri tedesche stevene là, a Supine, perciò r'accedirne.

Se menavene vasce-vasce. Tagliavene pure le ramera de gli arbere.

Le vedive pur'i. Jemme a coglie l'uva de Ngelone. Non m'eva maje nvitate. Quante ce stevene ri pericule, me nvitatte a mé.

Jemme chiù sotte de la corte (la vigna) soja, là. Tutte le vacche appese! E là tagliavene. Là steva ru macelle. Evene assaje. Mica evene poche. Chi steva a na parte e chi steva a nata. Assaje.

169

Accampate pe nant'a le casera. Pe ncopp'a ru Colle. Pe tutte le parte.

Metteve le foglie de gli'arbere ncoppa pe non fà vedé; ma, se vedevene. Pe nante a quelle de Filippe, l'annante, pe tutte parte, tutte dall'appennante, pe tutte parte dall'anta. Tutte accampate.

Ri pezze rosse stevene a la chiazza, a ru cummente, a la caserma. Ru marescialle, quiglie eva …, ma, non puteva cumandà pe niente. I ce jive. Ce jive che ru figlie de Mariannina, i e Ntoneje, pe le patane, pecché, facevene arrapporte de quelle ch'evene pigliate. Ma, a mé, non me dirne niente!

E, ru marescialle, meze a chiglie diavule-là, dent'a la caserma. Isse eva na strappa meze a chiglie. Cumandavene tutte lore.

L'arme, tutte a la caserma. Pecché la caserna le sapeva. Stevene scritte. E, allora, le facevene purtà tutte quante là. Ma, nce le purtavene tutte. Ngelone cinque fucile ri purtatte. Le reste ri jette a ficcà sotte a la scala meja. Ncoppa la pagliera soja nó! Nce manche jirne là! Ma, ri purtatte a le meje. (Ncase na cosa, pó, i nce le diceva! A forze ce le teneva dice. Come faceva?)

Si truavene ru fucile a cacch'june, r'accedevene. Però, tenevene paura pure lore. Quante venirne a tolle le patane maje, i, da coppa la finestra, eva juta a mette a magnà ru porche, ca teneva sette purceglie. Stavame là, a quelle de Ntoneje Ngelone pe la paura. Une pigliatte la pistola e se la ficcatte dente la stivala. La caricatte, nante casa-là. I ru vedive da coppa la finestra. Tenevene paura pure lore, quante jivene a le casera.

Dope, si ncase sapevene ch'avevene accise a nu tedesche, accedevene a tutte quante. Ri Mericane, che le bombe che gli'aèreje, chiglie le facevene. Ma, sinnó, la gente civile no le facevene.

Signurine! Signurine! (Ri Tedesche)

Nu iurne irne a tre detesche, tre giune, nante la casa de z'Angelamaria e nante la casa de za Mariagiuanna, là nante. E, allora, ce stevene quelle uagliole. Ce stevene cummà Lucia, Maria, Giuseppina, e Chestinella, la figlia de z'Angelamaria. Evene a quatte. Chiste giune tedesche hanne ditte a lore, "Angappatece na callina e pelatecella!" Avirna tolla na callina. L'acceddirne, la mettirne dente l'acqua ullita, e la pelarne bella-bella. Dope se la facirne cucinà pure, da quelle uagliole. Pó, s'erene capate la nnammurate. Quiglie che cumandava uleva a Giuseppina, nate cummà Lucia, e nate Chestinella. Maria ne teneva. A trea evane.

Mó, hanne iute nate iurne e non ce stevene queste, queste uagliole non ce stevene chiù. E, la sera annotte, truanne Sarrafine, ru frate de Chestinella, pe la via, a quella parte. E dicevene, "Le signurine addó hanne jute a fenì?" Che la pistola mmane ulevene sparà a quiglie, pecché ulevene le signurine. Giiuseppina zunpatte pe la finestra de derète. Se ne scappatte a la casa de la nore, a ru Colle. Cummà Lucia se ficcatte sott'a ru tirafume. La notte se ne scirne. Cummà Lucia, Maria, e Chestinella se ne scapparne a casa. Se utarne a scappà a casa. Venirne accata mé.

E chiste quà irne là e za Mariagiuanna alluccava. Facevene la squascia. Z'Angelamaria sallette ncoppa a ru sulare, cadette pe la scala abballe, e se facette male. Ma, chiglie ulevene le signurine no le vecchie! E chiglie ritevene. Evene truate sule quelle.

Allora, Sarrafine teneva ì a tolle le signurine addó stevene. Che la pistola mmane. "Addó stanne le signurine!" Isse l'eva fatte scappà le signurine! Sarrafine dicette, "Vedete da quà. Ì no le sacce. Ì non ce stenghe quà." Mò, Sarrafine ru purtavene pe quell'ate casera. Irne vicene a la casa de mamma. A quest'ata parte ce steva na scrofa che ri purceglie. Scassarne la porta. Se pigliarne duie purceglie. Sarrafine r'avetta scannà dent'a la chiusa Dope, ce r'avetta ì a pulì nante la casa soja.

Quiglie, Sarrafine, da quella parte alluccava, ca isse se faceva sentì, da quella via, a la sore e a quell'ate uagliole. Quante quiglie dicevene, "Signurine!" Che la pistola mmane ulevene signurine. Allora, Sarrafine, quiglie alluccava da quelle parte, **"Mó, vedéme addó stanne! No le sacce!"** Alluccava forte. Quelle sentirne dice accusì. Avirne paura. Se ne scapparne.

Venirne dall'appedente. Le vedive scappà. Eva tarde. Venirne tutte chiagnenne. Venirne a casa. Se stirne là tutte la notte. Fine a la matina ce stemme tutte quante là. E, dope, se ne irne. Ma, non ce irne chiù. Non ce irne chiù! Se n'a irna ì. Arrivarne gli'alleate. Perció non ce irne chiù, sinnó ri dévene fastidie assaje.

Signurine! Signurine! (Ri Polacche)

Le figlie de za Cuncetta Meliglie pure. Queste vota furne ri polacche e ri canadese. La povera mamma le facette ì a mette ncoppa a ru sulare. Le facirne ì a nasconne ncoppa a ru sulare. "Signurine! Signurine! Signurine!" pecché l'evene viste. La mamma, "Non sapeme addó stanne le signurine. N'hanne venute!" Ncoppa ru sulare s'evene jute a nasconne. Allora, lore non truanne le signurine, pigliarne le calline sotta a la scala de za Pasqualina e za Cuncetta, le scannavene e le pelavene. Evene state a casa chiglie e dope se ne irne là. Le scannavene e le pelavene. Là steva gchine de penne dente a quelle de za Pasqualina là. Ogne tante sparavene che na pistola pe l'aria. Le sentavame pure nuje. Adduseravame ncoppa ru balecone. Evene state a case. Nuje, ì e za Mariuccia, ri facemme pure le scrocche. Dicirne ca ulevene le scrocche. Ma nse le venirne a tolle doppe. Nse le venirne a tolle chiù. Evene a trea. Ogne poche tempe sparavene pe l'aria. Ma, sparavene pe la paura. Pe non fà venì nisciune. Pe ri mpaurì. Ma, devene fastidie a la gente, assaje-assaje. Dope za Pasqualina me raccuntatte a me ca evene ute paura. E ri spennarne nu sacche de calline. La notte stirne là. Stirne assaje tempe. Sparavene pe fà mpaurì a la gente.

L'Apparecchie A Vascia Quota 1

Na vota, teneva Fonse e Vittoreje e jive a la posta, ca ce mannavene la pensione. Mariteme steva a la uerra. Venivene vinticinqu'apparecchie. Tutte la gente pe dent'a ru Colle fujjivene tutte quante. Se jivene a ficcà sott'agli'arbere. Me vedirne a mé, "Vé quà! Vé quà!" I eva lassate Fonse e Vittoreje da zi Ntoneje Ngelone là, da za Mariuccia. "No!" dicive. "No! No! Addó morene ri figlieme, aja murì pur'i." Scappava d'allanta abballe. Vinticinc'apparrecchie venivene. Vasce, vasce. Cariche de bombe.

Zi Mariangele, ru patre de cummà Chestinella, steva da sotte a quelle de ... Faticava là dente. Faceva le fascine. Allora, venivene l'apparecchie da coppa. Nate edduje faticave da quella parte. Chiamarne a zi Mariangele. "Zi Marià, jamecénne! jamecénne!" Se utatte quiglie, "Na vota sa murì!" Scaricarne le bombe propria là, addó steva quiglie. La jummenta (teneva na jummenta) accusì s'eva fatta. La cugliette la bomba. A cusì luntane stevene (nu vracce luntane) fossera, fossera, fossera, fossera, fossera, fossera. Ch'evene fatte le bombe ch'evene menate da coppa. R'americane, gl'inglese. Chiglie le facevene. No ri tedesche. Chiglie evene.

E zi Mariangele murì. Jette la mugliere. Mò, le vacche stevene nu belle poche luntane. Ri jette na scheggia a na vacca. Pure quella vacca se murette doppe. Allora, jette la mugliere. Jiva a purtarr'a magnà, a ru marite, la colazione, pranze. Ri dicirne, "Aspetta quà!" la gente. Tutte la gente dà là. "Aspetta, aspetta, za ...! Statte quà!" Non ce le ulevene dice ca ru marite steva l'anterra. Ficché, dope ce l'avirna dice. Quella ce uleva ì a forsa. Dope ce l'avirna dice. Ru marite eva morte.

Mariteme steva a la uerra. Mettive le femmene. Faticavame d'allanta. Zappavame ru prate e dope, putive chiantà ri fasciore passate ru tempe. Che le cavete, zappavame.

Pasqualina Finetta e Chestinella stevene che meche. E zappavame. Mó, ri fasciore evene bone. Chiantave ri fasciore janche quarantane, tutte quante là quelle ch'eva fatte, trea-quatte scole. Se facirne bone. Dope, venirne ri tedesche e, diceca, se ulevene ì a tolle Santa Cristina sotte, a la rotta.

Ri tedesche jirne dent'a la chiesa. Ulevene piglià Santa Cristina. Santa Cristina sotte, a la rotta. La gente de ru paese non ce ri facirne ì; ma, sinnó, la jivene a piglià. Non ce la facirne piglià. E, allora, cuminciatte a menà rannera. La rannera eva accusì, accusì eva, come a l'òva de callina! Ri jemme a piglià ì e za Mariuccia. E scuteratte tutte ri fasciore! Ri fasciore meje. Tutte quante. Non ce ne steva une dent'a le cocchele chiù. Tutte petterra.

Mettive na femmena. Se chiamava Chestinella. E ri javame a ricoglie, quiglie fasciore, a une pe une. Evene gchine. Evene sicche. Ri javame a ricoglie e ri recugliemme. E venne l'apparecchie. L'apparecchie a vascia quota, aveta a quant'a stà casa, pe vedé si ri tedesche stevene là. Come vedemme l'apparecchie, avemme paura e ce ne scappamme a casa. Ce steva socerema Margherita. "Eh! A quessa la pajà!" cumencia a preticà. E venette duje vote l'apparecchie e ce ne scappamme.

I, quant'eva jute a coglie ri fasciore, facette la rannera, la notte facette la rannera, evene rosse quante a n'óve. Ri scuteratte tutte quante ri fasciore quarantane. Tutte quante. Assaje. Eva assaje terra. Savame zappate ru prate che ru sole, Pasqualina Finetta, Chestinella, e doppe, mettive ri fasciore. Allora, i e nata uagliola, recugliavame ri fasciore pe terra, une pe une. E, comme vedemme l'apparecchie, utamme a scappà dente, pe la paura. Ce steva socerema. "Pe-pe-pe-pà! Eh! A quessa la pajà! Eh! Che stete facenne!"

Ri Fascióre Salvatóre

Mó, quiste fasciore r'eme recote tutte quante. È venute mariteme da la uerra. Ogn'edduje mise ru mannavene, cinque tenente. Ri facevene le carte. Ru facevene venì, pecché non se puteva venì. Nisciune veniva. Nisciune. Se ri purtatte poche a la vota. Che ri cuscine de ru lette. Se ri fenì ri cuscine meje. Purtava furmagge, purtava ova, purtava presottera. Le presottera evene fenute le meje, le jette a tolle da zi Michele Chiappute che steva a ru Colle. Jette cata quiglie. Ru presutte no sciette bone. E ce ru turnatte arrete. E dope ce ne dette navete. R'avetta pajà. Fasciore, presutte, ova, farina, casce, tutta robba. Me spugliava la casa.

Giiuseppe Ianniglie che ru ciucce ce r'aveva purtà a la stazione. E Giuseppe diceva, "Quiste è matte!" Giuseppe sempe accusì, "Quiste è matte!" Pe la bona furtuna ca se chiudirne le lineje. Non putette menì chiù. Me lassatte ru debbete ncoglie. I ri dive le patane a quiglie, a zi Michele. (Quiglie ri dette ru presutte.) Pe venì a licenza. Ma, me spugliava la casa. Quiglie fasciore se ri purtatte, sacche pe sacche, tutte quante.

Ma! I ru cuntantava. Se faceva fà ri cuccellate che l'ove, assulute che l'ove pure. Se ri faceva fà pe se ri purtà là.

Pó, nata vota, venette n'amiche soje. Steva a Vignature e venette cata mé. Zurre se chiamava. "Chestì, manna caccosa a Nicola. Vò ri cuccellate." Facive ri cuccellate. E ri porte a la stazione. Pó quiglie veniva. Vaje e ri porte a la stazione. Certe uagliule vicine a mé. Ogn'ettante se ulevene menà. (I r'alluntanava.) Povere uagliule! Tenevene fama. E ce ri purtave. Pó dumandave a quiglie. Quiglie se mbriacava e mariteme ru iva sempe recuglienne pe terra. Quiglie Zurre se mbriacava. Ru rucuglieva sempe pe terra pe la paura. Ru uleva bene. Pó dumandava a quiglie, "Ma, parla inglese o no?" Non se faceva capì ca parlava inglese pe la paura ru metteve pe ntreppete. Quiglie me dicette, "Me vò bene. I me mbriache e isse me và sempe pigliánne; ma, pe l'inglese, no le sacce." "Quiglie è state a l'America," facive. "Parla inglese." Pe paura ca ru mettevene pe ntreppete, non se faceva capì ca parlava inglese.

Za Berte Peluse ru uleva mannà pe ntreppete. La gente tutte sapeve quiglie sapeva bene legge e scrive. Capiva troppe. Ma non ce ulette ì.

L'Apparecchie A Vascia Quota 2

Quante ce stevene ri tedesche a Supine. Allora, jemme a taglià le rantineje. Socereme che la favece. Menirne l'apparecchie pe l'aria. Quest'apparecchie hann'arrivate a Vinchiature e hanne scaricate... hanne spetacciate na casa. Hann'accise pure la gente. Scuppiatte. Parette ca eva vicin'a ru culumbre. Questa bomma che menarne là, a Vinchiature. Sembratte ca... ma, nuje ce ne s'avame scappate meze la via, vicin'a le mura. Socereme angappatte Fonse e i angappave Vittoreje. Ce ne scappamme de la parte de dente. La gente se ne scappavene tutte quente dall'anta fore, da coppa, da ru Colle. Pareva ch'eva state là ch'evene menate quelle bomme. Quiglie eva luntane. Nu sacche de paura. Non puteva vedé. Teneva nu sacche de paura sempe-sempe.

Me fessiavene. Pure Ngiulina Iannella. Jessa n'eva ute maje paura.

Nu jurne, teneva ru cabbinette a quella parte. Nu jurne jett'a ru cabinette. Se mena l'apparecchie a vascia quota. Ngiulina, na tremarella, autatte a scappà pe la paura. E se ne venette vicine a nuje là.

E doppe Ngiulina aveva paura lo stesse come a mé. Ma, prima, me fessiavene a mé.

Pure za Chestinella lo stesse. Non sacce a dó eva juta la peddente, dent'a le soje, là. Se mena l'apparecchie. Za Chestinella avette paura lo stesse a Ngiulina. S'eva mpaurita lo stesse come a mé.

Nuje durmavame a la casa de Ntoneje Ngelone, nterra, sotte a ru suttane, là. I purtave nu lette de quiglie criature, Fonse e Vittoreje, là. Durmavame là. Za Chestinella se ne uleva vení là pure jesse, pe la paura. (Avette paura pure jesse che l'apparecchie.)

Dope, passatte ru tempe, se ne irne ri tedesche, in giornata, quante pigliarne le patane e le pera a mé. Se n'avirna scappà, pecché arrivavene gl'inglese. E se ne scapparne. Za Chestinella non ce venette chiù cata nuje.

Ri Sfullate, 1943

Mó, non putavame vedé l'apparecchie. Paura. Chiglie de Bujane se jivene a ficcà sempe dent'a ru suttane. A cusí tremavene! Ma, a Bujane n'avevene accise a cinquanta fine a quante venirne lore. Pure ru prevete ncoppa a gli'avetare accedirene! E, allora, come vedevene l'apparecchie, utavene a scappà. Me semmenavene le rane a mé. Utavene a scappà dente, se ne scappavene dente.

Quatte-cinque iurne dope che se ne irne ri tedesche, venirne ri sfullate. Quiglie arrivarne. Sapevene addó era state liberate e, perciò, se ne venirne da questa parte. Sapevene ca Supine già era state liberate, evene passate ri tedesche, se n'evene jute. Cumbattevene ancora a Bujane.

Chiglie de Buiane, quante venirne, dicica n'erene accise cinquante dent'a ru paese lore. Pure ru prevete ncoppa gli'avetare evene accise. Quante venirne a casa m'arraccuntarne. E lore evene state nu mese sotte ru recovere. Quante arrivarne a casa, za Chestinella Rucce ri uleva aiutà; ma, ri dette quella pagliarella là sotte, sotte le nostre. Che ce ulevene fà là dente, quella povera gente. Ché se magnavene! Come facevene! Allora, se mettirne a ncammine a duje. Menette Ntonie e Micheluccia. Menirne là, pe dente a le nostre là. Ì steva vicine a ru puzze. Hanne venute e hanne ditte, "Signó, si ce pó alluggià a c'apparte!" Ì teneva paura, pecché venivene ri napulitane. Ri napulitane tenevene male nome. Allora, "Nuje séme lo stesse a vuje," disse Ntonie e Micheluccia. "Si vuje teneta semenà le rane, teneta fà caccosa..." (pecché nisciune puteva semenà, niente, nisciune) "Nuje le faceme. Seme contadine. Nuje seme ortiggiane." Facevene ru giardine, facevene.

Ri porte ncoppe í a farri vedé quella stanza a finache a la loggia là. "Si ve putete arrangià quà!" facive. "La cucina è questa. A magnà putete fà a magnà là."

Allora, se ne venirne tutte quante. Erene dudece, erene. Duie criature, za Rigina, la chiù vecchia, duje figlie teneva, Ntonie e Michele, nate pure se chiamava Dunate, teneva ferite a la cossa, era state a la uerra. Niculina, Micheluccia, Teresa, Colomba. Colomba steva sempe che le mòneche. Teneva na barba, teneva.

E, allora, se ne venirne tutte quante là.

Mó, Micheluccia a ditte vicine a me, "Chistì, piglia la chiù caldaia ròssa che té!" E, allora, ri dive nu grosse caldaie rósse, ru chiù rosse che teneva. Ru mettette ncoppa ru foche e cucette tutte quante ri panne, tutte quante, a tutte quante, ri fece spuglià a tutte quante e tutte quante dente l'acqua pulita facette, Micheluccia, femmene, ommene, tutte quante, pulite.

Dope, ri dive ru lette de ri uagliule, Fonse e Vittorie. Mitterne nterra, ru matarazze de spoglie e ru matarazze de pelurca, e ri cuscine, s'avirna arrangià, che ulevene fà! Se mettirne pe terra denta quella stanza, e là durmivene tutte quante. E, durmivene là. Se stinne quinice iurne.

Quinice iurne. Micheluccia tutte le sante sera faceva na lachena de maccarune ròssa, rossa, rossa. Savame assaje. Savame a quinice. E pasta e fasciore. Tutte ri iurne fasciore, cuciavame fasciore. Za Rigina, na femmena e nate poche, non faceva fà chiù pane a mé. Tutte ri iurne faceva la pizza sott'a ru foche, na rossa pizza faceva, sempe, sempe, sempe. Là accusì ausene, la pizza, a Bujane.

Ri panne ri cucirne appenna che venirne. Quante hanne venute, Micheluccia ha ditte accusì, "Chistì, piglia la chiù caldaia rossa che té." Ì non sapeva manche pecché. Pecché nuie non ne tenavame peducchie. E pigliave la gchiù caldaia rossa che teneva. La mettette ncoppa a ru foche, la fece scì a bolle, e cucette tutte quante ri panne. Ri facette spuglià a quiglie, tutte quante. Ì no le vedive quante le facette.

E, dope, stinne tante tempe là. Ru jurne cuminciarne a semmenà le rane. Ì le semmenava e lore zappavene. Quante vedevene venì n'apparecchie da coppa, utavene a fuì. Sempe dente a quiglie suttane sotte se mettevene. Tremavene accusì. Accusì tremavene. Evene passate uaje quella gente. Pó, dope, m'hanne fenute de semmenà le rane tutte quante. Quante l'apparecchie non se vedevene, jivene nata vota. A cinque-seje a zappà, a semmenà, ce steva assaje rane.

Mó, è arrivate ca Monte Cassine hanne salvate. Non ce stevene chiù ri tedesche. E, allora, s'è salvate pure a le parte lore, a Bujane. Monte Cassine stà poche ncoppa a Bujane. E, dope, se n'hanne jute. Ma, se só state quinice jurne che meche. Se só state quinice jurne là. Dope c'hanne liberate a Bujane, se n'hanne jute.

Che la tessera no ce ri facive ì a piglià chiù, le pane. No pane, no pasta, pecché tenevame tutte cose. Poche se pajava ma te devene tutte. Allora, non ce ri facive ì chiù.

Ce steva Michele. Se metteva ru sacche de rane ncoglie, nu tumbere de rane, e iva a macenà. Non mancava maje la farina. Aveva macenà, o uleva o no vuleva. Sinnó abbusc'cava. Pecché se macenava a terzetta. Non te putevene macenà assaje. Ma, quante iva quiglie, avéva sempe macenà.

(A quiglie tempe, durante la uerra, t'assignavene tanta rane pe famiglia, quelle che t'aspettava. Allora, ce steva chi jiva a macenà le rane de **terzetta**. Pe quesse, ru mulinare dicette a quella che s'eva lamentata ca la farina non eva fina, "Non sule ca te macene le rane, vó pure la farina fina?")

E, tutte ri jurne, Za Regina faceva na bella pizza, rossa-rossa-rossa, sott'a ru foche. Si n'avastava una, faceva l'aveta pure. Micheluccia faceva ri maccarune. Tutte ri jurne pasta e fasciore. Tutte ri jurne cuciavame ri fasciore. Tutte ri sante jurne. A l'appennante stevene sa quanta fasciore! Facive sitice quintale quigli'anne. Dall'appennante tutte fasciore. Za Rigina ri faceva coglie a chiglie uagliule. Pure a Fonse e Vittoreje. Ri mettette sotte. "Recugliete ri fagiole, sinnò non ve facce mangià!" "Chistì, chiste te mittene la pizza mmane!" faceva vicine a me.

Pó, dope, me facirne pure le lena. Jette Michele, Ntonie. Ce stevene duje Michele. Me jrne a fà le lena. Une eva Dunate. Teneva ferita na cossa che la uerra. Quiglie faticava ncoppa a ru municipie là a Bujane. E, ce steva na uagliola, la figlia de za Rigina. Se chiamava Niculina. Eva vascia, vascia. Na patanella. Quiglie se teneva a quella. Evena amante tutt'edduje. Ì ru vedeva ca ru pettenava quella, ma credeva ca ru puliva. Chi puteva crede le cose lore! Tutte le matine, remaniva essa dente. Reselava nu poche là. E, pó, pettenava a Dunate. Ma, Dunate, come ca steva che la cossa accusì. Eva nu belle uagliole, eva.

Filippe: Le Sale

Za Chestinella Rucce r'aveva date quella massariella là sotte. Ché ci'avevena fà la povera gente! Denta a quella massariella de za Chestinella Rucce. E venirne cata mé. I teneva paura pecché ce stevene ri napulitane, assaje napulitane. Pó, quiglie me dicette, "No! no! no!" Venirne Ntoneje e Micheluccia. Dicette, "Sente. Come te gchiame?" "Me gchiame Cristina." "Nuje séme contadine," disse. Allora, non truave nisciune a faticà. Frattante la uerra. "Nuje séme contadine. Te semmenname le rane. Te faceme tutte cose. Non te ne ncaricà." Allora, stevene a casa.

Ce steva na uagliola. Se chiamava Micheluccia. Tutte le sere faceva na lachena de maccarune. Savame a quinice tutte quante che le criature. E faceva sempe pasta e fasciore. Tutte le sante sere. Za Rigina vedeva chiglie fasciore da l'appennante. Ri faceva coglie pure a ri criature. Stevene l'appennante ri fasciore. Fasciore assaje ne facive. Facive sitice quintale quigli'anne. Sitice quintale. Ri venette a caricà Fulippe Fusc'che. Ri venette a caricà l'annante.

Quand'eddope, no ri facive ì a piglià che la tessera. Devene le rane, maccarune. Devene cose che la tessera. Ra iva pajà, ma poche. Na fessaria. Pure ì ce puteva ì, ma ì non ci'haje jute manche na vota. Ne teneva de sale! La gente magnavene senza sale. Lore evene state nu mese senza sale a magnà. Quante só state a casa, teneva le sale. Fulippe Fusc'che me n'eva date assaje. "Cristì, se tu non t'avasta queste sale, te denghe le sale mola." Quiglie teneva l'ammassa. Purtavene le presottera a salà. Ma, ì, che ru cistre ncape de tutta robba de ru giardine, jiva mez'a ri tedesche pe ru purtà a quiglie, a Fulippe. Isse steva dent'a la finestra e me vedette a mé che ru rosse cistre ncape. Ri tedesche stevene l'annante, accampate tutte all'appennante, nante a ru negozie. E me fece segne a mé da dent'a la finestra de ì a la casa. Stevene a Casteglie. La famiglia steva a Casteglie tutte quante. I capive ca quiglie me dicette accusì. No putette parlà pecché ce stevene ri tedesche l'appennante.

(E Tresuccia me repunnette nu vacile accusì. Pure Tresuccia. Ma, ì non sapeva, non sapeva ca sale non ne veniva chiù.)

Gli'alleate, 1943/1944

Ri prime ch'arrivarne furne ri canadese. Arrivarne adduje. Duje canadese. Ri prime, ri prime. Che la moticecletta venirne. Duje canadese. Chiglie ri vedirne da coppa ru campanile de Santa Cristina. D'allanta vedevene. Vedevene la luce la notte. Pecché, ri Mericane purtavene ri trave de ferre. Ri trave de ferre appresse. E metteve ri trave e passavene. Ca sinnó no putevene passà. Evene menate tutte petterra. Dope chisà quanta lavore ce steva, dope la uerra. E menarne tutte quante petterra.

Dope venirne tutte quante. Quiglie che steva a ru Tiressegne face cadì a une, dente a l'apparecchie, a ru pilota. Allora, l'apparecchie jett'a fenì a ru Campe. Da sotte a la ferruvia, là jette a fenì l'apparecchie. Ma, ru pilote se menatte chiù ngoppa de l'apparecchie. E ru jirne a tolle. Ru jirne a piglià e ru purtarne a ru Cummente. Là stevene generale e cose a ru Cummente. E là se ru purtarne, ru pilota. Nate pure. Duje pilota facirne cadì. Quiglie fù ru prime.

Queste gente che no ntenevene niente chiù, allora non veniva niente chiù, s'avevena fà ri calandréglie pe camminà, come facevene? Irne là. Cuminciarne a taglià le rote, le rote de l'apparecchie. Le tutte tagliarne. Chi meglie se le purtava. Currirne tutte la gente là, a dó steva l'apparecchie. E là, dicica, tagliavene tutte le rote pe se fà ri calandréglie, pecché non ce steva niente chiù. Non ce steva nu lacce, non ce steva na funa, non ce steva …, niente, niente, niente chiù. Eva fenute tutte. No stoffa. Niente, niente. Ì uastave tanta lenzora pe fà le camisce a partete. Non ce steva niente chiù.

Na vota iemme a Mercone, a nascuse, denta nu vicheteglie, là accattamme nu poche de stoffa da tre, quatte femmene. Jemme a piglià, luntane, a Mercone, pecché non ce steva niente, niente chiù.

E, dope, venirne tutte quante de tutta nazione: polacche, nire, canadese. Ri Mericane stevene a ru Cummente, evene maestre, a cinque, stevene a ru Cummente. E venirne ri cinese, ri cinese evene assaje. Ri scozzese. Tutta razza. Ce stevene tutte, tutte, tutte. Pe la Via Nova ammonte, affianche a ru cimitère, tutte quante capanne stevene fatte, alluggiavene tutte quante là, quelle là ce ne stevene assaje, assaje, assaje. Pe ru Pontedeletavere pure. Pure da là ce stevene.

Pó, mettirne ri file de telefone. Pe ordine de gl'inglese. Ri cinese ri ivene mettenne. Ì, na vota era juta a lavà. Chiglie, c'ammonte, e c'ammonte, e c'abballe, vedevene coma ri tenevena mette; ma, ì aveva paura. Ì non sapeva che facevene. Ivene, arrivane là, e se turnavene. Quatte, cinque, seje evene. Piglie ri panne e me vajje a casa. Vajje a casa e ce stévéve ri scozzese nante casa, duje-tre, parlavene che partete, pecché parlava Mericane e ce venivene. "Pecché te ne si venuta?" facette pardete. "Me n'ajje venuta pecché ajje ute paura! Ce stanne ri cinese là!" Tenevene una cosa de capiglie ncape quà. Tenevene ri capiglie tutte tagliate. Ì teneva paura. "Nooo!" dicette quiglie. "Chiglie só tante brave!" disse quiglie vicine a mé. Ì non ce ri faceva venì manche a casa. Una vota trasirne. No ri faceva trasì. Disse, "Chiglie só brave! Non avé paura de chiglie là! Ri nire nò. Ri nire no ri facete trasì dente, ca si trasene dente cumantene lore. Ma chiglie nó." Ce stevene ri cattive. Ce stevene ri cattive. Na sera venirne a casa. Appicciavene ri fiammifere. Facene la mossa ca ulevene mette foche pure a le regne. Tenevame messe le regne là pe nanze. Ri cattive stanne pe tutte parte.

Na vota, Ntonie Ngelone me disse a me se ì uleva ì che lore. Maje m'avevene ditte, "Vé che nuje a vennignà, a coglie l'uva!" Maje! Tutte gli'anne che só stata là. Quigli'anne, "Chestinè, ho venì che nuie? Ema ì a coglie l'uva." A dó teneva la vigna. Quante éme iute là, nu poche luntane, sette-otte metre luntane, stévene ri tedesche, stévene tutte le vacche appese e le tagliavene, pareca le pajavene, se le pigliavene senza pajà. Allora, quante ém'arrivate vicine a quelle de ri Barile, venivene l'apparecchie, na quinicina d'apparecchie pe l'aria, e mitragliavene denta a ru vosc'che là, da questa parte, ce stevene tutte arbere, accedirne sè' tedesche. Le frasche de gli'arbere le tagliavene sane, sane. Se menavene vascie, vascie, vascie. Nuje ce ficcarme dente la casa de chiglie, ri Barile, sotte là, tutte quante la gente ce ficcamme là dente; aspettamme, aspettamme doppe che se n'evene jute.

Accedirne seje tedesche a Supine. Ri mitragliarne. E duje nire. Ma, ri nire s'accedirne lore e lore. Ru nire iva cudenna la signurina vicine a Peppine Merlicchie. "Signurina, signurina, signurina. Me porte da Signurina!" vicine a quiglie, Peppine Merlicchie, ca ri deva ri solde. Jetta a Supine e ri purtatte na uagliola, na piccula uagliola, ma era na puttanella. E, allora, purtatte quella uagliola là. Mó, evena a duje, quistate nire uleva ì pur'isse, appresse a quiglie. Quiglie, "E vattenne, e vattenne, e vattenne!" Non se ne ulette ì. Piglia la pistola e ru sparatte, a ru Campe, stevene a ru Campe. La purtatte vicine a dó stevene ri chiuppe là, vicine Tampere. E sparatte a quiglie. E, dope, se sparate pur'isse. Tutt'edduje. E ri ficcarne sott'a la vreccia. Se vedevene finanche ri péte. A tutt'edduje quiglie. Ma, se spararne tra lore e lore.

Ri file de telefone se ri tagliarne pe se mette le corde a ri calandréglie. Non avevene come fà, la povera gente. Irne là n'attaccarne vinticinque a fila a fila, ri ulevene fucilà, gli'alleate. R'attaccarne a fila a fila, vinticinque, me dicirne, a ru Pontederetavere. Chisà ch'erene fatte pe ri mette. Pecché ulevene sapé chi eva state, di chiglie là chi eva state. Pecché evene tagliate chiglie file de telefone. Ma, chiglie ivene tutte d'accorde. N'avevene come fà. Evevena faticà.

Ma, non putive manche faticà allora. L'apparecchie, l'apparecchie, l'apparecchie mitragliava. Accedevene tedesche, accedevene la gente. A Vinchiature accidirne na famiglia tutta quanta, ncoppa na casa, menarne la bomba. A ru paese nostre, zi Mariangele murì. Zi Mariangele Rucce steva facenne fascìne vicine a gli'arbere. Allora, nat'edduje stevene da quell'ata parte. Facevene le fascìne pure lore.

Venirne vinticinque apparecchie da coppa. Chiamarne a zi Mariangele, "Zi Marià! zi Marià! jamecenne! jamecenne! Le vide ché vè da coppa?" Zi Mariangele se ru'utatte, "Na vota s'ha murì!" E avveramente murì. Quante arrivarne a dó steva zi Mariangele, l'apparecchie scaricarne tutte le bombe pecché ivene pesante. Se canusceva quante ivene pesante. Ivene sòte, sote, sote. Chiane, chiane, chiane. E zi Mariangele murì. Ru ive a vedé pur'ì. Tutte ruvinate. Accusì: quà nu fosse, là nate fosse, la nate fosse, la nate fosse. Tutte le bombe ch'erene menate. La jummenta che le udella da fore, pure la jummenta. Quiglie teneva na bella iummenta. Le udella da fore. Dope, ru irne a tolle. Ì purtave ru matarazze. Me facirne purtà ru matarazze. Ru uleva mette ncoppa a ru matarazze, la mugliere. La mugliere ì. Purtava a magnà; ma, la gente la fermarne. "Addó ho ì? Addó ho ì?" Quante arrivatte là. Ce jette pure na scheggia. Cugliette pure a na vacca. Steva attaccata. Dall'anta, jette na scheggia e cugliette a na vacca. La mugliere la fermarne. "Addó ho ì?" E, dope, ce r'avirna dice. Ru purtava a pranze a ru marite.

Se sparavene mericane, inglese, tedesche. Da na parte e da nate. Gli'alleate ivene appresse e ri tedesche iven nante. Dope, a l'utime, ri tedesche se ne irne a Monte Cassino. Se ficcarne dente la caverna là. Là, dicica, ce stà nu recovere. E si ficcarne là dente. S'arrubbarne pure na uagliola da Bujane. Quella uagliola teneva ru patre. Se la purtarne là. Quant'è turnata teneva ru criature. Ru tedeschielle. Però, ri mericane r'assediarne. Non putirne scì chiù fore. Avevena magnà e veve. Come facevene? Pecché, chiglie, sotte a quiglie recovere, ca menave le bombe, non facive niente là. Allora, avirna scì a forza. Ma, n'accedirne assaje. E, allora, vincirne. Ma, Monte Cassine, tutte quante petterra. Monte Cassine r'hanne uta fà nove. Monte Cassine non rimanette neppure na casa. Niente. Addó cumbattirne là.

Nu giunotta scozzese (sempe venivene là) disse a pardete, "Se ì non te scrive, só morte." Avena ì a Monte Cassine, tutte quante là. Pecché là fù l'uteme.

Ri Polacche

Ri polacche. Là venivene trea a magnà a casa. Tre sargente. Venivene a magnà sempe-sempe. A magnà e beve. Pajavene. E chiste quà evene venute la sera, pecché sempe venivene pecché mariteme sapeva ben parlà. Parlavene inglese. E, allora, venirne là e stevene là. Allora, vulirne le scrocche. Che za Mariuccia s'avame chiantate le rantineje. E facemme le scrocche. Dicirne ca se le venivene a tolle. E, irne a quelle de za Pasqualina Meliglie pe le signurine! Ce stevene cummà Carmena, Matilda. Za Cuncetta pure teneva duje-tré figlie-signurine. Vulevene le signurine. Allora, le signurine se irne a nasconne ncopp'a ru sulare. Le mamme le facirne mette ncopp'a ru sulare pe la paura. Pó, dope, hanne jute dente. Le calline stevene nbaccia a la votte. Hanne jute. Hanne pigliate tutte quante le calline. L'hanne accise pe regna. L'hanne accise e le spennavene. Là steva chiene de penne la matina, là, dent'a la terra de za Pasqualina. Le spennavene e ogn'ettante sparavene nu colpe pe l'aria. Ma, nce menirne chiù a casa. (Prima, chiglie venivene sempe-sempe.)

Ri polacche ce stevene assaje, assaje, assaje. Però, ri nire non ce ti ri facevene trasì dent'a le casera. Ntoneje, une se chiamava Ntoneje, r'abbuttatte de punja a une. Se n'avette ì da ncopp'a ru ponte là. S'avirna turnà arrete. Diceva a me sempe, "Attenzione! Si trasene dent'a la casa, cumandene lore doppe. Non cumande chiù tu. No ri facete trasì!" Maje! Maje! Za Mariuccia ri faceva trasì pe piglià solde. I teneva paura.

Allora, tre polacche venivene a magnà a casa. Mó, na sera, Ntoneje, ru prime, teneva cinquant'anne, faceva l'amore che Marianatonia, Mariantonia Iannella. Sigaretta. La faceva pure fumà! I non me pigliava maje niente, maje niente. Si me ulevene dà sapunette, quelle, a quiglie tempe non se ne truava. Non me pigliava maje, maje tante. Niente! Allora, steva a cummatte sempe che Mariantonia quiglie là. Mó, chist'atedduje, une se chiamava Giuseppe e nate se chiamava Pétre. Mó, Ntoneje ha truate ru figlie. Faceva uerra pure ru figlie. Teneva vint'anne. Che belle uagliole! Allora, ha ulute che venivene a magnà a casa. E ra purtate a magnà a casa. R'aje fatte a magnà e dope vevévene là. E accattatte nu fiasche de Marsala. (Chissà quanta fiasche de marsala purtanne!) Pó venette pure frateme. Ce steva pure Cola Meula. Nvitava a tutte quante. Chiglie, ri polacche, accusì só. Déven'abbeve a tutte quante la marsala. Pó, frateme e Cola Meula se ne irne. La sera annotte se stirne lore, za Mariuccia, chiglie de ru vicinate se stirne che nuje. Mariteme non vevéva. Non vevéva maje vine. Non se veveva niente allora. Quella sera se vevetta la marsala. Se mbriacatte. Se jette a menà ncopp'a ru lette. Ogn'ettante ce iva là. Ardeva com'a na calecara. E ce steva za Mariuccia, Mariantonia, stevene tutte quante là, Menechella, tutte quante stevene là, a casa. (Menechella teneva quiglie criature Ntoneje, eva piccule-piccule, steva dent'a la fascia.) Giuseppe faceva vicine a me, "Nicola questa sera non è bóne. Nicola questa sera non è bone. Quelle che vó te denghe." Ntoneje, ru vecchie, steva da quella parte, steva de fronte a mé, e me uardatte. "Signora, Giuseppe questa sera no buono, no buono," faceva Ntoneje da quella parte vicine a me. Vedette ca m'eva utate la coccia. Ogn'ettante quiglie veniva vicine a me, "Quelle che vó te denghe. Nicola non è bone stasera." Dicive a za Mariuccia, "Non ve ne jate!" prima che se ne jivene lore. Jive a chiude la porta sotte, la porta che jiva de quarte là. La gchidive che la chiave. "S'avessa annasconne quà dente!" Allora, "Non vene jate! Aspettate prima che se ne vanne." Ce steva chi ci'abbadatte e chi non ci'abbadatte. Quiglie veniva vicine a me che ru bicchiere ca me uleva fa veve. I non veveva maje. Dicive, "I te cacce n'occhie stasera!" Me ntrutave. "I te cacce n'occhie stasera!" Allora, Ntoneje me vedeva fà la mossa che ru dite. Dope, se ne irne. Quiglie non se ne uleva ì. Non se ne uleva ì! (No uleva scì!) Ntoneje, ru prime, ru puniatte, e dope ru cacciatte fore. (Se n'avetta ì.) Stinne nu sacche de tempe l'annante. A mariteme no ri dicive niente.

Quant'è state duje-tre jurne dope, hanne venute, duje, Giuseppe e n'avete. Ntoneje non ce venette chiù. Menivene. Come ri vedive nante a quelle de za Lucia Iannella, me trase dente e chiude la porta che ru catenacce. Mariteme e Mariuccia ulevene purtà le vine a ru Campe, addó stevene accampate. Jiva a venne le vine. Evene preparate tutte cose. (Già evene preparate le vine pe le ì a venne a ri suldate.) Come venirne là, "Tù! Tù!" tuzzelavene a la porta. Mariteme cuminciatte a urlà. "Si non te stà zitte te taccareje a tè e a lore! Ancappe nu pale e schiaffe quatte palate a te e quatte palate a lore," facive. "Non voglie che ce venne chiù! No ri voglie quà!" Me sentirne! "Quà non ci'hanna vení chiù!" facive ì. Ma, no ri dicive niente de quelle che s'eva passate. E isse subbete corre sotte. Jette a rapì. Quiglie pe fumà! Pe fumà non eva cosa bona. E jette a rapí e venirne ncoppa. Pó, za Mariuccia e mariteme se ne irne e lore rimanirne là. I ive a fà ru lettine de quiglie uagliule, Fonse e Vittoreje, là dente. Quiglie venette appresse a mé. Teneva nu pale là! "Si dice caccosa, ri schiaffe quatte palate!" (Vedette ch'eva matta.) Non me dicette niente. Allora, pigliatte la via e scignette sotte. Se purtatte a Fonse e Vittoreje, isse e quiglie. Se ne jirne sotte e dope irne là sotte, a la cerasa là sotte, là stevene. Dope ive fore. E í ive a temperà. Venette l'acqua. Sturave la peschera e ive a temperà ri fasciore. E, dope, venirne cata mé, nant'a mé, addó temperava, là. Non me dicette maje niente chiù! (Sempe venivene a magnà e veve là. Non me dicette maje niente chiù! Ri faceva pruà le mane!) Ce l'eva prumisse. "R'aja dà nu pare de palate. R'aja rompe la sc'china." (Ri faceva pruà le mane. Dicive ca ce le teneva fà pruà.)

Gli'Americane

La gente, a quiglie tempe, come ca evene venute ri tedesche. E pó arrivarne quiglie. La paura de ri tedesche. Evene mpaurite tutte quante. E une sule murette! Mariangele.

Gli'americane evane na quinicina, diceva mariteme. Na quinicina de maestre ce stevene. A ru Cummente stevene. Dicica non cumbattevene. Tutte quiss'ate, tutte quess'ate razze avirna ì a Monte Cassine doppe. Là irne a fenì, a l'uteme, a l'uteme. (Dope se fenette la uerra.) A gli'americane ri faceva ammagnà za Filumena Pelosa. Quella steva pe la via de ru Cummente là. Quella ri faceva ammagnà a quiglie uagliule. Ri piacevene ri tagliuline de casa. Ri piacevene ma ru cavedare eva sporche! Non eva belle pulite. Pó, cata Petre Mavelizze evene seje uagliole. Sterravene. Evene pulite pure. Za Filumena pure pulita eva, ma... E, allora, là ri piaceva. Sempe da quelle uagliole ivene a magnà. Ce ri facevene ì a magnà. Mariteme ce parlatte che chiste quà. Addó ri truatte no le sacce, ma ce parlatte. Isse me le dicette ca stevene a ru Cummente. Quinice maestre evene.

Supino, A Quei Tempi

Cristina M. Del Russo - Rucci

CAPITULE 9 - 1946-1950
Ru Dope-Uerra Mariole

1949 - I figli, in ordine d'eta, Alfonso, Vittorio, Raffaele, e Mario

Mariule! Mariule! Mariule!

Queste è state a ru quaranta cinche. Eva ncinta a Raffaele.
Quiglie è nate a aprile. Quelle fù ru mese de febbraje, la fine
de febbraje. Era gravida de sette mise. E, allora, publiccarne
da coppa ru municipeje ca ivene gli'assassine e daglievene
che ru mazzareglie vicine la porta, e non s'avevene affaccià
nisciune fore. Si s'affacciavene, ri sparavene. Diceca
purtavene la mitragliatrice ncoglie. La gente evevene paura.

Na sera, mariteme, Fonse e Vittorie se irne a dorme. Evene
le nove. Sunava pure n'unrganette pe la via fore. E ì deva na
scupata a la casa, scupava nu poche la casa. E sentive daglie
vicine a la porta! Che ru mazzareglie! Danghe!-danghe!-
danghe! vicine la porta. Avise paura. Lascie come me trove
e me vajje là dente. E non m'affacciave, pecché accusì
dicevene ca non ci'avama affaccià. Na nuttata intera, avise
paura tutte la notte. Tremava. Tanta paura ch'avive. Pecché
steva la scala sotta la suppenna. Na scala rossa. Chiglie
sallene dall'anta. Trasute dente, che o fà chiù. Sotte, la
porta, ce steva ru catenacce, ma... Chiuss'assaje aveva paura
de la scala, ca sallivene pe coppa. Ce steva ru balecone. Ru
scassavene. Che ce uleva pe ru scassà! Mariteme ancora me
dà na spiga d'arange ogne poche tempe - ogne poche tempe.
Non putive durmì na nuttata.

La matina vajje da za Chestinella e zi Raffaele Mercantone.
Lore duje evene. Ru figlie steva a ru Canada. Vajje là e ri
raccuntave. Steva tutta ncappucciata. Me sentiva male.
Aveva ute paura la notte. Dicette za Chestinella, "Che ha
fatte?" "Accusì- accusì," facive ì. "Stanotte, jere sera, a le
nove, a le nove, vicine la porta, che ru mazzareglie, haje aute
paura tutte la notte."

Mariteme, vedette accusì e jette da za Chestinella, ru sabbete
assera. "Za Chestinè, t'ó fà mette cacchosa vicine la porta?
Avissina venì pure quà?" Allora, scassa ru mure. Ce stevene

ri stipe. Scassa ru mure pe trasì dente a quell'ata parte, a ru funeche. Doppe, stesse nant'a nuje, trasette dent'a là, e fece vedé mariteme come teneva mette la sepponta. La sepponta mantè de chiù. Certe pale longhe massicce. Nu trave eva. Nu trave da parte e da nate. E, allora, se ne scì za Chestinella pe vedé se puteva trasì e se puteva scì dall'anta dente.

Quante è state doppe, stesse la sera, ru sabbete assera ch'eva messa la sepponta a le porte, irne là, che la chiave, *teton-teton-teton!* na vota a na parte e na vota a nata, ma chiuss'assaje a la cucina. Tenevene ru fucile appise, ma no ru sapevene usà. Ma, evevene date l'ordine ca non avevene sparà, ca sinnó accedevene a tutte quante. Avevene paura la gente. Zi Raffaele non ce sentiva bone. Steva assettate ncopp'a ru lette. E, dumandava a la mugliere, "Se n'hanne jute?" Ma, stirne chiù de trea-quatt'ore. A rapì e a uttà. *Toton-teton-teton!* Pe trasì dente. Pecché stesse chiglie de Supine, ce steva sempe la mane de Supine, ri dicevene ca chiglie evene ricche. (Teneva meze chine d'ore za Chestinella. Meze chine d'ore sultante.) Allora, non putirne rapì. Quante vedirne ca cuminciatte a fà lustre la matine, allora se ne irne. Ma, tutta la notte là. No putirne durmì na nuttata.

Quante fó la matina, za Chestinella venette da quella parte e ì spanneva ri panne ncoppa la reta là. "Chestinè, vé quà! T'arracconte na cosa!" Doppe, le pensatte ca ì eva ncinta e aveva paura, "Statte zitta. Hanne ditte c'hanne jute a la muntagna e hanne scassata na porta là, a la muntagna. Hanne jute pure a la muntagna," dicette.

Mó, non ne passatte nu pare de iurne, mariteme mettette la sepponta sotte, chiudette bone a quella parte, luatte la scale pure, pure la scala la luatte dall'anta. E, allora, sentemme na petatella pe nant'a la porta, pe sotte, nant'a la casa, se sentiva na petatella. Ivene che ri stivala. Che ri stivala ivene. Na petatella.

Pardete iette ncopp'a ru sulare, ncoppa a quella lucella là, ma che uleva vedé. Ì ive sotte, a la porta sotte, a adduserà, si cercavene de rapì. Non cercarne de rapì. Sule se sentiva na petatella camminà. Me ne ive ncoppa. Stavame ancora dent'a ru lette, pecché evene l'una e meze, eva tarde, la notte. E sentemme d'alluccà. Alluccava za Lucia Iannella. "Mariule! Mariule! Mariule!" Rapette la finestra pe se fà sentì. Chisse scassavene ncoppa a la porta, diceca, che ru paleferre. "Mariule!" Pecché mariteme ce le dicette, "Za Lucì, t'ó fà accuncià caccosa?" Ce le uleva fà pura a essa. No ulette. Teneva paura ca non teneva mpaurì la nepote. No le ulette fà fà. E alluccava. Dicive a mariteme, "Rumpe la finestra e spara!" Tenavame la pistola. (Frateme, quante sentette dice ca ì avise paura, menirne a tuzzelà a la porta, dette la pistola a mariteme. "Questa spara fine a la cerasa là sotte!" dicette. "Portete questa pistola. Si vide caccosa, spareri e non avé paura. Ì lascie le porte raperte." Frateme era curaggiuse.) Pó, vedive a za Lucia ch'alluccava accusì. Dicive a mariteme, "Rumpe nu poche de finestra..." Pe no la rapì la finestra. Dicevene ca no l'avevena rapì, le finestre. "...e spara!" Rompe la finestra e sparatte da quella parte, verse là. Zi Ntonie Ngelone sentette sparà, spara che ru fucile da quella parte. E, doppe, zi Ntonie chiamatte a za Lucia. Scette fore là. "Za Lucì! Za Lucì! Non avé paura! Non avé paura!" Prima sparatte e doppe chiamatte a za Lucia. Zi Ntonie quante sentette ru colpe de pistòla, quante sparatte mariteme, se pensava ch'evene chiglie ch'evene sparate. Da coppa la finestra, allonghe-allonghe. Allora, za Lucia scette ncoppa là. Nuje pure scemme ncoppa ru balecone. E za Lucia scette ncoppa la scala. "Mariule! Scassavene la porta che ru paleferre. Mariule!" Alluccava, chiagneva, za Lucia, ncoppa la scala là. "Me scassavene la porta!" Mariantonia, la figlia, e quella uagliola, la nepote, e Giuanne, ru jennere, avirne tutte paura. Scassavene la porta.

Pó, non ne passatte nu mese, eva passate ca mese, e truave Tresuccia. Che Tresuccia ce ulavame bene. Mariteme pure che Peppine. "Tresù!" dicette Peppine. "Uleme ì da Nicola? Ri purtame la fronna?" (Allora, a quiglie tempe se fumava la fronna.) "Jama cata Nicola. Ri purtame la fronna. E ru mpaurime pure." "Ahhh!" dicive. "Oje, Tresù! Aute ragione ca non teneva la pistola, ca sinnó passavate nu uaje pe senza niente! Pecché non séte chiamate?" "Peppine ha ditte, 'Chestinella stà accusì e non chiamame.' " E non ulette chiamà. Pecché essa uleva fà chiamà. Chestinella stà accusì-accusì e la fà murì propria. Ché tuzzele a fà vicine a la porta accusì? Come evene ditte ncoppa a ru municipie, accusì facette pur'isse. Che la mazza. Daglieva vicine a la porta. È bèlle pó? "Tu ha ringrazià ru Patreterne, ca la pistola no la teneva ancora! Se la teneva, sparava lo stesse. L'accedeva pecché? Pe senza niente. Pe la fessetà.

Arrivatte nante a la porta. Si chiamava, "Nicò! Nicò!" Ì sentiva la voce e rapiva e ri faceva trasì dente. "Ah, Chestinella stà accusì. No ri uleme dà uaje. Jamecenne, iamacenne!" Iamecenne e me se venute a mpaurì? È belle?

Pó, za Chestinella, dicette vicine a maritime, "Metteme ru campaneglie che la corda a nuje e a vuje. Come sente caccosa, sone ru campaneglie." Da che spararne accusì, passatte ru fatte. E no ru mittirne ru campaneglie, sinnó ru mettevene. Tiravene la corda quante quiglie sentivene ru rumore. Quella notte n'avirne che fà. Chi le sapeva? No sapeva niente nisciune. E, pó, non ce venirne mai gchiù!

Pisciatte Pelaria

Ri demme ru nome de patreme. Patreme murette poche prima de finì la uerra.

Quante è nate Raffaele, a ri quattordece d'aprile 1945,
faceva cavete. Ri minatore jivene tementenne pe le mine
ch'erene lassate ri detesche. Ri tedesche lassarne mine da
tutte le parte. Pe ruinà la gente. Ri minatore facinne scuppià
na mina; ma, forte! pareca poche. Dent'a ru usc'chetta nostre
là. E Raffaele, appena nate, zumpatte pelaria. E pisciatte
pelaria. La levatrice ancora rite.

Le Bombe

Le bombe ruinarne a tante giunotta. Petre de Liscia tè tre
detera mancante. Pecché? Pe la uerra. Pigliatte na bomba.
Non capiva. Une, a la Utilia, murì propria. Ce s'assettatte
ncoppa. Zumpatte pelaria. Eva uagliole. No nciabbadatte.
Assaje. Ru figlie d'Austine Tibberie. Vedette na cosa nterra.
La uleva rapì, la bomba. Allora, scuppiatte! Pure ru nase ri
ruinatte. Ru nase e la mane. Ri uagliule non capiscene. La
uagliulama só accusì.

Menivene ri minatore e ivei ruetanne pe tutte parte, pe
tutte, pe tutte, pe tutte. Pecché ce stevene tutte le bomme. Pe
tutte le parte l'evene messe. E, allora, venivene pure pe
dent'a ru vuschetta nostre. Pe tutte le parte ivene tementenna
dall'anta. E, ivene tementenne e a dó truavene la bomma,
evene capace quiglie a la luà. Ivene pe tutte parte; ma, no le
luarne tutte. No le luarne tutte!

Pe ri tedesche s'hanne fatte male assaje. Pecché le
mettevene a tutte parte, a tutte pizze, ivene mettènne bomme.
Tu non ci'abbadave e …

Une, a l'Autilia, nu giunotta, lo stesse che la bomma.
Quiglie là s'assettatte. Steva la bomba nterra, sotte a isse. Di'
ce ne libbra, le petacce chissà addó irne a fenì.

Sarrafine Ripucce dette la bomma a une, si chiamava
Alfonse, a la muntagna. E, quiglie, lo stesse, se uleva piglià
la polvere. Eva uagliole, giunotta. E, pure lo stesse,
scuppiatte, e s'accedette.

Ru figlie de Carulina Cicchetta pure. Ivene a faticà, isse e
la mamma. Ivene a nate paese a faticà. Quiglie uagliole aveva

passà ru fosse. Menatte ru bivente a quella parte. Ce steva la bomma. E r'accedette. Murì quiglie uagliole. Teneva dudice-tridici'anne. Eva uagliole.

Petre Lisce truatte la bomba, pecché ce stevene assaje bomme ch'evene lassate ri tedesche. Pe tutte parte. Truatte la bomma. Eva giunotta, uagliole. Scoppiatte. Tre detera irne pe l'aria. Tre detera de la mane.

Ru figlie d'Austine Tibberie lo stesse. Truatte la bomma. Se facette male pure ru nase, quiglie uagliole. Nase e detera de la mane. Pure quiglie.

Assaje, assaje de Supine!

La Morte de Patreme

Patreme murette a ru '44. Teneva sett'anne chiù de mamma. Nasciette a ru 1880. Quante murette, la sera mórte, la matina purtate.

Patreme facette **le purziune**. A Ngerumaria ri dette la casa, tutte quelle l'appennante, atturne a la casa, ru usc'chetta e la Corte. La Corte eva nu tumpere e meze de terra; ma, da che la tagliarne le vite, non eva corte chiù. E a me me dette meze ru Parche, nu tumpere e tre quarte, e ru Padule e quelle de sotte, cinque saqquatore. E a Niculetta ri dette meze ru Parche e nu scianche de terra a ru Campe. Za Cuncetta Mastantoneie s'era tote ri solde, diece mila lire, a quiglie tempe, e tata s'eva tote quella terra a ru Campe.

(Come se faceva a quiglie tempe, Ngerumaria ri spettatte la metà e, doppe, rientratte pe spartì quell'ata metà.)

Ma, la mugliere de frateme non eva cuntenta. "Ci'hanne luate quelle. Ché ate mó?" Quelle eva ru Parche. Diceva ch'eva date le meglie a nuie, ru Parche.

Quante è morte patreme, frateme e cainateme se truanne meze la chiazza e là se litigavene tutt'edduje. Ce steva pure mariteme. Mariteme non parlava. Chiglie se litigavene tra l'une e l'ate. E chiglie ommene là dicirne, "Ri duje litigante e ru terze gode!" Mariteme apperteneva lo stesse, ma quiglie non parlava.

Frateme, a quelle ch'aspettava a sorma, se puteva ì a fà le fascìne. Steva la legge ca se puteva fà le fascìne. Ma, non se facette sule le fascìne! Tagliatte le ramera. le ramera rosse. (Le fraschetelle è nu cunte, e le ramera rosse è nate!) Se facette le lena, assaie lena! e le purtatte nant'a la casa. Cainateme ce purtatte ri carabiniere là. Ci'aveva ragione! Teneva la parte soja. Pecché se jetta a taglià le lena dent'a la parte de quiglie? Quella porzione spettava a quiglie. Pecché non se le jette a taglià a le soje che tant'albere che teneva! Le lena, ce le tenetta dà arrete!

La Morte de Socrema

Dope la uerra, venette ru **svaldimente de solde**. Non valeve chiù. Prima, ne pigliavene d'interesse ogne mese!

Dope, ca se n'aveva venì cata mé. Chi ce jiva cata quella? Chi ce jiva? Nce jiva nisciune! Ca se n'aveva venì cata mé. Ca steva malata. Ca no mputeva fà niente chiù.

"Nooo!" dicive. "No-no-no!" Dicive, "I no ne voglie sapé! Pure si ciò venì, che ce venisse. Ma i no ri diche maje vé!"

E la jirne a tolle. Che la seggia la purtanne. Ncoppa a la seggia.

Stette cacche nove-diece mise accusì. No nse puteva move pe niente. La sera la javame a mette a ru lette. Come la mittive la sera, accusì la truave la matina. Eva cionca. Cionca. La rizzavame ru jurne pure. Ma, no la putavame... A mé me dispiaceva. A mé me dispiaceva. A mé me dispiaceva. Pecché, come la mettive la sera, no nse puteva girà pe niente. Eva cionca. E urlava tutte le notte. Se metteva alluccà forte, forte, forte. Se sentiva pure fore. "Figlia de mamma! Bellezza de mamma!" Ma nu sacche de ... Mariteme teneva ji a faticà.

Allora teneva pure Raffaele. Raffaele eva piccule. Cadette pe le scale abballe pe jessa. La jemme a mette a ru lette, i e Mariuccia Ulèreje la mettemme a ru lette. Dicive a Vittoreje, "No rapì la porta!" Teneva otte-nov'anne Vittoreje. "No rapì la porta! Ca ninne và pe la scala abballe!" Quiglie rapette la porta. Ru fece ji sotte che ru girelle. Sotte. Pe grazia de Deje no nse fecette niente-niente-niente. Niente. Avette paura isse e pur'i. Ru jive a tolle sotte. Tementive tutte le vracce, tutte le cosse pe vedé. No nseva fatte niente. Che ru girelle (tu pazzie!) pe le scale abballe.

Quante steva pe murì, ca muriva, se tutte sudava, i l'assucava ru sudore. Quante se svigliava nata vota, com'acchì manche avesse state. "Chestinè! Perdoneme! Chestinè! Perdoneme!" Sempe accusì. Ru prevete che venette a cunicà, a cunfessà, quella ce le disse.
   Addó maje, i me metteva che quiglie vecchie! Addó maje! Non puteva maje esse. Si uleva fà la puttana, la faceva che ri giune. No che ru vecchie. Ma, i non eva puttana e no le faceva che nisciune. Ma, intante, la troja, teneva gli occhie ncoglie ca i me teneva che ru marite! La troja.

Non era vecchia.   Quant'è morta, teneva tené cacché sessantina d'anne.   Ì teneva Fonse e Vittorie e Raffaele. Raffaele era piccule quante l'hanne purtate a casa.   Non camminava ancora Raffaele.   Raffaele è nate a ru quarante cinque.   E quella l'hanne purtate poche doppe.   Raffaele steva dente ru giretta.   S'è stata nu pare d'anne.   Murette doppe.

Steva bona, sultante teneva malate l'ossa.   Le mane le teneva storte.   Tutte vozzera.   Vozzera quà, vozzera quà, vozzera quà.   A tutte le ugneture teneva vozzera.   L'acite uniche era. Mala malatìa.   Brutta.   Storta accusì.   Ì la teneva dà a magnà doppe.   Non puteva magnà chiù.   Non puteva mantené na

furchetta mane.　Non puteva mantené nu cucchiare mane.
Non puteva mantené niente chiù.　Quante s'ammalatte.

Dope, quante s'ammalatte, se ne tenetta venì che meche.　Era
venuta na vota.　Ma, quante s'ammalatte, la purtanne a casa.
Quante no puteva fà niente chiù.

Teneva la criatura piccula.　Raffaele era piccule.　Quesse è
state doppe.　Pe iesse, n'ate poche muriva Raffaele.　Vittorie
raperte la porta.　Raffaele, che ru girella, ietta a fenì sotte.
Tutte colpa soja.　Pe la mette a ru lette.　Pardete non
m'ajjutava.　I e Mariuccia.　E l'assisteva lo stesse.　Dije da
nciele vede tutte.　Quella non si puteva move pe niente.
R'aveva dà a magnà.　Tutte!　Non se puteva move chiù.　I
r'ajje fatte ri sacrificie.　Gli'ate no ri fanne, no.

Murette doppe. Murette pe l'ossa.　Ru jurne la mettirne
ncoppe la seggia.　Quant'eddope non se fidava chiù.　La
purtamme a ru lette.　La tena'ame purtà a ru lette.　Non
camminava chiù pe niente.　Mariuccia Uleria m'aiutava
sempe, sempe, sempe.　Si no, chiamava caccaiune che steva
faticanne dente le nostre.　Tenavame gl'ioperaje a faticà.
M'ajutavene.　Ma, si no, sola, sola, che vuleva fà?　Na vote
me dette na botta ncoppa le rine.　Non puteva stà chiù.
Pesava.　Pesava.　Quella teneva le carna.　Steva janca e
roscia com'a nu mile rosa.　Magnava.　Magnava la carna.
Tatiglie r'era appaldade le latte pure.　Tutte le matine
purtavene le latte.　A quiglie tempe, chi se l'accattava, le
latte?

E dope, murì.　Murì d'aprile.　Non me ricorde a ri quante
d'aprile murette.　Quiglie iurne tenavame gl'ioperaie a faticà.
Statte quatte iurne.　Teneva ru rache de la morte.　Dope se
svigliava e cuminciava a alluccà.　Forte, eh!　Non è ca
pazziava.　"Figlia de mamma! Bellezza de mamma!"　Forte!
Ntramuniva ntutte, ntutte, ntutte.　Se sudava.　Ì l'assucava.

Dope se ne reneveniva e cuminciava a alluccà. Dope se ntramuniva n'ata vota. Quatte jurne. Quatte jurne accusì. E diceva vicine a me, "Chestinè, perdoneme! Chestinè, perdoneme!" Ogné vota che se ne reveniva. Quelle ch'eva fatte a me, jessa. E quelle ch'eva fatte i a jesse. Dije te le fà paià.

Quante l'avama mette a ru lette, quante l'avama tolle, la seggia la purtavame laffore. Mariteme maja m'ajutate, maje-maje-maje. Pensava ca no ri deva neppure nu solde tante. Niente.

Ogne E Pretate, 1943

I, n'anne, quigli'anne che mariteme partette pe la uerra, ne chiantave nu tumbere e meze de fasciore. Ma, quigli'anne facive sitice quintale de fasciore. Filippe Fusc'che se ri venette a caricà a casa. Assaje! Assaje!

Dent'a le rantineje teneva quiglie rosse-rosse accusì. Quesse fù quante mpaurirne a Fonse e Vittoreje e a Duminiche, ru figlie de Ngiulina Iannella. Duminiche teneva l'età d'Alfonse.

I, Ngiulina steva che meche, e nate pare de femmene pure, cugliavame ri fasciore dent' le rantineje. Evene sicche. Quiglie fasciore late, janche. E là stavame dent'a ru funnone. Faceva troppe cavete! I dicive a Fonse e Vittoreje e a Duminiche, "Jate venne a casa! Fà troppe cavete!" pe le criature.

Allora, s'avviarne e se ne jivene. Fonse, Vittoreje, e Duminiche.

Ru figlie de ru Salevateche, Ntoneje, meniva da la selva che ru ciucce carche de frasche. E, che l'accetta, mpauriva a chiglie criature, da quell'ata parte de ru uallone.

Chiste strillavene, tutt'ettré. Avevene paura chiglie criature. E scive i. "Come va?" Esche ncoppa a ru uallone. E vedive a quiglie come faceva vicine a chiglie. "Ah! Pe la …!"

Zonpe dente a quelle de Pasqualina Meliglie. Ogne e pretate a quiglie disgraziate! "Disgrazià! A la uerra non ce si jute?" Ogne e pretate.

Passatte ru figlie de Cuccelone. "Oje, za Chestinè! Non só state i!"

"Le sacce ca non si state tu!"

Teneva l'accetta mmane, ma non se muette. Ogne e pretate dallanta dente. *Pepon! Pepon! Pepon!* Se uardatte da rete ru ciucce pe tanta pretate che ri menave.

Fonse aveva sett'anne. Jiva a la scola. Mariteme eva partute pe la uerra quigli'anne.

Trentacinche Parzunavele, 1946

Evene trentacinche persune. Dope fenute de mete tutte le rane, ognune s'assignava duje scóle, tre scole, quante ulevene mette. I quà, tu là, quiglie là. Non facevene difficultà. Ognune s'assignava le soje e se le puliva.

Allora, hanne venute a trentecinche a taglià le rane. No ri pajava ma ri deva da magnà e beve. Cola Meula no ri deva niente.

Allora, hanne venute. Hajje cotte vinticinche chile de maccarune. Cinche chine de maccarune dent'a nu cavedare rosse. I e nata femmena. Sola-sola che uleva fà? Hajje pigliate na spalla. L'hajje fellata bella-bella, tutta a pezze, a pezze, a pezze. Dope, hajje pigliate nu vase de savesicchie accusì. Sule quelle? Pane, vine. E hajje purtate a magnà sotte gli'aulive là. E hanne venute tutte quante.

Mó, ri scustumate hanne venute apprima. Quiglie de ru Pontedetaule. Hanne venute apprima. Quigli'anne fù le prime che ci'hanne venute quiglie. Non ci'hanne venute maje chiù. Hanne venute apprima. E hanne cuminciate a magnà. Dope, sanne magnate tutte quante la spalla. Quella fellata de spalla. Se l'hanne magnata tutta quanta.

Arrivatte ru cumpare, cummà Lucia, e le cainate. Ce steva Maria, Giuseppina. La gente unesta venirne a l'uteme.

E ulevene tolle pure le savesicchie. Ru cumpare dicette, "Queste no le tuccate! Ve sete magnate la spalla e basta! Maccarune! Si ri ulete!"

Pó, fenirne de mete là. Evene a trentacinque. Evene assaje gente. Jirne a mete le rane a ru Parche. Che una vota le purtarne nante. Me le metirne tutte quante. Evene a trentacinche.

Quante jirne a mete a ru Parche, **fù dope la uerra**. Ce steva pure mariteme. Mariteme carriava. Chi attaccava. Chi faceva. Tutte asserrarne le regne.

Dope, turnanne e s'assignarne quelle che ulevene fà. Chi là, chi là, chi là. E pulizzavene la restoccia che la zappa. Zappavene pe chiantà ri fasciore.

Dope, faciavame metà pe dù la sumente e la raccolta. Ce steva chi non ne teneva sumente, i ce la deva. Pó, quante se raccuglieva, quante raccugliavame, me devene la sumente che r'eva date i. I la teneva. Ce steva chi no la teneva la sumente. Ce la deva i. Ri faceva chiantà.

L'Acqua Pe Veve

Steva sola, sola. Non ce steva nu diavre pe me ji a jenna na tina d'acqua. No m'ajutava nisciune. Quante ce steva Nicola de Sarrafinella, povere figlie, quante me vedeva, me curreva appresse, m'angappava la tina, me la jiva a jenne isse quiglie uagliole.

L'Acqua Pe Temperà, 1950

Evene geluse. Ri fasciore se seccarne. Eva troppe la secca. Na secca tremente. No nchiuette pe niente.

E, allora, l'acqua non ce la dévene. Ce l'évene data, pecché te l'assignavene. Dimane te la piglie tu. La sturanne la notte. Venette Giuseppe Valente. Eva misse ri fasciore a le nostre. Quiglie venette a dice ca evene sturata la fota la notte.

203

Quiglie eva misse ri fasciore a le nostre. Disse, "Hanne sturata la fota stanotte." La matina, che ce steva? Nce steva niente chiù. Ajje pe ji a mette l'acqua. Ché acqua t'ó mette, si l'hanne tòta? Non ce ne steva chiù.

Là, a ru uallone, ce steva Michelina Pelosa. Quella apparteneva a quella parte. Mariteme, "Daglieri che la zappa!"

"Tu si sceme, ma i non so scema!" dicive. No-no! No r'aje maje date.

A Ngiulina Iannella, na vota, la ngappave e la jittave ncape terra, ca uleva mette tutta quanta l'acqua jessa. I l'eva juta a mette a ru uallone ncoppa là, e jessa se la uleva tolle tutta quanta, pecché passava pe dent'a le soje. L'angappe. La schiaffe de cape nterra. No la daglive, ma...

Là eva nu uaje. Là passamme nu uaje. No! No! Manche ri cane! Non eva bone. Male poste. Male poste pe ji a jenne l'acqua. Male poste pe temperà. No! No! Là ci'haje passate nu uaje i. Trenta duje anne.

Che uaje che era! Che uaje! Che uaje! A l'uteme séme lassate a ji, va bone. Dope, seme lassate a ji. No chiù. Sule nu pizziteglie d'orte e basta. Ma, prima, eva cose da pazze, pecché tanta gente. La povera gente evene faticate. Evene metute le rane. Evene misse ri fasciore. Evene misse sumente. Evene misse tutte cose. Se seccava. La povera gente ch'evene venute a faticà. E i le faceva pure pe quiglie chiussaje. Avevene fama la gente. Avevene fama. Fama. Dope, no l'eme fatte chiù. Se só raperte le vira. Chi è jute là. Chi là. Chi là. Chi là. A l'America, a la Germania, a ru Belge. Doppe. La povera gente. A me me dispiaceva.

Tre lire e meza a la jurnata ri pajavame. Tre lire e meza. Tre lire e meza. E si no ri chiamave, se dispiacevene. N'avevene ché fà. Tenevene fama. Tre lire e meza pajavame a quiglie tempe. E veniva Mariangele Giannone. Veniva sempe-sempe. Quelle uagliole. Sempe-sempe. Quelle, mariteme le cumandava. Quelle che ri diceva, facevene. Ma, pure si se purtavene caccosa, no ri diceva niente. Ri uleva bene. Ma quelle te contantavene. Quelle uagliole evene faticatore. Sempe là stevene. Faticavene sempe-sempe. Venivene sempe a faticà. Sempe-sempe. Pajavame. Faticave ogge e pajave. Ma tre lire e meza!

Mariangele, na vota, se pigliatte ru Parche. Rumpette tridice bivente. "Só tridice!" Pe meze a la via passava. "Che quisse só tridice!" Tutte prete. Tutte prete. Là, a ru Parche.

Nu faticatore. Nu faticatore. Chi ru passava a chiglie! Uneste e faticatore. Pure la mamma e ru patre. Ri putive fidà l'ore. Non s'apprufittavene. Mariteme perciò ri uleva bene assaje. Ri uleva bene.

S'avame misse tutte quante a fasciore. La gente evene geluse, ca nuje s'avame misse assaje fasciore. Allora, Carlucce se fece dà nu tumbere de faviglie e mille lire pe l'acqua. Avama pajà.

Mó, dope, ci'ha date l'acqua. Ru jurne appresse avama piglià l'acqua. La notte, a meza notte, a fatte sturà la fota. Se l'hanne purtate a quella parte. La matina non ce steva niente chiù. *Te ru vive ru bicchiere d'acqua. Ce stà chiù dent'a là?*

Dope, se ri-ignette nata vota la fota. E seme jute, i, Ngiulina, e ru parsunavele. E jirne a chiamà Purrine, ru uardeje. Menette.

Carlucce me uleva dà sule nu cape d'acqua a mé, no a Ngiulina. No a Ngiulina. Sultante a mé. Dicive i, "La dà pure a Ngiulina!" Steva pure Ngiulina là. "No!"

Dope, se menatte isse dente l'acqua. Che una mane! Dente l'acqua là. Stevene tutte quante là ri soje da quella parte là.

Dope venette Porrine e me facete la contravenzione, pecché ca i uleva l'acqua abusivamente. E la jiva a pajà. La jiva a pajà e Cola Papa se truatte già là. Cola Meula già eva jute cata Porrine. (Cola Meula, quiglie pure isse steva mmeze là.) Pur'isse ru truave dente Casteglie là.

Quante eme jute, è venute pure Porrine a casa, ha fatte venì la fota dent'a le meje, pe fà vedé ca l'acqua ce l'eva data, Cola Meula.

Nu jurne a cumpà Libbere dicive, "Cumpà! Pe San Giuanne! Te facce ru cape a duje parte!" Ca me jette a luà l'acqua. La jette a mette nata vota.

Ma, là eva na cosa malamente! Non eva cosa bona!

Allora, hanne fatte tutte queste.

Mó, hajje jute pe mette l'acqua. Ì iva che la zappa ncoglie dent'a quelle de Ngiulina. E za Pasqualina Meliglie litigava che Ntonie Cuccelone. (Ce steva pure Cuccelone mmeze.) Ma lore non me vedirne a me. Parlavene. Adduserave e me turnave arrete. Za Pasqualina diceva accusì, "Figlieme Nicola è jute a Campuasce. Cola Meula e Pasquale Magliere tenne strementate sule l'acqua de la chiazza, ru scariche de la chiazza. Quell'ata acqua no. Funtana Majura e la fota, no!"

Sapive queste. Mediatamente, come sentive dice accusì, vajje diritte da Luisella. Luisella se la purtava bona che ru secretareje. Quella veniva sempe a casa. "Luisè, tu m'ha fà nu piacere." "Che piacere?" "Và da ru secretareje. Che vedesse a ru registre… Quà acqua tenne strementate Cola Meula e Paquale Magliere." facive i.

Allora, Luisella jette da ru secretareje. Jette a legge ru registre. Sule l'acqua de la chiazza steva strementata. Come diceva quella. Quell'ate non ci'appartenevene lore. A l'acqua nostra non ci'appartenevene. "Ah, ebbone queste! Mó r'ajja accunnià!" dicive.

Doppe, Luisella venne a casa e me le venette a dice. Pecché i ive là. (Allora non tenive ru telefone.) E me le venette a dice. Ce steva pure mariteme. Mariteme, pó, jiva a favore de Cola Meula.

Dope, è venute Peppine Merlicchie, la duméneca, ca isse e Ntoneje Murrone evene jute a ru municipeje a temente ru registre. Venette a casa pe le dice a mariteme. "No! Stà strementata tutta quanta. Eme jute a temente nuje ru registre, i e Ntoneje, stamattina."

Allora, mariteme vicine a me, "Te pozzene accite! Popó! Popó! Popó!"

"Statte zitte! Tu non capisce niente! Te sule spogliene!" Si non eva pe mé, ri luavene tutte cose da sotte.

Allora, pigliave e vajja cata Luisella nata vota. Vaje cata Luisella. "Luisè! Voglie venì pur'i a ru municipeje!" E jemme cata ru secretareje.

Ru secretareje liggette ru libbre nante a mé. "Strementate Pasquale Magliere e Cola Meula sule l'acqua de la chiazza, ru scariche de la chiazza. Quell'ate è libre. Non ci'appartiene nisciune."

Vajje a cata Peppine Merlicchie. Steva dent'a le soje là, da coppa a quelle de Mercantone. Quelle de Pasquale Magliere. Le faceva isse a la parte. Vajje là. "É! Ché si venute a dice a mariteme stammatina? Non è vere ca stà strumentate sultante l'acqua de la chiazza a Cola Meula e Pasquale Magliere?" facive. S'accujatatte. "Non venì a mette carne a coce a casa meja," dicive, "ca sinnó te facce passà nu uaje!" Quiglie teneva la terra sotte a nuje. Nuje ri mannavame l'acqua pe temperà là.

Allora, i e Ngiulina jemme da donn'Angele Mosca. Donn'Angele eva patine a ru marite de Ngiulina. Ri manatte na lettera a Carlucce e na lettera a Cola Meula. A tutt'edduie.

"Mó, r'ajja alliscià ru pile, a tutt'edduje!"

Carlucce jiva chiagnenne pe la via. S'evene pigliate fiananche le jurnate de vove senza pajà. Me le venirne a dice a mé. Mariagiuseppa Scialona. "C'è pure quell'ate ancora!" facive. "Vajja accuncià i pe le feste!"

Ri scrivette na lettera Angele Mosca a Cola Meula e a Carlucce.

Cola Meula veniva a casa. "R'ajje fidate la casa meja mmane! R'ajje fidate la casa meja mmane!" Veniva a chiagne là.

Mariteme, "Lassure perde! Lassa perde! Lassa perde!" vicine a me.

"R'ajja fà passà nu uaje!" facive. "Tanta fasciore s'hanne asseccate, tante uaje ajja fà passà a lore!"

Carlucce jiva chiagnenne pe la via fore. "Diccelle a zia!" mannava sempe masciate. "Diccelle a zia ca la contravenzione ce la paje i! Ri solde ce ri denghe arrete! Ri denghe pure ri faviglie. Ri denghe pure ri solde."

"Niente! Aveta pajà tutte quelle ch'avete fatte!"

Allora, mariteme capì. Quante ce le diceva i non eva vere. Ca patreme eva vinciuta la causa quante facirne cause che Cola Meula e Libbere Coppola. Non eva vere! Adduserava a Cola Meula. I eva busciarda. Non eva vere.

Venette Cola Meula a casa. "Angele Mosca fà a cusì e a cusì. Mó te dice na cosa e mó te dice naveta. Quante fù ru fatte de pardete, diceva ca nuje vinciavame la causa, diceva, 'La vincita è la vostra. La vincita è la vostra.' E, dope, eme perdute. Invece la perdemme la causa." Avirna pajà lore doppe la causa. "La perdemme la causa. Quiglie fà na faccia nante e una arrete."

Lore avirna paià, Libbere Coppola e Cola Meula. Pardeme pajatte soltante trecente lire pecché facette venì l'avvocate dent'a ru poste, a ru luòghe própria. Venette isse e la mugliere che la macchina da Campuasce. Ri carabiniere facirne la testimonia.

Dicette mariteme, "Quiglie, Angele Mosca, fà na faccia nante e una arrete. Te la fà perdì la causa!"

Pe quesse avive paura.

Prime, quante s'avame jute cata Angele Mosca, i dicive, "Cavalié! Hanne fatte queste, queste, queste, e queste! No le putevene fà!"

"Né, né! Si tu avvucate e si venute cata mé!" facette Angele Mosca.

E ri raccuntave la faccenda com'era.

Allora, jive cata Angele Mosca. Facce nu belle cistre. Ri porte ri picciune. Me purtave quatte-cinque mile lire pe la paura ch'avesse fatte pajà … (Ma lore non ce ulirne ì.)

Vajje là. "Cavalié! Vè Angelantoneje a uttombre. Ha scritte a la mugliere, a Ngiulina. Quande è allora … Pecché Ngiulina non se pò mette a fà causa. Quante vè Angelantoneje facéme," dicive. "Quant'è?"

"No! non è niente! Non è niente! Non è niente!" Pigliatte quelle che r'eva purtate. Nu cistre de robba. No ulette solde. I, pensava, quatte-cinque mila lire quiglie se le piglia. Ma, ne ulette. La mugliere pigliatte le pastarelle, le mettette dent'a ru cistre.

Perciò lassave perde.

I uleva i a Campuasce pe gli'avvucate. Ngiulina ulette i da Angele Mosca. E jemme cata Angele Mosca, i e Ngiulina.

E lasciamme perde, ma ri facive avé na pauraccia forte-forte-forte. Carlucce chiagneva! Ri ficcavene dente!

Dope l'acqua eva libbra. Lore quell'acqua no la cumandavene chiù. Chi uleva, se la pigliava.

Mareje teneva duj'anne, allora. Eva piccule. Venette ru uardeje. E Mareje chiagneva. Evava paura de quiglie. Pó, quiglie ri dette na caramella e Mareje s'accujatatte. Stavame sotte la ficura, là.

La Carta de Cittadine

Quante doppe, teneva a Mareje piccule (circa 1950), menette Ngiulina da l'America, la sore de Mariannina, sormacucina. Quella me vedette la cullana nganna, na bella cullana. "Ma!" dicette vicine a la mamma. "Quella che tè Chestinella è bella! Quelle che tu m'ha mannate non só belle!" Allora, dicive, "Sente! Mó te la denghe." Me la spuntave da nganne e la mettive a jessa. "No la voglie chiù, te la voglie fà tené; però, tu m'ha fà nu piacere. M'ha fà venì la carta de cittadine de mariteme. Allora, Ngiulina, quante turnatte a l'America, s'interessatte e menette la lettera ca la carta de cittadine eva scaduta, che isse eva state pe suldate e eva giurate. Eva sciute quella legge là. Chi eva giurate quante une steva pe suldate, non apparteneva chiù a l'America. Isse teneva ì a l'America e se teneva presentà, sinnó perdiva la carta de cittadine. Non ne ulette sapé. Non ce ulette ì. E, dope, anne dope, ì faticava a la vigna nante a quelle de cumpà Libbre, arrivatte na lettera e me venette a dice, "Haje perdute la cittadinanza! M'hanne cassate! M'hanne cassate!" Se sentiva male!

Quante Alfonse jiva a la scola. Eva piccule. Pe la Via Vecchia ammonte, quella casa addó stà mó cummà Ngiulina, ri figlie de Giuseppe Malevizze, Dunate e Luigge, ru mpaurivene che ru cane. E quiglie cuminciava a strillà e turnava arrete. Pó, jive a la casa, cata la mamma e ru patre.

A Giuseppe Malivizze ri faceva legge pure le lettere de mariteme. Menivene dallanta. E quiglie me dicette la prima vota, "Ha giurate. La circulare è sciute accusì. Chi fà ru suldate giura. E, allora, è perduta la cittadinanza." Pure isse jette allora. Jette prima isse. Dope, la mugliere e ri figlie. Tutte quante.

Giuanne e l'America

Piccucce eva dritte. Non eva fessa. Jette a rinnovà la cittadinanza. Jette a l'America. Rinnovatte la cittadinanza e se ne venette. Allora, ri figlie, arrivate a diciott'anne putirne ji. Quante ri figlie hanne jute a l'America, isse eva morte. Steva aunnite che Mariantoneja. Prima de murì, spusatte. No ulette spusà prima. Jirne a spusà a la casa soja propria, là, vicine a Onorina Arcare. Jive pur'i.

Steva ammalate. Teneva ru tumore ncape. E, allora, spusatte.

Quante hanne jute a l'America ri figlie, isse eva morte.

Mariteme l'accumpagnatte a la stazione a Giuanne. Mariteme uleva che se ne jiva. "Pecché, mó piglia le cose piccule." A Onorina Arcare ri jette a piglià, r'arrubbatte quatte mila lire. Mariteme dicette, "Quiglie dope scassa le porte. Quante arriva gione, doppe se fà la cumpagnia e scassa le porte."

Allora, eva contente quante sentette ca se ne jiva a l'America. Ri purtatte le valisce a la stazione. Eva cuntente ca se ne jiva. "Mó arrobba na cosa piccula. Doppe scassa le porte." E accusì se ne jette. A quarante quatt'anne murette.

A l'Ameriva se pigliatte a una. Eva la nepote de une che teneva la manifattura. Ru mettete a nu bone lavore. Sule che ru pète faceva accusì. Quante jiva a na parte, a ru bar, cente dollere lasciava ncoppa a ru bancone. Sempe cente dollere ncoppa a ru bancone. Eva fatte ricche. Teneva duje figlie e duje casera.

Lina eva la nore de Piccucce. S'eva pigliata ru figlie de Piccucce a l'America. Teneva ru frate professore e ru figlie meteche.

La casa de Lina se l'affittatte Vittoreje. Ru figlie de Lina là eva nate. Ru figlie eva metiche. Sempe diceva Lina, "Pure vuje cacchijune ha scì une bone quà!" Ri figlie de Vittoreje. Uleva che studiavene. (E, infatti, Giancarle diventatte ingegnere e avvocate.)

Ri Sfullate Dope la Uerra

Dope la uerra hanne venute da Bujane. E Micheluccia è venuta a casa, pecché aveva partì. Hanne venute a trea-quatte, hanne venute. Ce steva pure mariteme. Già teneva tutte quante ri figlie, me pare. Non me ricorde. Hanne venute e ma ditte Micheluccia, "Chistì! Nuje non sapavame niente, ma Niculina se teneva a Dunate. Mó che ce só state le vutazione, Dunate a uta venì meze a duje carabbiniere, ca Michele e Ntoneje r'accedevene." Pecché no nse la pigliatte.

Jessa partiva pe Bonessarije, perciò venette. "Ajja ì a vedé Cristina." E venetta là. Stinne nu poche. No ulirne manche magnà pecché evene magnate già. E stinne nu poche.

211

"Chistì, ì me ne vajje. Me ne vajje a l'Argentina." Eva na bella uagliola. Come a quella nce ne stanne. Bella, brava, faticatora, svelta quanta nu vente eva. Quella la sera essa stessa faceva. S'avame a quinice. Tutt'essa faceva. Tutt'essa. Faceva a magnà. Preparava tutte, tutte. Ma che uagliola! Pulita e bella. Bella uagliola. Quella, quant'eva piccula, piccula, r'è morta la mamma. S'eva crisciuta senza mamma. Ma, nante a quella addó è crisciuta, a uta faticà. Eva na bella uagliola propria. Une figlie teneva.

Eva nepote a za Rigina. Teresa eva la nore. Culomba eva pure nepote. Niculina. Evene quatte femmene. Cinque Michele. Sei quigliate Michele. Sette eva Ntonie. Otte Dunate. Nove, diece, e dudece, ri tre uagliule. Tenevene tre uagliule. Evene brava gente. Facevene ru giardine. Dope è venute ru patre. È venute a ringrazià a me. "Tu a fidate la casa toja a la famiglia meja," disse. "Chistì, tu cià venì a Bujane." Venette ru patre. Ru patre no nse n'eva ute venì. Se stette dente la casa. Dope che lore se ne irne, no passatte nu poche de tempe e venette. Mariteme non eva venute ancora. "Chistì, tu ha fidata la casa a la famiglia meja," disse. "Vé là! Portete n'annimale. Te facce purtà tutte quelle che vó!" Facevene ru giardine.

CAPITULE 10 - 1951-1955
La Prumessa Mariola o Mariule de Chiazza

Alfonso (in piedi, il primo a sinistra) e **Vittorio**
a scuola per imparare a suonare la fisarmonica.

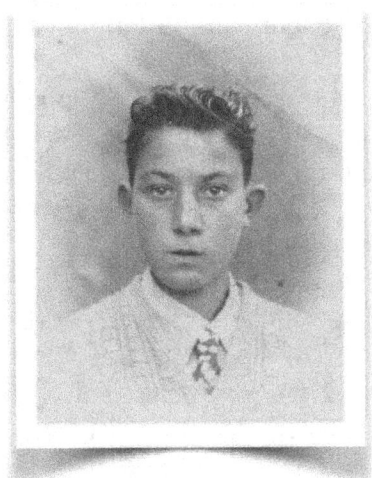

Alfonso, a 16 anni

Za Lucia Meliglie

Za Lucia eva giona. Za Chestinella, la sore, la teneva com'a na serva. Ri deva duje lire a ru jurne o a la settimana. Ri deva na fessaria.

Allora quella arrubbava. Arrubbava oglie. Arrubbava farina. Arrubbava tutte cose. E le purtava a Ngiulina Iannella.

Dope, r'arrubbatte tutte l'ore. Quella teneva meze chine d'ore. Teneva assaje ore za Chestinella. E r'arrubbatte tutte quante l'ore. Jette a temente, za Chestinella, e vedette ca l'ore non ce stéva chiù.

Za Chestinella e ru marite jivene a ru Casale, jivene vennenne puparule, e quella remaniva a la casa, e faceva come ri piaceva a jessa.

Ha viste a cusì e è venuta cata mariteme. "Nicò! Vide tu! Vide tu! Quella m'arrubbate tutte quante l'ore!"

Mariteme chiamatte a Lucia. Quella casa là vicine a nuje eva de Lucia. Spettatte a Lucia. Allora, mariteme jette cata Lucia. "Za Lucì! Vé quà! Vetenne quà! L'ore a chi l'ha date? Ti fanne ji dente! Tu và a fenì dente si non dice a chi l'ha date!"

Allora, l'eva date a Ngiulina Iannella. Jette cata Ngiulina e ce le dette tutte quante e le purtatte da za Chestinella, tutte quante l'ore.

Dope, za Lucia se spusatte. Se pigliatte quiglie de ri Ricciotta. E Angelantoneje ri facette l'atte de richiame, a quella, a quiglie de ri Meliglie, a ri parente. A tutte ri parente facette l'atte de richiame. Ri fece venì tutte quante a l'America.

A mariteme non ce ru ulette fà! Pecché eva za Chestinella che no uleva. Ru teneva com'a nu serve. L'aiutava a tutte cose. A!!!

Allora, tante Ngiulina pe quante za Chestinella, no ulevene. Eva isse e Sarraffine Ripucce. Pure Sarraffine Ripucce. Ngelantoneje no ru ulette fà. "Vattenne a l'Ingliterra ca è meglie de quà!" No ru elette fà. (Quesse fù dope la uerra. Prima de l'Australia.)

214

La sore, za Chestinella, uleva che Lucia se ne jiva a l'America.

A mariteme non ce re ulette fà. Quante ri scrivette ca uleva l'atte de richiame, ce se jette a mette pure Sarraffine Ripucce. E ri mannatte a dice, "È meglie l'America de ru Sud che quà."

Libbere de Coseme, 1950

Dope, scette la circulare ca putevene ì a **l'Australia**. Venne Libbre de Cosme. "Nicò! Si tu ó venì a l'Australia, ce stanne le circulare, te fanne l'atte de richiame. Se chiama Rizze." Ma, isse no ru canuscema. Allora, "Fammiglie fà pure a me l'atte de richiame." "Ru fà ru prèvete a Vinchiature, l'atte de richiame." E, allora, ru fece fà pure pe isse. **Vintecinque mila lire!** Ri dette vinticinque mila lire e se fece fà l'atte de richiame. Ma, non even vintecinque mila lire! Eva diece mila lire! E, ru iurne faticava a ru cimitere. Eva marmista. Meniva sempe a magnà a casa tutte ri jurne, a meze jurne. E, le cainate, venivene che ru cistre e se purtaven la robba pe ru porche. Venivene sempe-sempe.

Allora, hanne chiamate c'avama passà la visita. Lore stevene malate. Non ce putirne venì, quante jemme nuje. E nuje jemme. Quant'éme jute là, hanne passate tutte quante. Jivene-jivene la gente. Teneva a Mareje piccule. Duj'anne teneva, e Raffaele eva russiceglie. Jivene la gente. Mó, jivene pure le femmene. Chiamavene le femmene prima de ri marite. Dicette vicine a me, "Si ru cònsele t'avessa chiamà, no risponne!" Non me chiamarne! E, seme jute doppe, a l'uteme. Ru consele facette, "Ah! Ci'ha quatte maschiette!" Ru consule dumandava. Isse s'eva pigliate l'informazione pe sapé addó steva a l'Australia, ma ru consele dumandava pe l'Italia, addó se truava. La prima vota dumandatte, "Rizze che t'era cugino?" "Si, m'era cugine. No-no! M'era n'amiche." Pó, ri dumandatte ate cose. (Uleva sapé addó abitava Rizze a l'Italia.) No rispunette pe niente. No le sapeva! Quante ce n'avemma ì, dicette, "Signor Console, manneme ru passaporte subbite, pecché ì tengha partì." Menatte ru cape, ru consele. Ru passaporte ru mannatte espresse. Arrivatte prima ch'arrivamme nuje a Supine. Ma, mmece de mette Rucci, mettette Bucci. Da la posta jette a ru municipeje pecché no capivene de chi era. Chiglie de ru municipeje non putevene capì de chi era stu passaporte. Isse, dope nu belle poche de tempe (aspettava ch'aveva partì) jette a Supine. Quiglie de ru municipie chiamarne, "Né Nicó, sa si tu té avé cacche passaporte?" E rapirne la lettera. E steva dent'a la lettera. Ru passaporte in bianche ru mannarne. E diceva, "IGNOTA." Sule quella parola e basta.

Si isse parlava inglese e diceva la verità, "È sciute accusì-accusì! L'amiche meje me la fatte fà l'atte de richiame.", iva-iva-iva. Puteva parlà pure inglese che ru consele. Meglie ancora!
Fà nu poche ru furbe,
Ca gnurante ce si abbastanza.
(Ri diceva socreme.)

Quante venemme, pigliamme ru rapide. Pajamme tre lire, a quiglie tempe. Arrivatte prima ru passaporte che nuje.

Libere de Cosme ru truave meze la chiazza juste ru capedanne ammatina. "Eh, diceca èvene vinticinque mila lire l'atte de richiame?" Pecché mariteme doppe jette. Pecché ì diceva, "Vacce a unite e vitete ri fatte toje." Non sapeva niente addó steva a l'Italia. Sapeva sule addó steva a l'Australia. Ì diceva, "Va a unite che quiglie. Vavvite! Vite che gli'occhie toje! Vacce!" Ru prèvete faceva l'atte de richiame. Doppe ce jette. E ru prevete dicette, "Diece mila lire l'atte de richiame." Ah, quante venette, ru capedanne vaje meze la chiazze. "Si brave," facive ì. Faticava a ru campesante. Tutte ri mezejurne veniva a magnà là. Ru faceva truà sempe a magnà. Mannava le cainate che ru cistre ca teneva ru porche. E aéva ì a jegne ru cistre! "Eh!" dicive. "L'atte de richiame diece mila lire ha ditte ru prevete. Tu t'ha pigliate quinice mila lire de chiù. T'ha pajate ru toje. T'è remaste pure cinque mila lire. Bella faccia!" nant'a tutte quante la gente, dicive. "Ah, no! no!" "Bella faccia!" facive, meze a tutte quante. Ma, non ce le dette arrete.

Evevena venì aunite che nuje ma stevene tutte ammalate fratece. Stevene malate. Non putirne venì. Ma, isse passatte. (Quiglie jette che la pura verità. "Haje sapute ca faceva l'atte de richiame Rizze e ru prevete ha fatte l'atte de richiame." Jette che la verità.)

Cumpà Petre dicette, "Cummà Chestinè, ve denghe pure cinquante mila lire si, quante jate a l'Australia, ru cumpare me fà l'atte de richiame." Dicive, "Cumpà Pé, non è sicure! Pecché quiglie parlava e ru consele scriveva.

Dope, quiglie facette ca faceva fà l'atte de richiame pe l'Australia. Allora, fece fà l'atte de richiame. Se pigliatte vinte cinque mila lire. Non evene vinte cinque mila lire. Evene diece.

(Mareje teneva duj'anne quante jemme pe l'Australia.)

Ru Figlie de Ru Sattore, 1952

Dope che ru passaporte l'ha mannate mbianche ru consele, cumpà Dunate dicette, "Ru figlie de ru sattore è capace de te fà mette ru vista!" Ca quiglie se la portava bona che ru consele. Quiglie, "Pe esse capace ci'ha durmì! Ci'ha magnà a unite! Allora, si!" Allora mariteme r'avetta dà **quaranta quatte mila lire** a quiglie! "Sà! Si me dà quaranta quatte mila lire, allora, facce ru cumplimente a ru consele e facce mette ru vista." Ma, non fó vere niente! Se pigliatte ru passaporte. Come se ru pigliatte, ru purtatte. Nude eva e nude ru purtatte arrete. Pó, passatte nu mese, no veniva, no

meniva dall'anta. E iva a la casa de la mamma sempe-sempe.
Eva rossa prema a Giuseppe. Ive da la mamma. "Tuo figlio
è venuto?" "Eh, ne saccie! Ne sacce!" come na diavera.
Mó, compà Dunate steva pur'isse meze ri pete. Pecché
isse se n'eva interessate. Ru compare se steva attente quante
quiste arrivava. E ru vedette passà! Mannatte a dice ch'eva
venute. Allora, ive a la casa de ru cumpare la matina. Me
mettive ncoppa la finestra. Come ru vedive venì, scignive e
ri scive nanze. R'angappave. "Eh! Ru passaporte ra purtate.
E ri solde?" Ru passaporte r'eva purtate. R'eva date a ru
cumpare. Senza vista. "Ri solde? Quaranta quatte mila lire!
Damme quà!" "Mó-mó, quà..." "Damme le quaranta quatte
mila lire, sinnó só uaje!" E na matina. E nata matina lo
stesse. Passava dall'anta. E ì ri sciva nante. Dope non ce
sciva chiù. Dope se ne iva pe sotte là, pe nant'a la funtana de
sotte, pe scì a la chiazza. Steva ncopp'a la finestra, ru
vedive, steva là. Ri corre appresse. "Eh!" R'ancappe pe de
rete. "Ri solde? Ì voglie ri solde! Eh! Tu ha frecate a tanta
gente! A me non me freche!" facive. Tu damme ri solde!"
Che la calma isse, "Va cata socrema! Socrema te ri dà!"
dicette a me. Allora, ì pigliave e vajje. Vajje cata
Carmenuccia. Quiglie s'eva pigliata la figlia. "Za Carmenù,
iennerete sa pigliate quaranta quatte mila lire pe ì a Roma ca,
diceca, faceva mette ru vista a mariteme pe ru passaporte. Ra
purtate in bianche ma ri solde se ra fenute." "Nce ravisse
date!" facette za Carmenuccia. "Eh, vite la carta quà!" Eva
firmata la carta. "Vite la carta quà!" Sapeva ch'aveva piglià
ru poste. "Poste ne piglia jennerete! Té a mente te le diche ì!
Si non me dà ri solde, poste non ne piglia! No ru lasse
perde!" facive ì. Quante vedette la carta, cuminciatte a
chiagne. "Quanta me na fatte! Manna sempe cata nuje la
gente. Quante debbete éma uta paià pe isse! Ce facce venì
Michele. Ce facce venì Michele." E venette zi Michele a
casa e purtatte le quarante quatte mila lire. Non sacce chi se
truatte a casa là. "Pecché si venute, zi Michè?" "Hajje

venute p'Affonse. M'ha venì a remenà ru titte." pe non dice
ri fatte soje.

Mamma e Mareje

La prima vota che mamma s'ammalatte e se ne venetta cata
mé. Ru Sant'Antoneje se ne venette a casa. Diceva ru
metiche ca s'eva fatte une pezze, utera, tutte une pezze.
Uleva sempe che steva vicine a jesse. Me deva uaje de morte.
No uleva che i faceva ate cose pe ri figlie.

Mareje pazziava la nante. S'ammullatte. Menette zia
Vettoria. Otte mise l'eva tenuta. Otte mise de penetenza.
Venette zia Vettoria. "Né, né! Che vita ho fà? Mannela a cata
frattete! Cata ru figlie! Ca quelle só tutte femmene. Tu mica
te pó mpazzì!" dicette zia Vettoria, la sore. E, allora, la facive
ì. Me mporta chiù ca tenghe figlieme ammalate. Tenghe
figlieme ammalate e non ne voglie sapé. Allora se ne jette. Se
ne jette a cata Ngerumarije.

Allora, Marije pigliatte la tosse cumplesiva. S'ammullatte
assaje là. Pazziavene le criature.

La notte, teneva la cunnura rossa là. Teneva a Mareje
dent'a la cunnera. Duje cunnere rosse tenavame. Le fece fà
mariteme a quiglie de Giuanne Austine. Evene rosse assaje.
Allora, Mareje steva dent'a na cunnera, a scianche a mé, e
Raffaele dent'a quell'ata cunnera, a scianche a mariteme.

Dope, s'addurmiva mamma e se svigliava Mareje.
S'addurmiva Mareje e se svigliava mamma. E, dope, jessa,
quante se svigliava, "Vé quà! Vé quà! Vemm'a stricurà le
rina! Vemm'a stricurà le rina!" (Me deva uaje de morte.)
Quanta uaje me dette quigli'anne! Mamma! Mamma! No me
uleva fà ì maje a nisciuna parte. Me uleva fà stà sempe vicine
a jessa.

Non durmiva pe niente. No notte, né jurne. No me rijjeva
alerta.

Dope, venne zia Vettoria, "Né né, che vita ò menà? Falla ì
da frattete ca quelle só nu sacche de femmene là."

Quigli'anne quante uaje me dette! Dope, no. Ma,

quigli'anne! Avise abbandunà. Me uleva fà stà sule vicine a jesse. Non pensava a la famiglia meja, ca ì teneva na famiglia ncoglie.

Jesse la facive ì. Allora, i a Mareje, ru purtave a quelle de socereme. Purtamme ru lette là. Raffaele e Mareje. Ce ne jemme a quelle de socerema pe cagnà l'aria.

Prima, ru purtave ncopp'a ru Cummente, a ru muline. Ru mulinare ru fece mette dent'a la cosa addó esce la farina. Diceca quelle è bone. Paricchie matine.

Dope pe cagnà l'aria, jemme a durmì là, a la casa là sotte. I la matina me n'aveva ì. Tenavame sempe uperaje a faticà. Allora dicive a patina Chestinella, "Patì! Portamiglie dope!" Quella chestiana, quante quiglie se svigliave, me ri purtava a casa. Chiane-chiane, la tosse ri passatte.

Mareje teneva duj'anne. S'ammalatte. Pigliatte la tosse cumplusiva pecché se tutt'ammullatte. E venetta na femmena. Se chiamava Filumena. Dicette, "Cristì, questa è **milza** che t'è quiste criature." Ru stumacheglie s'eva fatte accusì. No magnava chiù pe niente-niente. Duje metice. Ru metiche Piane e ru metiche Vitone. N'avirne ché ce fà. "Questa è na milza!" facette. "Mó, vajje a chiamà a za Tresa." Za Tresa Raimunne faceva ri 'nciarme'. "E la facce venì." E venette za Tresa cata me. Jette a taglià che ru curteglie na scorza de noce vicine a la pianta ncopp'a ru lemetone. E che quella scorza nciarmatte ncoppa la panza. Chiane-chiane, passatte bone. La prima vota che se ne remenette, uleva le casce, chiamatte le casce. "Mà! Voglie le casce!" No magnava. Caccosa ri menava nganna, ma non magnava pe niente. "Voglie le casce!" E se ne remenette. Chiane! Chiane!

Zi Michele Chiappute, menivene a truà la gente. Quiglie vecchie chiagneva pe la scala ammonte, quante salliva. R'evene ditte ca Mareje eva morte. "Oje, zi Michè! Stà bunareglie!" facive. "Stà bunareglie! Grazia a Dije." Zi Michele eva ru cainate de socerema, s'eva pigliate la sore, steva a le Pontederetavere.

Dope, che za Tresa passatte bone, che quelle che facette quella, pigliave nu scianche de menestra sotte-sotte, là, e ce la dive. Ri dive nu scianchetone de menestra. La jette a coglie tutte l'inverne. Pe quelle ch'eva passate bone. (A l'Italia se usa la foglia cavara. La taglie, pó, a primavera, escene ri vrocchele.) E steva sempe ch'eva morte. Ru core meje se spezzava.

Mariteme, 1950-1955

Zi Celeste, ru patre de donn'Achille, ru prevete, teneva ru negozie a la stazione, venneva tutte robba. Là teneva la proprietà, a la stazione. Tenevene nu puzze che ru motorine dente. Chi ru teneva a quiglie tempe! Cacciava l'acqua accusì, facile-facile.

Ru mannava a chiamà a mariteme. Passava cacchiune e ru mannava a chiamà la scra nante, ch'avesse jute là, ch'avesse jute a la stazione, ca lore ivene a fà la spesa, ca isse e la mugliere, za Marianna, ivene a fà la spesa luntane pe quelle che tenevene dent'a ru negozie. E Nicola iva là. Faceva stà raperte. Mariteme venneva la robba quante ivene cacchiune. No ru chiudeva ru negozie. Pecché si chiude, perde ri cliente.

Tenevene fiducia a mariteme, sempe-sempe. Mariteme eva de fiducia. N'arrubbava.

Za Chestinella Mercantone, quante steva malata (e mariteme steva a ru Venezuela), diceva, "Ah, quiglie pete de Nicola Rucce!" Za Chestinella e ru marite, zi Ngelantoneje, ri ulevene bene. Si dicevene na cosa, arrivava subbete. Quante fó pe ri mariule, si non eva pe mariteme, r'accedevene. Quiglie pensatte a mette le sepponte ca evene duje vicchiareglie e stevene ricche. Stesse quiglie de ru paese mittene a dritte a ri mariule. E, allora, pe quelle se salvarne. Sinnó non se salvavene.

Mariteme non eva arrajjate. A Cola Meula. A tutte quante. Quante iva a faticà. Iva a faticà da Libbere Coppola. **N'ome** non se purtava niente ru iurne, **puveriglie**. A quiglie tempe, non tenevene niente la gente. (Pe quesse remanivene ca nuje facavame ru café che ru cavedare, pecché non tenevene niente.) E, allora, quigli'ome non se purtava niente. Venette cata mé la sera e dicette, "Chestinè, ru tale non se porta niente. E ì aje fatte meze pedù." Quelle che s'eva purtate, savisicchia, presutte, non me ricorde quelle che s'eva purtate. I ri faceva pure la frittata. I ri faceva quelle che uleva isse. E facette meze pedù. Ru iurne appresse, ce le purtava tutte ri iurne, le purtava pure a isse, sempe-sempe.

Ru mastre che mparava l'arte a Fonse e Vittoreje eva ru frate de Peppine Urzine. Se chiamava **Ntoneje**. Eva nu bone mastre. Ce uleva tanta bene. Ce la purtavame bona assaje. Ma, mariteme uleva che ri figlie non zappavene. No-no. Maje-maje. Uleve che s'avevena mparà. No ri uleva cafune.

Mariteme iva d'accorde che i ri mannava la colazione, sempe-sempe, tutte le matine. Quiglie ru jurne non se purtava niente. Ce r'avevena dà nu poche pedù lore. Tutte le matine i faceva tante a Fonse, tante a Vittoreje, e tante a Ntoneje.

Quiglie, ru jurne, dicevene Fonse e Vittoreje, ce le devene lore nu poche. Allora, la matina ce la mannava ì. La matina faceva lo stesse come faceva a Fonse e Vittoreje. Lo stesse. Na vota ru presutte, la savesicchia, la frittata. Na vota na cosa, na vota nata. Accusì quiglie se magnava ru soje, quiglie se magnava ru soje, e quiglie se magnava ru soje. Ce la purtavame bona. Quiglie ce uleva bene Ntoneje. Che patreme pure se ulevene bene.

A cusì só

Mariteme non pensava a la famiglia. Non eva ome de famiglia. No! no! no!

"Che posse fà?" Esse come me diceva a mé. "Perdoneme!" Tanta vote diceva, "Perdoneme! I a cusì só! Che posse fà?" E me mettive l'anima mpace. M'aveva mette l'anima mpace pe forza. Diceva, "A cusì só. Che posse fà?"

Aveva pietà de chi non puteva. No uleva esse ricche. Uleva esse povere. Cacchejune che non puteva...

Non è bone. Non è bone. *No jesse tante doce, ca ognune te suga.* Quiglie eva troppe doce. *E no jessa tant'amare, ca ognune te sputa.* Si si amare, tutte te sputene doppe. Manche è bone. Pecché, tante è le forte, piglia na mala annummenata. Quella non se leva maje chiù. La bona annummenata e male piglià. La male annummenata che niente la piglie. T'ha stà attente.

Si ha ru caule, non ha ru cappucce. È la verità quessa! Si tu te piglie tu caule, non te pó piglià ru cappucce. Piglie le ricchezze e non piglie marite bone. T'ha cuntantà.

Giuseppe (1953) e Mariuccia

Quante nasciette Giuseppe, Giuseppe nasciette de pete. L'avetta adderrizzà. Tanta uaje che Giuseppe!

Allora, mariteme, quante ru vedette, ch'eva mascure, "Dottó! No ru fà murì!"

Quante è nate Giuseppe, ce steva la levatrice. Non capiva. "I la testa no la veche!" pecché quelle videne che le mane. "Non sacce che cosa è!" Quiglie steva de quarte. E mannatte a chiamà ru matiche, ru metiche Vitone. Ru metiche Vitone l'avetta prima adderrizzà pe ru caccià. E mariteme ru vedette ch'eva mascure. Disse, "Dottó! No ru fà murì ca quella criatura tu la faciste murì!" Ce le disse stesse allora.

Quante nasciette Giuseppe, ri tridece de febbraie 1953, faceva fridde assaje-assaje, faceva fridde. E i chiagneva ca non aveva a chi avé a lavà, pecché faceva troppe assaje fridde. Cummà Ngiulina pigliatte ri panne e jette a lavà. I pregava a Gesù pe no la f'avé troppe fridde, ca faceva fridde tropp'assaje. Menava nu vente, menava na voria, non si capiva niente.

Ru mediche me face fà seie punture contra la muraggia. Quante me ncavedava nu poche, la levatricia veniva e me scrupiva pe me fà la puntura dent'a le presottera. Stette seje ora là. Me ruinatte.

Pe tre mise non assapurava niente chiù. Non sapeva quelle che me magnava, quelle che me veveva. Si eva acqua. Si eva vine. Non sapeva niente. Tre mise stive accusì.

Mó, ce steva cummà Ngiulina. Purtava le pecura soja dent'a le nostre, mariteme ce le uardava e jessa me jiva a lavà le fasciatora.

Mariteme teneva partì. Venne za Mariuccia Nzelona. "Mó, i sule na crapetta tenghe. L'attacche là dente, dente a le vostre, e vaje a lavà i ri panne pe Chestinella." Prumettette a mariteme. Mariteme fece ji a cummà Ngiulina.

Mariteme partette. La cummare eva pulita ma quella fece ncrudì quelle fasciatora. Subbete dope, come purtatte la crapa soja a la muntagna, non se fece vedé chiù. Non se fece vedé chiù!

(Giuseppe teneva nu mese e meze e mariteme partette pe **ru Venezuela**.)

Ru Venezuela

Mariteme steva a ru Venezuela. Se mettette a faticà che le prete. Ri jetta la preta mbette. No le mannatte a dice. Se squarciatte tutte ru pette. E senza solde. Re maniava ri solde, ma teneva pajà gl'ioperaje. A isse no ri remaneva niente. Una vota me tè mannate due cente mila lire. Le dive a Sarrafine Ripucce. L'ate vote, sessanta, sessanta. Non chiù de quesse, non me le mannava.

Ri Purceglie e Ri Capritte

Ma, me deva da fà, Tante cose. Faceva pure ri purceglie. Che le latte. La notte me rizzava e ce ri iva a mette. Le latte a ri purceglie. E dope me ri venneva.

Ri capritte. N'anne facive pure cinque capritte. Vennive e m'accattava na bella crapa che le latte. La crapa era ncinta che le latte. Teneva tre crape. Quagliava tutte le matine.

224

Quagliava tutte le matine. Me deva da fà ca si no me muriva de fama.

Facive tre crapitte de ri meie, edduje me r'accattave, cinque. Sà che faceva? Ri ficcava sotte la mamma. Vevévene nu poche le latte. Eddope, iva a coglie la menestre dent'a gli'orte là. Steva gchine de nève. Scuterava la neve. Pigliava e me la purtava dent'a la sacchetta. La metteva dent'a ru suttane. Se sgelava la notte. Eddope, ce la deva a ri capritte. Ne criscive cinque. Dope, ri vennive a ru chianchere e m'accatteve na crapa che le latte. E, teneva tre crape. Quagliava tutte le matine.

Tutte le matine quagliava. Tutte le matine. Le vennive pure le casce. Cummà Giuseppina ancora diceva doppe, "Cummà, me la fatte?" Chiglie de Supine se venivene a tolle le sere. E ì ri deva pure la ricotta. Sule le sere ri ulive dà? La scusa de le sere, ri deva la ricotta. Sapeva ca ì non eva sporca e venivene. Ulevene le sere. Ri faceva ì a cabbinette. Non sule le sere, pure la ricotta.

La Capretta

Nata vota, me criscive na crapetta. Teneva quelle recchie rosse-rosse-rosse. Na crapa svizzera eva. Me ulevene dà diece mila lire. Se la ulevene accattà. Non ce ulive dà. Me la uleva tené pe mé. E la purtamme a la muntagna da zi Marcelline. Jette ru lupe e la muccecatte. La muccecatte nganna. Da fore de ru recinte la ngappatte. No jette dente, sinnó se la magnava. Pó, zi Marcelline me la purtatte. "Com'haja fà?" dicive. Se faceva accusì tutte gchine de marcia. La facive scì. Dope, se igneva nata vota. Le pane risc'cate faveva mette. "Si ce riesce che le pane arrisc'cate, va bone. Sinnó…" Ma, nu poche de pane ce mittive! Ru lupe è velenuse. È troppe velenuse ru lupe. Dope, la purtave annascuse la sera annotte a ru chianchere. Me dette mille lire. Da diece mila lire che me ulevene dà.

Ne facevene nezzione allora!

225

La Cucina Sotte

Mariteme è jute mparadise. Quiglie non uleva esse ricche. Quiglie, mariteme, uleva esse povere. Non pensava a acquistà. Pe niente-niente-niente. Non pensava a farse na cosa. Maje. Maje. Le segge. Quante non ce steva isse, me puteva fà na seggia. Ma, quante ce steva isse, non me puteva fà manche na seggia.

(A ru Canada, quante murette isse, me putive fà quella piccula macchina pe lavà ri panne. Tre anne. Sempe a mane. Dente la vasca. Sempe a mane.)

Facive **la cucina sotte** quante isse non ce steva. Steva a ru Venezuela allora. Quante venette, non eva manche cuntente. Nocppa ce cecavame pe ru fume. Rapive e faceva fridde. Chiudive e te cecave. Quante uaje! Lè! Quante uaje! Quante uaje!

E socereme no ulette manche aiutà. Fonse eva giunotta. Vittoreje faceva ru tirafume. Diceva ca ru uleva mannà a Firenze, socreme. Dicive, "Vittò! Quiste tirafume l'ema mette quà. Ema truà ru poste addó faceme la cucina. L'ema mette quà."

Allora, jirne ca ulevene la fisarmonica, cata Ntoneje Scapeliglie. "Ma! Si ci'accatte la fisarmonica, ..." Ma, chiglie gli'anne nante evene faticate che la Ditta Tucce. A aprile venette la Ditta Tucce.

"Si ci'accatte la fisarmonica, nuje le faceme."

"Ve l'accatte. Ve l'accatte. Ve l'accatte."

Facive signà pure a lore a cata quiglie.

E, allora, Fonse squarciatte! Tutte prete! Tutte prete! (Quiglie eva uagliole. Non capiva.) Scassatte là e truatte ru trave juste mmeze. Mmeze a ru tirafume. (È pericolose!) Allora, avirna taglià e avirna mette na sepponta da na parte e da nate.

Socereme no ulette ajutà. Tutte quelle prete pe terre. Me ignette na casa de prete. Là só prete. Tutte prete. Socereme, "T'hanne scarrubbate la casa!" Me deve pure uaje. "T'hanne scarrubbate la casa! T'hanne scarrubbate la casa!" vicine a me. I aveva paura. I aveva paura.

Pó, chiane-chiane, Fonse facette ru scuarce. Facette. Vittoreje fenette de laurà ru tirafume. E mettirne ru tirafume.

Pó, quante venette Alfonse (Eva state tante tempe a la Germania), fece scavà là. Là stà tanta rijinnemente. E fece menà tutte le prete dente. Là è assutte. Assutte. Cente mila lire.

Se purtatte secente mila lire. Jette che le figlie de Cola Meula a Roma. Se cunzematte tutte ri solde. A me, m'eva date vinticinque mila lire, ce r'avisa dà. Remanette senza solde. Quante se n'avette ì, r'avisa dà settanta cinque mila lire. Me l'eva mannate mariteme. Settanta cinque mila lire. Mariteme steva a ru Venezuela. Non teneva manche nu solde chiù.

Venette Noella. Veniva sempe là quella. Diceva sempe vicine a isse, "Fò! Si fà queste te facce ji a durmì che meche!" (Eva de quelle propria.) Ma, i non ce pensava. Non ce pensava. Teneva tanta uaje dent'a la capa.

E, nu jurne, dicette accusì, "Cristì! Me dà permesse a ji ncoppa c'Alfonse?"

"Ché me ne mporta, a mé!" facive i.

E se ne jirne ncoppa. Me credeva ca tenevena scrive caccosa! (Jiva a fà ate cose. Non ce pensava. Pure eva vecchia. Eva pensà nò! Niente!)

Venette Fonse sotte. "Ma! Damme na pettenessa pe Noella! L'avissa dice a za Sarrafinella pe Noella? Quella te dà le botte doppe!"

"Acchija?" facive.

Pó, veniva cata mé. I non steva troppe bona. Nu jurne me fece la pasta chiena de sale. Meniva. Sempe veniva, là. Ma, i non ce le dicive a Sarrafinella. No ri diceve niente.

Ma, i non le pensava a quesse cose. Non pensava a niente. Niente. Pe niente propria. Pensava, "Hanne jute a scrive caccosa ncoppa."

Facemme ru tirafune sotte, pecché ncoppa faceva fume. E no poche! Rapive pe ji ncoppa a ru sulare e faceva ne fridde. Che fridde! Rapive ru balecone e faceva fridde. Chiudive e faceva fume. Non tirava manche tante, ru tirafume, pe niente; ma, sotte, tirava, tirava assaje-assaje. Là, fume non ce ne faceva chiù.

Pó, venette Clemente, ru nepote de socereme, e ce le dicive. Dicive, "Zianete, loche, non avut'ajutà pe niente a ri nepute!" Ca isse capiva de gchiù.

"Vattenne ncoppa! Vattenne ncoppa!" Ru gnuriatte. "Vattenne ncoppa! Ó mette quà che là!" facette Clemente vicine a socereme.

Non parlatte, socereme. Non parlatte.

"Ó mette quà che là! Vattenne ncoppa! Statte là! Jignete de fume!" Clemente c'eva state tanta vote là. Sapeva com'eva. Non eva cosa bona.

Le Tacche

Eveva fà caccosa. Puteva stà accusì? Puteva stà accusì? Zi Pasquale Marre me dette le tacche. Me fece ì a recoglie le tacche. Pecché mettette ri fasciore a le meje, zi Pasquale. Allora, me uleva dà la sumente. No la ulive, pecché ne teneva troppe assaje. No ulive la sumente. "Cristì, và là, và quà!" Tagliavene ri chiuppe. Quelle schiappe de chiuppe! N'accattave lena pe niente quigli'anne. E javame ì e Alfonse che duje ciucce. Dope isse purtava e ì recuglieva quelle tacche a **le Cerque de Santa Cristina**. Dope, me s'ammalatte gli'occhie. Me ce se fece le sangue dente. Non ce vedeva chiù. Ive a Campuasce. (Me s'ammalatte gli'occhie pecché troppe tempe a ì recuglienne tacche pe terra. Troppe tempe. Quelle só bone. Chiglie evene arbere bone.)

Le Latte de Ciucce

Marialibbera steva sempe a casa. S'eva ammalate Giuseppe. Eva piccule-piccule. Teneva cacch'edduj'anne. Quiste criature non se pigliava niente. Ri metice n'avevene che fà. Venirne a duje. Ru metiche Vitone e ru metiche Piane venirne (pure pe Mareje). "N'aveme che fà!" Ce steva za **Mariamichela**. Me uleva bene. "Né, za Mariamichè, damme nu poche de latte de ciucce, ca tenghe ru criature troppe malate!" Quella povera femmena. Iva Marialibbera tutte le sante matine a piglià le latte. E, dope, Giuseppe steva bone. Quelle latte de ciucce ajutatte.

Dope, za Mariamichela, ri dive tutte le rantineje. Ri facive fà la fronna. A le rantineje ce se fà la fronna pe la dà a ri ciucce. E za Mariamichela veniva tutte ri jurne là, dent'a le rantineje, e se faceva la fronna. Le rantineje eva già riinte, eva gchine già. E quella se facetta tutta la fronna, tutta quanta.

Giuseppe steva sempe addurmite accusì che gli'occhie raperte. Faceva paura. Latte de ciucce! Steva bone, belle, e tutte.

La Signora Fata, 1955

Ri solde pe Ripucce. Quelle l'eva date a la Signora Fata. La visa purtà là pe le cagnà, quante ri mannatte da ru Venezuela, ri ive a cagnà cata quella. E, allora, quella no veniva. No veniva! Teneva nu sacche de paura. No veniva! Stette sitice iurne a Napule. No turnava no jessa, no Mattiucce, no Tresuccia. Stevene tutte là. Facevene festa. E, allora, ì vajje cata le figlia là, cata Tresuccia. Stavame metenne le rane. Vajje cata Tresuccia, cata quelle uagliole, dicive, "Come và che la Signora non è venuta?" Pecché arrivava sempe ru murcuddì. "Come mà non è venuta? Duje murcuddì non è

venuta!" facive ì. "Ah! È spusate ru figlie!" dicirne quelle
uagliole de Tresuccia. "È spusata ru figlie. Ce stà pure
mamma e pure zi Mattiucce. Stanne là. Só sitice jurne." Eppó
venirne ru murcuddì le figlie de la Signora Fata. E ive là.
Quante ive là me ncazzave come na bestia. La mamma se
sentette da fotte quante venette. Dicive, "Eh! M'ha dà ri
solde ammé! Mammeta pecché non è venuta?" Quelle ne
tenevene solde. E pó ru murcuddì appresse venette la
mamma. "Pecché te si ngazzata vicine a le figlieme?"
"Damme ri solde!" facive. "E non ne voglie sapé! Damme ri
solde!" E me dette ri solde e nu poche de nteresse.

Ma, a me, m'eva avvisata Rusinella, perciò teneva paura.
Rusinella m'avvisatte. "Questa diciara fallimente!" facette
vicine a me. "Attenzione! Ì de te me ne despiace!" Eva la
nepote. Steva de fronte a jessa, la casa. Me chiamatte,
"Chestinè! Vé quà!" Ive là. "Attenzione a quessa! Tu,
quant'ha ri solde da maritete, ri porte a questa? Questa non
sacce quante a perdute che la nave." Faceva cummerce che la
nave. "Questa dichiara fallimente! De te me despiace!"
facette Rusinella. Doppe, parte e jive da cummà Minudore. E
ce le dicive. "Ah! Non pò esse!" facette la cummare. "Non pò
esse! Non pò esse! Non pò esse, pecché de quelle campa!"
Non me palesatte ca ce ri teneva date pure jessa. Duje cente
mila lire ri teneva date. Ma quelle evene de la cainata, Fafela.
Le mannatte nante ca jessa veniva. No me le dicette. Non ne
passarne manche trea-quatte jurne, dichiaratte fallimente.
Tutte la gente currirne. La currirne appresse che la machina.
Valla a ngappà! Va! Va! Arrivatte dente Napule!

Vajje da zia Fisia e chiagneva. "Né zì, che ha fatte? Ché ha
fatte?" E zia chiagneva. "Ché ha fatte?" "Ah! Statte zitte! È
falluta Ata Colaianne!" Prima, la chiamavene la Signora! "È
falluta! E Dunate ri teneva date duje cente mila lire! Só de
Fafela. Ca quella ha venì." Zia Fisia chiagneva. "Addó ri và a
piglià mó? Come fà quante quella arriva?" E chiagneva.

"Ah! Pure quess'ate! Ì ce l'haje ditte a la cummare!" facive ì. E dicive a zia, "Me la ditte Rusinella. Ce le dicive. Ma, jessa diceva ca n'eva vere!" E le perdette! E le perdette le duje cente mila lire.

Za Sarrafinella Malevizze, vennette le rane e cacciatte otte cente mila lire. Jette da quiglie vicine a jessa e se facette prestà duje cente mila lire pe r'accucchià ru melione a la Signora. Quante steva là pareva na fata. Ì ri purtave ri solde. Ì steva assettata accusì, vivine a ru taule rosse e nu mucchie de solde ncoppa. Ce steva nu mucchie de solde ncoppa. Ma, quella me teneva de fiducia, pecché Tresuccia me uleva bene. Sapeva com'eva ì. E, allora steva assettata là, vicine a la taula. Za Sarrafinella na barona eva. "Dice a tuo figlio che me faccia piglià la pensione!" A quella diceva, "Statte zitte ca ì te denghe ru settanta pe cente." A me diceva, "Statte zitte ca ì te denghe ru settanta pe cente." Nisciune parlava. "Pecché a té te denghe tante. A gliate nó!" E, allora, tutte zitte e cujete. Pigliatte vintiquatte melione a Supine e vintiquatte melione a San Giuliane. Chiagnevene la gente.

Za Chestinella Rucce m'eva date ri solde a mé, duje cente mila lire. Me ri fece purtà a Cappella. Pe piglià le nteressse. Fece mette Carlucce mmeze. "Dì a Chestinella ce le denghe ì duje cente mila lire, ca le porta a Sarrafine e me le dà a mé le nteresse. Cuminciatte vicine a me, doppe, "Me la dà mese pe mese!" Mese pe mese uleva le nteresse. Me ri mettette mbette. Stette na settimana, non se fece fà manche la cambiala. Ma, ì ri purtave tutte a Sarrafine, e Sarrafine me dette la cambiala arrete. Dicive ì, "Mese pe mese non te le pozze dà, pecché ì non piglie niente." E veniva sempe-sempe, veniva a scuccià. Ca le uleva! Ca le uleva! Ive da la sore de Sarrafine. Me dette le duje cente mila lire e le dive a za Chestinella. Facive fà ru cunte a Carlucce de quelle che ri spettava, pecché non eva gli'anne, e ri dive nteresse e capitale. Mó, ra purtate a la Signora Fata tre cente mila lire pe piglià le nteresse a ru settanta pe cente. Chi t'ho dà tanta, non te dà niente. Ri purtatte a quella. Doppe, quante quella dichiaratte fallimente, chiagneva! Tutte ive e purtavene!

Luisella

Quante ce steva socreme e socrema là, quanta vote ri prujeva le magnà pe la finestra de rète.

Quante arrubbatte a socereme fù dope che murette socerema.

Pe rapi la cassa de socreme, purtatte le chiave de l'asile. Nu mazze de chiave. "Una de queste ci ha jì!"

Prima me facette piglià ri solde italiane.

Teneva nu fascie de solde mmane accusì. I ri dicive, "Chisse nó! Ri solde americane no! Socereme m'ha sempe ditte ca chisse se uleva tené pe decore."

"Và a vedé sotte si la porta stà raperta! Va! Va!"

I, come na babbalucca, ce jive.

Me ne quasce accurggive ca se r'eva pigliate ri solde. Pecché, se ri mettette mbette. Pecché ri solde d'allora evene come la sete. Sallivene ncoppa.

Socereme se n'accurgette. Me dicette a mé, "Te se pozza piglià la jitticcia!"

La matina ce jette mariteme là da jesse. "È stata Luisella! È stata Luisella!"

La sera ce jive i. Aspettave che zia Fisia purtatte a magnà a ri porce. E ce le dicive. "Si te r'ha pigliate tu, dammiglie!" E ché me uleva dà! S'eva accattate le rane a l'ingrosse da Peppine Saracheglie. Quante mà!

Ru cumpare, ru frate, "Si non eva vera, quella te cacciava fore, te menava pe le scale abballe!"

I non ce le dicive a la mamma, zia Fizia; ma mamma meja ce le dicete.

CAPITULE 11 - 1956-1960
La Malattia Mariola

1958 - Rucci **Vittorio**
si sposa con Zeoli **Ilda**

Alfonso (davanti a
sinistra) nel militare

Alfonso nel militare

(Luisella me veniva a fà la punture. Se deva la colpa jessa ca i m'eva ammalata.)

La Sciajatica (1955)

Quant'ì m'ammalave la cossa, Liberella, venette jessa e Lucia, la sore de Vettoreja. Veninne duje jurne. Jessa e la nore. Veninne duje jurne a tirà èreva dente a le rane. Non se ulirne fà pajà. Evene misse le pummadore. Evene misse duje puparule. Evene misse ri fasciore. Dente le meje. Allora, quante me cuminciave a sentì bunarella, i ce ri temperava, ce ri zappeliava. Ma lore m'evene ajutate.

Teneva la sciajatica a la cossa. Cinquanta mila lire, a quiglie tempe, de medecine, de nezziune, che me venette a fà ru metiche, tutte le matine.

Giuseppe teneva duj'anne. Mariteme steva a ru Venezuela. Teneva la sciajatica a la cossa.

Raffaele veniva vicin'a ru lette. "Ma, rape gl'iocchie! Ma, rape gl'iocchie!" Chiagneva.

Mariuccia Ciannona là. Quella steva là, notte e jurne. Pure la figlia. La figlia teneva pure na criatura. Notte e jurne, notte e jurne.

Sicereme me deva uaje. Ca uleva fa ri pranze. Che la cossa appesa, non puteva fà. Dulore che non eva cosa bona. Hanne nate ri figlie non haje sciatiate, ma pe la cossa! Quelle, diceca, ca è pe dente a gl'iosse, la sciajatica. Ma, me faceva male veramente.

Fulippe Fusc'che, diceca, pure la tenette. Diceca ca urlava com'a nu cane. Quella fà male, fà male. Fà male troppe assaj.

La Sciajatica e La Figlia Mariola

Stive quatte mise dente ru lette. Ru mediche me veniva a fà la puntura tutte le matine. Ce steva Mariuccia Ciannona, socereme, socerema eva morta, la figlia de Mariuccia, e la criatura de la figlia. Stevene sempe là. Cinque ri figlie meje, seje socreme, sette ì, otte Mariuccia, nove la figlia, e diece la criatura a magnà sempe là. E, quigli'anne, ì e Fonse s'avame jute a tolle le tacche a la Selva de ri Cerre, ca zi Pasquale Marre mettette ri fasciore a le meje. Me uleva dà la sumente, isse, zi Pasquale, pecché c'eva messa ì la sumente. "No! no! Non ne voglie!" facive. E, allora, dicette, "Cristì, và a le Cerque de Santa Cristina. Vatte a recoglie quelle che vó. Evene bone, le tacche! Javame ì e Fonse che duje ciucce. Gli'occhie me se ignette de sanghe. Non ci'arrivava manche chiù a recoglie le tacche. Fonse carriava le tacche e ì le ricuglieva. Quigli'anne n'accattave manche na lena. Evene tagliate ri chiuppe. Ce stevene certa sc'cappe de chiuppe. Pure quelle me facive carrià da quelle. La figlie de Ntonie Franche me purtatte ri cippe. Zi Pasquale me dette ri cippe. A l'appennante stevene da quà e là. A quella ri dive ru prate. Steva ru prate da sotte a Ngelone là. No ulette esse pajata e se pigliatte ru prate, da la parte de sotte là. Francesca me carriatte tutte ri cippe. Quiglie suttane là steva gchine-gchine, tutte gchine. Quante scenche sotte non ce steva niente chiù. E, la sore de Mariuccia veniva sempe che ru sacche sotte, ca teneva gli'animale! Sa come se stevene accorte, Fonse e Vittorie! Pensavene a le uagliole. Non pensavene a me. Non pensavene a niente. E ì chiagneva sultante ca non puteva calà ru lette. Quante ru calave la prima vota e me purtanne sotte, vedive. E che ho fà! Ì aveva d'ibbisogne. Mariuccia non m'arrubbava. La figlia m'arrubbava. Teneva quatte mila lire dent'a ru tiretta. Quante venette ru meteche, aéva ì a spedì le punture. Non ce stevene chiù. Se l'èva pigliate la figlia. E, dope, ce le mettirne nata vota. Le truatte Fonse. E jette a spedì le medecine a la farmacia. Aveva d'ibbisogne. Come faceva? Come faceva? Na morra d'ommene. Quella arrangiava. Faceva caccosa a magnà. Come faceva ì? La iva tené. Mica ri puteva dice ca la figlia eva mariola. Non putive dice. Quella la figlia pure là aveva stà.

Pó, za Sarrfina Tammere, ce ulavame tante bene, passatte dallanta tanta vote e no me venette a vedé. Mache na vota. Ce la purtavame tante bona. Me dispiacette. Tante tempe ch'eva state dente a ru lette. Quatte mise. Che na morra de figlie. Vemme a vedé. Passava da là, ma non ce venette. Dope s'ammalatte jessa. S'ammalatte la cossa. E me mannatte a chiamà. "Chestinella che me venga a truà! Chestinella che me venga a truà!" Non ce ive!

Lucia, pure Lucia, la mugliere de Luigge ru Cinciunare, pure quella passava da là e non me venette a vedé. Pó, me mannatte a chiamà, ca uleva ru melone. Ce ru purtave a quella. Cuglive ru melone dente gli'orte e ce ru purtave. Steva da sotte a ru Colle. Quella teneva ru cancre. "Chestinella che me venga a vedé! Chestinella che me venga a vedé!" Pó, ce ive. "Che me porta ru melone. Ì voglie ru melone." Sapevene ca tenavame ri melune là dente. Da quella ce ive.

Ogge chiagne ì e dimane chiagne tù.
Nu iurne pedù.

Ì, quanta chiante me faceva. E socereme me deva pure uaje. Se mbriacava. M'aveva rizzà. Aveva fà a magnà. Uleva magnà. Non faceva maje quelle che faceva ì, Mariuccia. Vedette ru medeche, "Pareca stive chiù bunarella e mó stà accusì!" Mariuccia ce le dicette, "Quiglie vè sempe a dà uaie, ca sa rizzà, ca tè afà a magnà." Jette ru mediche. Ru chiamatte, "Alfò! Vattenne a la casa toja! Non dà uaje chiù a questa! No ri dice manche fatte là! Te facce mette dente!" Nce venette chiù. Invece de venì a vedé come steva!

Raffaele, me ricorde ca veniva, "Ma! Rape gli'occhie! Rape gli'occhie!" chiagneva Raffaele. "Ma! Rape gli'occhie!" Raffaele teneva dieci'anne.

Non me puteva move pe niente. Tanta uaje che passave.
Menette Ntonie ru figlie de Niculetta. Me passava la mane,
me passava la mane, me passava la mane ncoppa la cossa.
Pareca se calmava. La sciaiatica com'è brutta! Mamma
meja! Fà male tropp'assaje. Pure Fulippe Fusc'che la
tenette. Dicica urlava come a nu cane.

La Sciajatica e Ri Sfullate

Quante teneva la sciajatica a la cossa, là me n'aje iute, da
quella. Hanne venute a sett'otte uagliòle. Me pigliavene la
cossa. Irne a tolle ri pince ncoppa a ri titte, ri titte vascie,
vascie. Ri ncavedavene dente ru foche e me ce metteve la
cossa dente. Tutte quelle belle uagliòle. Pó, Teresa facette
ru scavata-lette. Me mettette a ru lette. Accusí m'avevene
aiutà! Come m'aiutatte quella quella notte. Ma, ì une notte
me stive. Me ne ive. Me ne menive doppe. Duje vote ce ive
là.

Là, a Bujane, no ommene, tutte femmene dente la casa.
Ommene non ce ne fanne stà. Tutte le femmene. Chiamatte
Teresa. Menirne tutte quente quelle uagliòle. E m'aiutavene.

Pó, la matina, ru patre me facette purtà da quella che
ncantava. Che ce ive a fà! Me ruvinave. Me purtatte da
quella, a ru caselle, ru patre. Dope, ru jurne appresse, ì steva
assettata a na parte, là. Aspettava cacchiune pe me purtà.
N'ome steva dent'a ru garage. Me chiamatte, "Che fà loche?
Fà fridde!" Ce steva nu poche de neve. E ive là. Teneva
l'umbrella mmane. "Té la sciajatica a la cossa e stà là. Fà
fridde!" facette quigli'ome. E, allora, passatte une, ru lattare.
"Porta a questa a la tale parte!" disse. Ri dive cente lire e
quiglie uagliole me purtatte là, accata quella. Dope me ne
ive appete, sola-sola, a la stazione. Me ne ive sola-sola a la
stazione, ciuppecanne-ciuppecanne che l'umbrella. Me
mettive la crona mmane e me diceva ru rusareje. Quante
arrivave a ru Boschedete, aveva cagnà ru trene, dive nasche
che la cossa, me facetta male nata vota. Non me faceva male

prima. Pe la paura che ru perdiva, ma se fermatte, ru trene. Camminave nu poche svelte e me se sturcette la cossa. Cainateme Raffaele e Niculetta a la stazione … Quiglie uagliole, Ntonie, me venette a piglià, quante scignive là. … me strigurava. Me fece stà là la notte. Ì teneva paura de Giuseppe ch'eva piccule. Teneva duj'anne. Giuseppe de Niculetta dicette, "Oje zì, ce vajj'ì! Ce vajj'a vedé ì là!" Ì teneva paura de ru foche. Ce steva Mariuccia. Ì diceva sempe, "Statt'attente a ru foche!" Teneva na paura. E, me stive tutte la notte là. Pó, la matina, cainatime Raffaele me fece purtà (che ru ciucce).

La Sciajatica (1956-57)

Dope (mariteme eva venute da ru Venezuela), la tenive a tutt'edduje le cossa. Jive ncopp'a ru uallone. Evene fatta na meta, na meta de restoccia, pardete e Ngelone. Addó stevene le nuce, là. La restoccia s'eva ammullata. Ri porce ri teneva molle. Teneva pure ri porche de Vittoreje. Pigliave la forca de ferre. La tutte scingeliave. Me dette na botta ncoppa le rina.

Doppe non me puteva move gchiù, non me puteva move gchiù pe niente. A Raffaele no ru facive jì manc'a la scola pe me f'aiutà a purtà a magnà ri porce.

Quant'aje a purtà a magnà a ri porce, ru porche sciette che nu cape juste accusì. Ne teneva quatte. Evene duje ri meje e duje de Vittoreje. Tutt'edduje ri meje che nu cape just'accusí. Cape uatte! Si murirne. Quiglie de Vittoreje no. Non s'evene ammalate chiglie de Vittorie.

Mó, so turnate pardete e Fonse. No r'eva putute fà niente a magnà. No mme puteva move pe nisciuna manera. Ru delore de le rina. Ncoppa a tutt'edduje le presottera. No nputeva camminà pe niente.

Pardete la notte, "I ajja durmi! I ajja durmi!"

Fonse me facette trea-quatte vote la borsa. La borsa d'acqua caveta. Pe me calmà nu poche.

Ma quiglie no nse ne frecava propria, no nse ne frecava propria. "I ajja durmi! I ajja durmi! I ajja faticà!"

I non puteva repusà de nisciuna manera. De nisciuna manera non puteva stà.

Fonse sciva che la figlia de Muscella. Quante turnava la notte, me faceva sempe la borsa, sempe, sempe. Se stevene le notte, tre vote. Vedeva ca non puteva stà e iva a fà la borsa, la borsa d'acqua caveta. Sempe, sempe. Fonse. Ma isse no, no.

Passave nu sacche de uaie. Non puteva salì la scala pe niente pe tante, tante tempe. E, d'allora, da coppe e sotte fia a quà, me s'hanne fatte fredde le cosse. D'allora me rimanirne tutt'edduje fredde, tutt'edduje le cosse.

La figlia de ru maestre Tammere era accunciata la casa, là. Me uleva purtà a vedé. Dicive, "E come salle?" Non puteva sallì. Pe niente, niente, non puteva sallì. Non puteva sallì pe niente. Quante salliva la scala a casa, salliva a pecurella, accusì. Tante che n'èva passate.

Cristina

Vittoreje sciva che la figlia de Matteje de Razia de ri Colle. Cristina, la sore gchiù giona, veniva a rapì la porta. Stavame tutte ammalate. Quella faceva tutte. Faceva a magnà a gli'annimale. Faceva a magnà a nuje. Puliva la casa. Faceva tutte cose. Tenevame tutte l'improvenza. Freve, rafreddore. Pur'ì. Tutte quante.

Stemme nu belle poche. Quella uagliola tutte le matine veniva. Jessa rapiva la porta. Se purtava la chiave. Quante veniva la matina, rapiva la porta.

Matteje, ru patre, ri uleva nu sacche de bene a Vittoreje. Quante jiva là, vedevene si ri cavezettine stevene molle, subbete ru cagnavene, la mamma e ru patre.

Vittoreje ri facette la massaria (eva criatura) e facette ru spingule storte. Ntoneje Vallera dicette, "Che niente a fatte! Te piglie tanta solde!" pecché fece subbete a fà quella caspita de casarella.

Disse Matteje, "Mó tu t'ó piglià l'abilità de quiglie? Ché vó?"

La prima casetta che facette da sule.

E doppe, sciva che la figlia.

Ma, la lassatte, pecché s'ammalatte Vittoreje. Une pezze eva remaste. Non se puteva no girà, no niente chiù. Ru metiche Vitone dicette ch'eva celebrante a ru core. Me faceva mpaurì. Chiagneva com'acché.

Dope, steva bunareglie. Pigliatte e scette e jetta da Michele Zeula. Quiglie teneva la cantina a quelle de cummà Giuseppina a ru Colle. E là steva.

I eva jute a accattà tanta cose ch'avama fà ru cunsole. Murette zi Francische Pallotta. E, allora, jiva che ru cistre ncape. Jiva da coppa e vedive Vittoreje là dente. Ammalate. Ammalate assaje. Non sà ché eva fatte pe ru fà remenì!

Dope, venette Giuseppe nostre (ru figlie de sorma). Disse, "Quiste r'hanne fatte caccosa pe quesse stà accusì. Jame a Mercone." Giuseppe sapeva.

Jemme a Mercone. E jemme, i, Giuseppe, e Vittoreje. Jemme che ru trene.

Jemme là. Zi Francische steva a la campagna. Quiglie vicchiareglie. Teneva uttant'anne.

E jemme là cata quiglie. Pigliatte ru libbre. E, allora, Giuseppe dicette, "Zi Francì! I voglie sapé ché r'hanne fatte! Si r'hanne fatte caccosa."

"Isse le sà si r'hanne date abbeve che ru bicchiere!" Teneva ru bicchiere dent'a la sacca. Eva Cristine Brine. A quelle de Matteje. Ru pigliatte dent'a la sacca ru bicchiere.

Matteje, quella sera jette Vittoreje. Nce jiva chiù. Nce jiva. Allora jette nata vota e disse, "Vittò!" abballavene sotte là. Dope ru purtatte ncoppa. "Tenghe na damigiana de vine vecchie," non sacce quant'ann'aveva! "L'éma cumincià ca si venute!" Eva cuntente Matteje.

Ce steva Cristine Brine. Pigliatte ru bicchiere dente la sacca e … ru bicchiere de vine a Vittoreje.

E zi Francische dicette ca quiglie là r'èva fatte caccosa.

Allora, me ce fece mette la rena a tutte le parte, a le vracce e le cosse, a tutte le giunture. E quante facette le prim'urine, la prima vota, l'aveva jittà a cape de foche. Stette malamente, malamente, malamente. Malamente propria. Non se puteva girà pe niente. Ciunche eva remaste.

Lassatte a quella. Non ce ulette ji chiù, pe tante ca r'evene fatte la fattura lore pe ru fà stà là. Pe quesse non ce ulette ji chiù cata quella uagliola.

Dent'a quella massaria là, zi Francische disse accusì, "Non ce l'hanne fatte pe male! Ce l'hanne fatte pe via d'affezzione. Peró hanne sbabliate."

(Zi Francische, ru mavone, ch'adduinava tutte cose. Liggeva ncoppa a ru libbre.)

Ru Cafè Che Ru Cavedare

Allora, quante jiva a faticà cata cumpà Libbere… Quante facette la casa là. Allora, faticava! Quesse è state quante teneva pure a Mareje e Giuseppe. Là jiva a faticà la matina de notte. Tutte le sere purtava sempe na busta de cacau. Cente lire. E, la matina, faciavame cacau e latte. Tutte le sante matine.

Quante venette Cannavine a chiamà socereme, e ri dive nu bicchire rosse de latte e cacau. Quiglie pensava ch'eva cafè. E chi ru vedeva, chi ce ru deva a queglie a chiglie tempe? E, doppe, jiva dicenne a tutte la gente, "Nicola Rucce fà ru cafè che ru cavedare!"

Cumpà Libbere dicette, "Ru cumpare teneva voglia de faticà! Se ne veniva la matina de notte quà e faceva ru cavicinare. Quante arrivavene, teneva tutte pronte. Teneva na voglia de faticà!" Dope, teneva voglia de faticà. Teneva voglia de faticà.

Ru Cabinetta e Ru Purcine, 1957

E ca tenevame ru cabinetta là. Ca avama luà ru cabinetta da là. Dope, ce ulevene fà causa. Socereme parlatte che patine Ngelucce Cassella. E venette ru patine. E purtatte ru ngignere, ru figlie de Carline Mosca. Eva ngignere guvernative. E venette là. Magnamme ncoppa la loggia. Facemme na fellata de presutte.

Dope, quiste facette le carte. Si nuje avama luà ru cabinetta, jessa aveva luà ru purcine de ri porce. Ca steva vicine a dò passava l'acqua. Apparteneva a nuje.

Pó, se faceva la causa a ru municipeje. (Quesse só cause civile. Non se feniscene maje.) Mannarne la carta. Se ritirarne arrète.

Jive pur'ì. Jive. Teneva Giuseppe nbraccia. Le truave, Carmena e Cristina, la figlia de Iannella. Venivene da coppa, pe la via ammonte. Lore venivene e i jiva. Quella già eva fermata la causa, ca non se faceva, ma quella no me le disse, pecché non ce parlavame.

Jive là, a ru municipeje. Non se facette la causa. No la facirne fà. (Ma, se tirarne arrete. Non ne facirne fà causa.) Pecché jessa aveva luà ru purcine de ri porce, ca steva vicine a ru fosse là, a la passata de l'acqua. Perciò non se facette.

Doppe, jesse avetta pajà diece mila lire e Iannella pajatte diece mila lire. Pajarne diece mila lire a l'avvocate e diece mila lire a ru ngignere. Pajarne diece mila lire pedù. Nuje non pajamme manche nu solde.

La Passata in Comune

Ngiulina Iannella ce purtatte jessa l'avvocate. Ca mariteme eva tagliate l'ereva ncoppe la passata là.

Ngiulina Iannella purtatte donn'Ippolete. Ru purtatte propria là. Quante tagliatte l'ereva mariteme. Allora fù pe Ngiulina. Quesse fù prima.

Ngiulina teneva misse ri fasciore da l'appennante.
Mariteme jette a ciampià ncoppa a ri fasciore, mmece de girà
(petturne). Teneva spase ri fasciore l'appennante.

S'arrignatte. Jette a piglià donn'Ippolite e ru purtatte. Ru
purtatte là. E dicette donn'Ippolite, "A taglià l'ereva no la pó
taglià, ma, a passà, ce stà la passata." Pecché litigavene
sempe pe quella passata, ca non eva la nostra.

Allora, zi Mingareglie, nu jurne, disse, "Mó ve le dica e
via." Litigava zi Mingareglie ca mariteme luatte na preta. Isse
nci'apparteneva là. Zi Mingareglie cuminciatte a preticà. Ca
non ce tenevame passà dall'anta. Dope, dicette, "Mó ve le
dica e via. Quà evene cinque frate. Da la parte de coppa,
vicine a la casa, evene duje parte. Se pigliarne na parte pedù.
Patreme una e nate frate nata. E a tre frate spartirne quelle de
sotte, tre parte, na parte pedù. Perciò è remaste questa
passata." Perciò ce steva quella passata là. E facevene sempe
cummedia pe quella passata. Ma nuje ce passavame de
deritte. No la putevene luà.

(Pure Salevateche. Vuleva daglie che la zappa a Mariantonia
ca non teneva passà dall'anta. Nata vota Salevateche la
zappatte. La zappatte propria ntutte. La zappatte pe ntutte. E
Mariantonia ce camminava pe ncoppa lo stesse. Prima
Mariantonia e doppe ce stette Giuseppina Milefecca.
Ngiulina Mercantone pajava a nuje e deva affitte a
Giuseppina. Ma, a parsunavele. A metà a metà. Allora,
faceva nu jenche. Aveva fà meze pe dù, quante ru venneva.
S'apprufittava. Se pigliava la metà. La metà de quelle che
faceva. Quella uagliola scriveva, le mannava a dice. Non eva
bóne veramente. Stette pe nu belle poche de tempe là. Dope
se ne jette. No jiva bone accusì.)

Quante mariteme ha passate pe ncoppa a ri fasciore,
Angelenicola e la mugliere hanne jute cata Angele Mosca.
Hanne jute e mariteme steva meze la chiazza. E ra mannate a
chiamà Angele Mosca. Ch'avesse jute ncoppa. E jute ncoppa,

cata Angele Mosca. E menivene ru ngignere e isse, tutt'edduje. Ru ngignere eva ru jennere. Menivene là a temènte. "Si té la jintrata, te ne và pe la porta toja!" pecché ce steva quella porta.

Allora, ulevane menì.

Venette mariteme accasa e disse, "Angele Mosca m'è venute a chiamà. Haje jute ncoppa."

"É tu ché ra ditte?"

"R'haje ditte che venissene!"

"Ha pajà pure tu!" facive. "Si tu si d'accorde che chiglie venne, ha pajà pure tu, a ru ngignere e a l'avvucate! Che ce ru porta isse!"

Piglie me cagne e vajje cata Angele Mosca.

"Cavalié! Pe dente le meje s'éme passate e passame!" facive. "Chi no ri piace, faccia come ri piace! Non voglie che venite pe ordine nostre! Si v'ò purtà Angelenicola Peluse a vuje e pure vostro genere, venite! Ma, no pe cosa nostra!" Vajje come na sbentata là.

"Te puteva dà la passata pure dent'a ru palazze meje!"

"Là c'eme cumprate e là passame!"

Allora, no menirne. No menirne!

Mariteme accurdatte ch'avevena venì assieme. Tenevena pajà adduje. Accusì, che ce ri porta. Ha pajà sule isse.

"Angelenicola, si no ri conviene," facive, "faccia come ri piace!"

Pe la passata. Sempe pe la passata.

Duje vote, Carmena. Na vota pe la passata e na vota pe ru cabinetta.

Ngiulina èva jesse pe ri fasciore. Jette a chiamà donn'Ippolite. Mariteme eva tagliate l'èreva; ma, quell'ereva malamente ncoppa a la passata là. Ma, non pajamme manche nu solde. Non pajamme niente.

Non éme pajate niente là. Nisciune. Hanne purtate tanta-tanta. Ma, non s'eme pajate maje nu solde. Niente. Maje! Maje!

Tutte quante hanne date fastideje. Ngelone, Ngiulina e Carmena. (E, a l'uteme, è state Salevateche. Ma, non ce stavame.)

Ilda Vutatte La Pizza

A ru 1958 nascette **Nella** a la casa de ru Pontedetaule. Vittoreje purtatte a vedé la figlia a ri frate, Raffaele, Mareje, e Giuseppe.

Nella chiagneva. Giuseppe, teneva cinqu'anne, dicette vicine a Vittoreje, "Pecché chiagne?"

"Quella ha fama! Vappiglia le pane! Va!"

Giuseppe jette a cucina, rapette ru stipe, e purtatte nu paneglie de pane.

La prima vota no la parlave pe tre anne. Quante steva là sotte, a ru Pontedetaule. Socreme steva là purc.

Eva ncinta a **Margherita**. I aveva ammassà le pane. E venette Vittoreje. Eccete Vittoreje la matina cata mé. Mariteme steva là sotte. Teneva le crape.

Allora, è venute cata mé Vittoreje e m'ha ditte, "Ma! Quella là urla! Vé là!"

"Ma ché è? Ché cosa è?" Quella eva gravida de quatte mise. "Pecché? Ché cosa è?"

"Ma, ché ne sacce i?" facette.

"Và a chiamà la levatricia! Ché ne capische i?" facive.

Jette a chiamà la levatricia. Assunta Cazzabocchia steva là. Dope, jirne a chiamà ru dottore Anzeuine. E dicirne ca avevena misse la ratica. E adduserava quella. Ce l'evane messa Cristine Brine, Vittoreje, e la mugliere de Cristine. Pe ri fà jittà la criatura. Ché ne sapeva i? Quella le dicette a socereme.

Socereme venette cata mé e me le dicette. "Urtà! Accusì! Accusì!"

"Pó esse?" facive.

I vajje là. Appicce Giuseppe. Eva piccule. E mariteme priticava da quella parte, ca non uleva che ce jiva.

Quante vajje là. "Ché ha fatte?" Dicive a la levatrice, "Ché ha fatte questa? È colica? È cosa de gravidanza? Ché cos'è?"

Me dicette la levatrice, "Jessa le sà!" ché ha fatte.

Jessa, doppe, me dicette ca ru marite l'eva date.

"Né, ma! Và sotte. Vappiglia quatte ova dent'a ru nide e dalle a la levatrice!" facette jessa a mé.

Dicive, "I me ne tenga ji. Tenghe le pane ammassate." Dive quatte ova a la levatricia e me ne jive.

E jirne a chiamà ru metiche Anzeuine. E Assunta adduserava. E diceca ca quiglie r'eva misse la ratica pe jittà la criatura. La cossa se r'eva fatte accusì. Quella adduserava là e le dicette a socereme. (Assunta Cazzabocchia eva ditte a socereme ca Ilda s'eva fatte mette la radica.) Socereme me le dicette a mé.

Doppe, venette Vittoreje nata matina.

"Vuje che cazze facete?" facive i. "Quella è de quatte mise e ri ulavate fà jittà la criatura? Dicica tu, Cristine Brine, e la mugliere de Cristine Brine? Che sete pazze?"

Quiglie le jette a dice a la mugliere.

Pó, Cazzareglie dicette a socereme nata vota ca eva vere, ca jessa uleva fà jittà la criatura.

Mó, jette a la caserma. Ca i eva ditte ca quiglie figlie c'aveva fà eva figlie a Cristine Brine.

Vittoreje, non sacce quante tempe eva ch'eva venute da la Germania.

Allora, ru marescialle me mannatte a chiamà pe Peppe Corve. C'avesse jute a la caserma. Ru marescialle me uleva parlà. Chi ru canusceva a ru marescialle?

Allora, teneva ri panne spase. Tanta lenzora. Tanta caspita de panne.

Dicette Carmena Murrone, "Mó ce vè pure Pasqualina. Jate a recoglie tutte ri panne!"

I, che ru cistre sotte, steva jenne. Ru marescialle e nate carabinere venirne. Dicette, "Signora! Ve tenga dice na cosa!"

Jemme dente là, a casa. Ha ditte, "Tu, diceca, ha ditte ca quiglie figlie che tèa fà è figlie a Cristine Brine?"

Diceve, "Si avesse nate, ru criature, putesse dice, 'Figlieme è arrivate a ru tale tempe e quisse è nate prima!' ma, si ru criature non è nate ancora, ché ne sacce i? Puteva dice quesse i?"

(Vutatte la pizza, la bella! Doppe, se sapette ch'evane stata Assunta Cazzareglie e ru marite, tutt'edduje.)

"Dice ca ru marite la fà murì de fama? Non tè niente da magnà? Non tè queste? Non tè quest'ate? Nu sacche de mpicce!" facette ru marescialle.

Dicive, "Va cata Onorina Arcare e vide che cosa stà signate ncoppa a ru libbre!" Quella veniva sempe cata mé pe se fà pajà. "Vide ché cosa stà signate ncoppa a ru libbre!" Marzala, liquore pigliava e signava.

E ru marescialle jette a temente a ru rigistre de quella. Cata Carlucce pure. Jirne a temente. Jirne a temente dente a la casa si ce teneva da magnà o nó! Pecché ru marite la faceva murì de fama! La bella non faticava e ru marite la faceva murì de fama!

I a ru marescialle non ce le dicive ca evene ditte ca evene misse la radica. Non ce le dicive pe non fà ji la storia nante doppe. Pecché i aveva dice che Cazzareglie l'eva ditte. Non ce le dicive quesse. Pecché jessa eva vutata la pizza. Mece di dice queste, la radica, dicette ca i eva ditte ca eva figlie a Cristine Brine ru figlie. No ri dicive niente de quesse.

Vittoreje, Margherita me la purtatte a vedé l'annante. Ma, i non la parlava chiù. Dicive, "A casa non cià venì chiù!" non ce la facive venì. Pe tre anne non ce la facive venì.

Me Stenghe Quà Pur'i

Vittoreje jette pe suldate. Ilda jette a Bare. A Bare steva Vittoreje. Cappella l'accumpagnatte. Sinnó come jiva quella? (Sinnó quella che sapeva?) Jirne che ru trene.

E, allora, jette a Bare. Teneva Nella piccula mbraccia e eva rossa prena che Margherita. Quante jette là, Vittoreje e cumpagne evene jute a fà ri tire ncoppa la muntagna.

A quiglie là, a ru capitane, maggiore, e colonelle, disse accusì jessa, "I no piglie na pensione e solde nonne tenghe. Come ajja campà? Meta mannà mio marite, sinnó, mariteme stà quà e i me stenghe quà pur'ì. (I non me move da quà. E no me tuccate che le mane ca sinnó la cóppera ve la facce perdì.)"

Quante turnatte, a ri cumpagne de Vittoreje ri dicirne, "È venuta mugliereta!" Vittoreje vedette la mugliere. E ri dirne tritice mila lire la sera e la mannarne a l'hotel.

Pó, l'avette accumpagnà a la casa. Vittoreje l'avetta accumpagnà a Supine. Ma, doppe, avetta turnà nata vota. Facette poche jurne e ru facirne ji. E ru mannarne doppe.

Socreme cadette, 1959

Ilda se ru ulette purtà là. Ì a dice no e quella a dice sì. "None, Ilda. Pó quiglie se mbriaca e tu non ci'ha pacienza." Pecché Vittorije jette a la Francia. "Pe cumpagnia! Pe cumpagnia!" Teneva sule Nella allora. E, allora, pe forza se ulette purtà ru lettine là. Uleva sempe solde. Ri dette cent'uttanta mila lire na vota. Ri reutava dent'a le sacche. Non puteva tené manche nu solde. Uleva ri solde. Cercava sempe solde. Non faticava. Solde! Solde! Solde! A magnà veniva a magnà a casa. Í, "Tà, vetenne! vetenne!" Quella ri reutava sempe dente le sacche. Non puteva tené nu solde.

Ì non ce ru uleva fà ì. "Pecché dope se mbriaca e tu non ci'ha pacienza." No! Se ru ulette purtà a forza.

Come partette Vittoreje pe la Svizzera, Ilda se ne jette, se ne jette a quelle de Ntonie D'Aleseje, a ru Colle. Se ne jette là e socereme remanette là. E ì a dice, "Tà, vetenne! Tà, vetenne!" E no nse ne ulava menì. Veniva sule a magnà. Pó, se ne iva.

Na sera venette a magnà. Pó se ne jette. Arrivatte a quelle de cumpà Libbre. Se facette nu bicchiere de vine. Scette fore. Quiglie ri chiudette la luce. Perciò cadì. ri stutatte la luce e cadette sotte dent'a ri pale. Pó jette Raffaele e Fiurine e sentive rumore dent'a ri pale là. "Ché è quà dente?" facirne lore. Se utatte cumpà Libbre, "È ca atte, ca cane!" (Quiglie le sapeva. Ru vedette ca cadette.) Pó Carlucce venette cata me, "Né zì, fà na bona samina ca pó ri faceme piglià la penzione." Ma, non fó vere!

Pó la matina Raffaele le disse a me. Tenavame la gente a semmenà. "Oi mà, tatiglie è cadute, accusì-accusì, dent'a quelle de Libbre Coppola. Ha stutate la luce." Pó socereme ce le raccuntatte. Ru purtarne a la casa là. Invece de ru purtà a casa, ru irne a purtà nata vota là. "Tatiglie è cadute. S'è fatte male assaje." Allora, vaje ì là sotte. No puteva truà la chiave. "Tà! Tà!" Quiglie non se puteva move. Quiglie non se puteva move pe niente. Cinque custate e gli'osse de la spalla! E revòte, e revote. Isse me diceva ca steva dent'a la finistrella la chiave. Revote! revote! ficché la truave. Ma, stive tante tempe no la puteva truà. E me ru trascinave chiane-chiane-chiane. Sott'inbracce me ru trascinave. E doppe, ru venne a tolle Michele Cetajole. Ru purtamme a Campuasce. Isse no mputeva parlà chiù. Ru delore che teneva. Come ca Carlucce m'aveva ditte a cusì, no ri uleva fà male. (Sinnó cumpà Libbre passava nu uaje.) Allora, quiste chiamatte trea-quatte vote, pure a mé. "Ma, chi ra uttate! chi ra uttate, e chi ra uttate!" Quiglie non puteva parlà. Quiglie ce le diceva. E dicive ì, "È cadute accusì. Ha ute pe camminà e è cadute." (Non dicive la verità.) E, dope, stette paricchie tempe a l'ospedale. (E i ru jiva a truà.) Quiglie jurne pe poche me muriva i! Fine a l'una, addijuna, senza piglià na gliotta de cafè, senza piglià niente-nient-niente, pe jì a l'ospedale. A ummacà. Ma no ummacava. Michele se fermava ogn'eppóche tempe, quante venemme a questa parte. Eva l'una. Non m'eva pigliate niente. Passave nu uaje, passave. A me la machina non m'ha fatte maje male, ma allora me facette male ca non puteva stà. E pó me purtatte a casa. Me ne jive a casa. E stette nu belle poche a l'ospedale! Dope, me ru purtave a casa. E stette dent'a ru létte.

Dope, venette ru marescialle e ru brigadiere a casa a samminà. Ru marescialle jette dent'a la stanza e ru brigadiere stette a la parte de fore. Socereme ce le disse ca quiglie eva stutate la luce, ma quiglie no le fece ì nante! Ce le dicette socereme, "Ì m'haje fatte nu quarte de vine e dope me n'haje sciute ca me ne uleva ì a casa (pecché là non ce steva ringhiera) quiglie ha stutate la luce e ì haje cadute." Ma, quelle no le fece ì nante ru marescialle! E, dope, no putette fà niente chiù. Ché uleva fà chiù! S'eva ncuncate. Ché uleva fà chiù! S'eva fatte male. Prima de se fa male, faticava; ma doppe che uleva fà chiù! No ri mettirne nu buste! No ri mettirne niente! Niente! Niente! Accusì!

Za Chestinella

Za Chestinella Rucce eva la ziana de Carlucce, la sore de la mamma. Quella steva a Supine, ma non faceva niente-niente. Pure na pignate de fasciore se faceva coce.

Teneva na bella proprietà là, quelle che Cappella s'ha pigliate dope, sotte là. Ri figlie ri mannarne la pricura che se l'avesse vennute. Vennette tutte cose. E se le fenette che nu pare d'anne.

E la uleva zi Vicenze. N'ome se chiamava zi Vicenze. E quella diceva, "Pe me ne ji a l'America, m'ajja ji a lette che zi Vicenze? No! no! no!"

Allora ri figlie dope (Jessa se ne uleva ji. No teneva niente chiù.), la mannarne a chiamà. Là è morta. A Youngstown.

Teneva duje figlie. Peppine e Cristine. Peppine faceva l'amore che una de ri Cantune, **Niculetta** se chiamava, la figlia d'Annella.

E, allora, madonna-madonna, chiagneva, quante se ne jette! Truatte una ncoppa la nave e se pigliatte a quella. Diceca, quant'eva bella! E se pigliatte a quella. Addije, Niculetta!

(Venette a truà socereme e me le dicette.)

Supino, A Quei Tempi

CAPITULE 12 - 1961-1965
Ru Debbete Mariole

Cristina da a mangiare ai maiali

Cristina con il suocero

Nicola e figli
bevono birra in
Germania

La Trébbia

Che ri vove. Mettévene pure la gente d'avete. Na vota trescave tu. Na vota trescavene gli'avete. Pecché la machina pe la trébbia eva cuminciate a venì, ma jiva a ru tratture. Ma, ce steva quante non veniva o veniva a l'uteme, a l'uteme, a l'uteme. Putive aspettà la machina? E, allora, se dévene da fà a trescà che ri vove. Si non pulive ogge, pulive dimane, pojedimane, pojedimane, e dive a magnà a gli'operaje. Pure ca non facevene niente! Jivene. Ru vente non menava. Se puteva pulì le rane? No! Non se puliva le rane!

Trescavame sempe che ri vove. Dope, la trebbia veniva, pecché se la facirne chiglie de Supine. Prima, no! Venivene chiglie de luntane. Da le Puglie venivene. A quante venivene!

La gente eva quasce fenute de trescà, e, allora, arrivava la trebbia. Pecché, faceva prima pe là, e, pó, pe le parte nostre. Facevene sapé si puteva ji o non puteva ji. Ma, a ru tratture. Sempe a ru tratture.

Eva venute la trebbia. Pure nuje, le règne, le purtamme là, da sotte a ru Parche, a ru tratture. Ma, dope, la machina se uastatte. Non sacce quante tempe stètte. Nisciune la puteva accuncià. Nicola, ru marite de Fafela, quiglie fù capace. Nicola. Veniva a magnà a casa. Nisciune maccaniche fu capace. Quiglie eva bone. Eva sicche, sicche, ma quiglie eva nu maccaniche bone. E quiglie accunciatte la trebbia, sinnó, pe tante tempe, non putette trescà nisciune.

Addó steva la trebbia, prima trescavene ri patrune. Chiglie de Giuanne Lucce. E, dope, trescavene gli'avete, appresse, appresse.

Eva prima de la Seconda Uerra. Fonse e Vittoreje evene piccule. Prima a ru Colle. Purtavame le regne a ru Colle. E là se trescava, tutte la gente. Tutte la gente stevene là a trescà. Pure ncopp'a ru Colle le séme purtate.

Nata vota, quante mariteme stéva a l'Ingliterra, le regne, le tenghe purtate a quelle de Maria Angialiste, vicine a nuje, da quella parte de ru uallone.

Mó, la sera, nisciune trescatte e me venirne a chiamà a mé. "Come facce?" Pecchè gliate tenevena trescà prima de mé. Ma, chiste de la machina, venirne a chiamà a mé. Si uleva trescà. Chi meglie se uleva luà da nante, pe fà preste.

E, allora, jive truanne operaje. Jive de Giuanne Ciannone. Venirne quelle uagliole. Venirne... A tanta venirne.

Pó, dope, lore me carriavene le rane e i scupave tutte quelle rane là pe terra. Pecché eva la notte. Tutte quelle rane. Eva le meje. Me le facive purtà che ru lenzone. Pe le calline. Assaje, assaje, assaje, pe terra. Assaje rane. Quelle uaglióle me le purtanne.

Perciò no ulette trescà nisciune la notte. La notte a trescà! Ma, i pe me le luà da nante. Me venirne a chiamà. Sinnó aveva aspettà. E scupave tutte quante quelle rane là petterra. Chisà quante lenzora de rane! Chisà quante tempe le calline ce magnarne!

I me facive ru pète accusì. Ru pete me se gonfiatte accusì. Eva faticate tropp'assaje. Rusina Nzelona me purtatte la jotta de ri maccarune pe ce mette ru pete dente. Ma, accusì s'eva fatte. Non puteva camminà chiù.

Non teneva preparate niente. Pecché té ha trescà, te prepare ru jurne nante. Na callina, nu pullastre. Ru jurne nante pe ru jurne appresse. I non teneva preparate niènte, pecché emma fà la notte. E a botta, a botta, a cusì, a cusì.

Quelle uagliole se stancarne. No ulirne fà manche a magnà. Se ne jirne. I non puteva fà. Non puteva fà niente tante che me s'eva fatte accusì ru pete.

Gli'anne sessanta. Prima quiglie de ri Vignune hanne venute là sotte, dent'a le nostre, vicine a la massaria de Sarraffine

Cappella. Se nfussava pure la machina. Ma, i ce ri purtave a vedé. Quante purtarne la machina, se nfussava dent'a la terra. Tutte chiglie de ru vicinate venirne là a trescà.

La trebbia, la seconda vota dent'a le nostre, ci'è venute Sarrafine Ripucce e Peppine Campalone. Da sotte a quelle de Ntoneje Ngelone. Havirne male fà, pecché tenirna passà pe ncoppa a ru lemetone. Ntoneje Ngelone tiratte tutte la terra, accunciatte.

Dope, la terza vota, la trebbia de ri Vignune venette nante la casa propria. Passatte dall'appennante, a scianche a quelle de Carmena Murrone.

Sarrafine e Peppine se sentirne currive, pecchè non c'eva fatte venì a lore. Sarrafine Ripucce eva fatte la testimonia contra a Vittoreje. Vittoreje scrivette da la Germania, ca non ce ri teneva fà venì dent'a le meje (ca se veniva, ri taccariava).

Allora, dope, è venute Peppine a arà la terra che ru trattore. Sarrafine uleva che Peppine non ce veniva. Me l'ha ditte a mé. "Sarraffine non uleva pecché tu non ci'ha fatte venì gli'anne appresse. Là nate poche ce scapicullavame. E quà non ci'ha fatte venì. Ci'ha fatte venì ri Vignune."

Dicive, "Sénte! Vittoreje vuleva che vuje non ce venavate. Quiglie veniva da la Germania. V'appiccecavate."

Giancarle, 1962

La seconda vota, no la parlave pe tre anne e meze. Allora, steva a ru Colle.

Quante trescamme là nante, ce steva Vittoreje. Quante venette la trebbia de ri Vignune. Pecché, Vittoreje, doppe, jette a ajutà Peppine Scaringele. A me no me ce ulette fà ji. E me lassatte Giancarle.

La mamma dicette ca i m'eva arrubbate ru figlie. Jiva a questura a Campuasce. Ru dottore Anzeuine non ce la facette ji.

Giancarle me le dicette quà, "Né, nò! Me sive arrubbate?"

Menette Vittoreje la sera. Venirne isse e n'avete. Menirne ncoppa a la bicicletta. Venirne da quelle de Scaringele, la notte.

Giancarle durmiva. L'accappucciave. Ru calave sotte. "Te r'ò fà purtà?"

"Oje, mà! Dorme! Lasceru stà loche!" facette Vittoreje.

"E farru stà quà!"

Dope, la matina, venirne Nella e Margherita a se tolle Giancarle. La mamma r'eva mannate.

"Nella! Dorme Giancarle," facive i. "Quante se sveglia, ru facce magnà e ru facce purtà o da zi Giuseppe o da zi Mareje."

Jirne a la casa, cata la mamma, e dicirne ca non ce l'eva ulute mannà.

Uleva ji a questura a Campuasce pe me fà mette dente, ca r'eva arrubbate ru figlie. Ru dottore Anzeuine non ce la facette ji. Sinnó, jiva, jiva.

Stive tre anne e meze no la parlave chiù pe niente. Se menave sotte. Niente. No la ulive parlà. No ri dicive niente, ma no la parlava chiù. Pe niente. A casa non ce teneva menì. Mannava ammasciate. Niente. Non ci'ha venì. Non ce la facive menì.

Mannava ammasciate ca uleva venì. No! cata me non ci'ha venì! Ma no ri dicive niente. "Quà non ci'ha venì e basta!"

Sà che faceva? Mannava le figlie. "Nò! Nò! Dacce caccosa! Dacce caccosa!" dicevene le criature. Ri igneva la borsa. Mannava sempe. Vittoreje nce steva.

Na vota, Fonse, quante steva a l'America, me mannatte seje maccatora de tibba. Me mannatte na cuperta, nu vestite. Me mannatte ri ricchine.

E, allora, venette Nella e Margherita e Giancarle. Ri purtave ncoppa e ri facive capà ru falzuletta che ulevene, quelle seje falzuletta de tibba. Nella se ne capatte une e Margherita se ne capatte nate.

Dope, venirne nata vota. Disse Giancarle, "Nò! Tu a mamma la fà *ciagne*! S'ha uta mette ru maccature de Margherita ncape! Tu a mamma la fà *ciagne*!" Quiglie da sotte e i uardava da coppa a la finestra.

Pó, che facette? Jette a coglie nu cistre de pruma a la vigna. Teneva ru porche là. E ru cistre ru purtava ncape. Venette jessa e ru veterinareje. Ru veterinareje jiva facenne punture a ri porce. Venette là nante.

Venette a unite che quiglie, pecché i purtave la crapa pe la vaccinazione nante a la casa. La vedive ma no la parlave. Le criature, ri figlie venirne cata mé, tutte quante. Jessa, steva ncoppa a la scala, ma no la parlave pe niente. (E quella le dicette a quiglie, a ru veterinareje.)

E dope venette che nu cistre de pruma ncape. "Oje, ma! Voglie fà la marmellata!"

E pó, ru jurne appresse, venette. Venette a recoglie le patane.

Ru Débbete - Ri Tre Usuraje, 1955

Ru debbete cuminciatte quante accattamme la terra. Non tenavame manche nu solde de debbete. Accattamme quelle de **Merlicchie** (1952). Duje cente settanta mila lire. E se cuminciatte.

Quante ci'accattamme la terra, quelle de Merlicchie, Cappella ce dette ri solde. Dope, non ri puteva dà l'interesse, e radduppiava e radduppiava e radduppiava. Si avanne nce ne dà. Avanne só diece mila lire, l'anne che vè só vinte, e quigli'avet'anne só trenta. É radduppiava! Pe quesse se facette ru debbete assaje. Pe le nteresse che non tenavame. Non ce ru putavame dà! Fonse iva a mparà l'arte. Si te le uleva dà diece mila lire, te le deva. Sinnó lassava ajjì. Vittoreje lo stesse. Pó, se spusatte e addije tù. Perciò se facette ru debbete. Non è ca magnavame carna e javame a la cantina. Accusì se facette. *Le nteresse se magna ru capitale.* È vere! È vere! Perciò s'arrivatte a quiglie punte. Pe le nteresse. A **Ripucce** no nteresse. A **Cappella** no nteresse. A zi Pasquale ce le deva. A **zi Pasquale** faceva nu porche gli'anne e ri deva trenta mila lire gli'anne. Ce le só sempe date a zi Pasquale. Quiglie le uleva le nteresse.

Non m'arricorde ché succedette. Me ngazzave. E **zi Pasquale** dicette, "Quesse se le piglia ru debbete! Ru debbete se l'ha piglià!" "Ah, se l'ha piglià ru debbete pecché me tè date trecente mila lire?" Parte e vajje a ru Colle. Vajje da Peppine Campalone. Me dette trecente mila lire. E ri dive trecente mila lire e quiglie poche de nteresse che r'aveva dà. E ce ri porte subbete-subbete. No ri uleva! No ri uleva! Eva sicure ca ì ri deva ri solde. Se r'avetta piglià. "Damme la cambiala e pigliete ri solde!" facive. "Diceca se ra magnà ru debbete. Non te la fà quessa risa!" facive. Ca ì prima de fenì ru tempe, iva sempe a dumandà, "Ri vó ri solde?" "No! No! Tétiglie!" Pe la paura. Iva a dumandà, "Ri vó?" "Tetiglie! Tetiglie!" Le nteresse camminava. E non cercavene maje nteresse, quà nteresse, no, non cercavene nteresse. Quelle radduppiava! Pó, venivene e iva firmà la cambiala. Pecché quant'arriva gli'anne, ha firmà la cambiale. E mitte le nteresse ncoppa. Ah! E raddoppia e raddoppia e raddoppia. E doppe arrivate a novecente mila lire! Novecente mila lire!

Sarrafine Ripucce eva date ri solde a mariteme (quande jette a ru Venezuela), ma no ri savame date le nteresse. Le nteresse non le savame manche date. E quiglie diceva ca non se le manche pigliava le nteresse. Ma, se pigliatte le nteresse e ulette le nteresse ncoppa a l'ate nteresse. Uleva Ripucce. **Ngiulina Marcantonie** se pigliatte le nteresse ncoppa l'ate nteresse. Quella se le pigliatte. Ncoppe le nteresse se pigliatte l'ate nteresse. Ripucce non se le pigliatte. Ma, diceva sempe ca non se le pigliava le nteresse pe niente. Ma, non eva vere! Non eva vere! Ce l'aviva dà! Mariteme me le mannatte da ru Venezuela duje cente mila lire a quiglie, ma eva radduppiate che le nteresse. Non me ricorde quanta capitale r'eva date. E, allora, ì ce le purtave. Mariteme mannate duje cente mila lire. "Portele a Ripucce!" Allora, ive cata Ripucce. Ive quatte vote. No uleva! "No! No! Quisse só de frateme! Pecché ì m'haje cumprate la terra." Ma, che ne sacce ì! Chi ru canosce! Steva a Firenze. Ive quatte vote. Dope se le pigliatte. No me uleva dà la cambiala. "Si non te le piglie, non te denghe nteresse d'ogg'in poi." facive. Pecché ce iva tutte ri jurne pe ce le dà. Teneva ri solde mpette. Duje cente mila lire. E ce ri purtave.

Evene **nove cente mila lire de dèbbete**. Quante mariteme mannatte duje cente mila da ru Venezuela, le dive a Ripucce. E rimanirne settecente. Le nteresse ncoppa nteresse e aumentava. Esse pe ché facemme tanta debbete! E avanne no ri dà le nteresse, e l'anne che vè no ri dà le nteresse, e aumentava sempe, e aumentava sempe. Esse pecché! Non eva pecché s'avame pigliate nove cente mila lire! No! Le nteresse! Quelle fù! Ncoppa trecente mila lire ra dà trenta mila lire n'anne, e natettrenta navete, e só sessante. Esse pe ché! Non eva pecché s'avame pigliate tanta solde!

No ulevene ri solde. C'evene misse tutte ru pizze ncoppa. Ca le ulevene lore. Pensavene, "Arriva nu jurne che fallisce!" Ma, i eva chiù furba de lore. Prima de feni gli'anne jiva. "Tu vó ri solde?"

"No! no! no!" e me facevene nata cambiala.

Tutte le vote. Tutte gli'anne accusì faceva. A che ri teneva dà ri solde, jiva là. "Ri vó?" Si ri ulevene, ri truava a nate e ri deva a lore. Addó ri pigliava? Mariteme, quande jette a la Germania (dope ru Venezuela), non me mannava chiù de sessanta mila lire. Maje cente mila lire. Maje, maje, maje.

I faceva porceglie, faceva capritte. Me deva da fà, sinnó ce muravame de fama.

Dope, scette la circulare ca putevene mení a ru Canada chi teneva l'arte. Fonse eva muratore e facette la dumanda. Dope mannatte a tolle a ru patre.

Dope che mariteme è venute da ru Venezuela. Fonse, doppe, se ne jette a la Germania. Ru debbete non s'eva luate. Venette Fonse e disse, "Si vè pure tata là, a la Germania, che seje-sette mise luame ru debbete." Ca pigliavene assaje solde. (Ma, non fù vere!) Mariteme è partute pe la Germania. Perciò ce jette. E passa tempe! e passa tempe! Non ne luava debbete! Mannava sessanta mila lire. Non chiù de tanta me mannava quante steva là. Non chiù de sessanta mila lire. Fonse pigliava chiù solde che solde. *Ri pigliava che ru cistre e ri jittava che la còsciena.* (Dicette n'amiche soje.)

Mariteme eva state a la Germania. Venette e vennirne **la casa a ru Pontederetavere** (1964). Doppe, jette nata vota a la Germania.

(Quande jette a ru Venezuela féce trecente mila lire de debbete e ne luatte appena duje cente.)

Doppe, jette a la Germania. Mannave sessanta mila lire quante ri piaceva. Maje cente. Me diceva ca non puteva arrivà a piglià solde. Diceca ri teneva a la banca. Eva vère?

Ì e Sarrafinella mettemme la cipria dent'a le scarpe a socereme. Pe luà quiglie caspita de debbete. Le nteresse aumentava sempe. Allora socereme se n'accurgette. "Te ru denghe ru cunsente!" disse a me. E pó mariteme venette. Socereme ri dette ru cunsente e irne a venne la casa. (Socreme non steva bone. Già s'eva rutte cinque custate e la spalla, quante cadette a quelle de Carlucce.)

E, allora, mettemme la cipria dent'a le scarpe de socereme. "Sinnó," dicive, "non se leva stù debbete!" Là no r'eva luate!

Supino, A Quei Tempi

Là no r'eva luate! E stette nu belle poche a la Germania! Vedive ca ru fatte no jiva bone. Solde non me ne mannava pe luà ru debbete. L'interesse accrisceva, accrisceva, accrisceva. Socreme ru cunsente non ce ru ulette dà prima.

Allora, venette da la Germania e socreme ri dette ru cunsente e jemme a venne la casa a quella uagliola, a **Ntuniella**. Pe la casa la sotte. Dope che socereme ha ditte, "Te denghe ru cunsente."

Dope che vennemme la casa la sotte, luamme ru debbete che Cappella (220), Peppine Campalone (300), e Ngiulina. (Evene sette cente mila lire tutte cose.) No ce remanette manche nu poche de debbete. Niente.

La casa la sotte. Nove cente mila lire. Che sette cente mila lire luatte ru debbete. Ru luatte tutte quante. Non ce steva chiù debbete!

E remanirne duje cente mila lire e accattamme **la televisione**. Ri figlieme, Marije e Giuseppe, tenevena jì a vedé la televisione a la casa de gli'avete, e pensamme d'accattà la televisione! da Michele.

Ri figlieme, o chiuveva, o sciuccava, o che diaule faceva, avevena ji cata **Ndrea Palazze** o cata **Cennese**. Non c'eva niente da fà. Cennese steva de fronte a la Caserma. Jiveme, ma maje senza niente, però. Le stivala de ri figlieme non puzzavene. Quelle de gliate uagliule puzzavene. Non ce ri faceva ji. Pecché no ri mannava maje senza niente. Maje senza niente a quà casa seme jute-jute a temente.

Ri figlieme jivene pure da Ndrea Palazze. Là, se pigliavene caccosa.

Na sera, jemme a temente cata **cumpà Libbere**. No me piacette. Se daglievene a pujena vicine le uancia. Chiene de

262

sanghe. No me piacette. No le uleva vedé. Dicive, "Non ce vaje maje chiù!"

No me piaceva vederla. Mprincipeje ce credavame ch'eva vere propria. No mpensavame ca non eva vere. A me, non me piaceva.

Quante fù pe Kennedy (1963), a **cummà Nuvella** ri purtave nu belle pullastre. E zi Ntoneje Ngelone ri purtatte nu gallone de vine. **Cumpà Michele Meula.** Jemme là a temente. A temente ru cummunicate, ca evene sparate a Kennedy a l'America. Ru jemme a vedé quella sera cata cumpà Michele Meula. Là jemme.

Quante seme jute che zi Ntoneje Ngelone là, mariteme non ce steva. Mariteme e Fonse stevene a la Germania. Vittoreje eva spusate. Jemme sule nuje, i e Mareje e Giuseppe.

Ri figlieme jivene sempe a le casera de gliate. Non me piaceva ca jivene fujjenne la notte. Stevene duje cente mila lire a la posta. Quelle evene remaste. Eva luate ru debbete. Allora, accattamme la televisione.

Avive paura. Dente casa, dicive, hanna mpiccà la gente? (Ru film che Henry Fonda) Quiglie alluccava, "No voglio murì! No voglio murì!" nu vecchie là. E quiglie ru mpiccarne. No la uleva vedé chiù la televisione. "M'haje purtate ru diaule dente la casa." Dente casa mpicchene la gente. Me facette impressione. No me piaceva, pó pure la vedeva. Sciva Bonanza.

Socreeme diceva, "Quessa televisione te fà murì a té!" vicine a mé. Pecché ce stancavame a temente la televisione. Quiglie se jiva a dorme.

(E sorma mannatte a dice a Emileje, ru figlie, che steva a ru Venezuela addó steva mariteme, ca i eva fatte la **fisarmonica** a Fonse e Vittoreje, quante facirne la cucina sotte là.)

Mamma Ammalata

Quante teneva la sciajatica, mamma me veniva a truà, ma se ne iva. "Attente a quessa!" faceva vicine a Mariuccia. Teneva mette a magnà a la scrofa e teneva caccià le pecura.

Mamma dicette ca teneva centemile lire a la posta. Dope ch'avette la paralise, pe me fà purtà a mamma, Carlucce me dette cente mila lire.

Frateme dicette, "M'ha dà le cente mila lire da stasera, sinnó accite da ru chiù piccule." Mariteme ce ri purtatte. Mamma diceva, "No ri voglie! Darre a Chestinella!"

Quante se rumpette la cossa, la ficcarne dent'a ru lette e no la cacciarne chiù.

(Mareje s'ammalatte. Pe jesse s'ammalatte. Pecché uleva che steva sempe vicine a jessa. Quesse fù **la prima vota**.)

La seconda vota avette la paralise ncape e ru vracce lese. Ru vracce deritte lese. La cossa se ne remenì e ru vracce no. Ma allora non me dette uaje, no. Sultante utava a scappà. Da tù e tù la vedive nant'a la casa e dope… Mariteme e Fonse avirne paura. "Questa ce fà ì ngalea!" Pecché là passavene le machine, dallant'abballe. E nu jurne, pigliarne e la purtanne cata ru figlie, quande se fece dà cente mila lire arrete.

Frateme venette la matina e dicette, "Si stesera non me porte le cente mile lire, accite da ru chiù picceriglie!"

Nicola Saracheglie dicette, "Né, Nicò! Ó fà compromette ri figlie?" Alfonse e Vittoreje evene giune. "Portacelle le cente mila lire!"

Cinquante ce le dette Angelenicola e cinquante Arcangele.

Mamma no le uleva. "None! Chisà che a fatte Chestinella pe mé!" Steva bona dope. Jiva camminanne sola. Quante me la purtanne l'avirna trascinà. L'avevena trascinà quante me la purtanne. Quella no ri deva a magnà.

Le Robbe (L'eredità) de Mamma

Mamma faticava pure quante se ne iette che Ngerumarije. Allora faticava. Ri dette tutte quelle che teneva. La purtarne da **ru nutaje a Vinchiature** pe se piglià quella casa che steva là, ma, quella, diceva pure ì, "Daccélla!", quella casa là, a ru colle. Ma, doppe, se pigliatte pure la terra nostra (la meja e de Niculetta). L'ata terra ce l'eva data, la terra soja de mamma. Da sotte addò stavame nuje, teneva la terra mamma, zia Vettoria e zia Chestina. Mamma, quelle de zia Vettoria, se l'accattatte jessa. E, quelle là le dette pe purzione a frateme ca ri deva la casa. E, allora, non bastava. A nuje c'eva date, a Niculetta derete a la casa, a me vicine a quelle de le Ciannòne là. E da coppa, meze a me e meze a Niculetta. Se le fece dà pure quelle. Jette a Vinchiature. Ru nutaje non ce le ulette fà. Dumandatte quant'anne teneva. Mamma teneva cacchessessantacinqu'anne, da lòceca teneva. "No! No!" dicette ru notaje. "Quesse cose ì no le facce! Pecché si giona ancora. Te leve tutte cose da sotte. Non è bone!" No le ulette fà ru nutaje a Vinchiature. No le facevene sapé.

Nu jurne, steva là sotte. Ì eva sturata la peschera pe fà temperà. E ce steva za Maria de Cicconorita. Aspettava pe l'acqua. Se litigavene là. Dicive, "Za Marì, quante ha fenute mamma, te la denghe pure a té l'acqua." Teneva pure jessa nu poche de terra là. Ive ì là. E, jessa dumandatte a mamma, "Né, Assù, giuvedì iste a Vinchiature che Michelina meja." Michelina era juta a paià la successione de morte. "Che iste a fà a Vinchiature?" dicette. "Ah, nóne! Quante ci'haje iute a Vinchiature?" Se nijatte. E ì no ri dumandave niente.

Pó, dope, eva jute a ru muline. E menette **ru Nutaje Albanese**. La irne a tolle e la purtanne a la chizza. Ce steva Pasquale, steva che meche. Semmenava le rane. Isse jette a pajà la successione de morte, a la chiazza, da ru nutaje Albanese, e ru frate menette e arava frattante. Menette Pasquale e me dicette a me, "Ce stevene pure z'Assunta, Ngerumarije, e Giuannina da ru nutaje. Steva chiena de farina z'Assunta." Mamma eva iuta a ru muline. Faticava.

Zia Vettoria me dicette ca r'eva date tutte cose e m'eva luate pure la terra meja. S'era palesata mamma che jessa. Venette a casa mamma (ncopp'a ru balecone stavame assettate) e ce le dicive, "La casa và bone. Ce la putive dà. Te l'haje ditte sempe pur'ì." Pecché cainateme Raffaele ri deva fastidie. Quiglie eva lituse. "Ma, le meje e quelle de sorma pecché ce la date?" Cuminciatte a chiagne. "Oje, Chestinè! Ì là stenghe. Ì là stenghe. Sinnó quiglie me maltrattene. Haja uta fà come dicevene lore." "E non fà niente!" facive ì. "È meglie che te le vinne quiglie pizze che m'ha lassate a me. A morte toje, i le venne immediatamente!" facive. "No l'aviva luà! Quelle là no! La casa sì! Quell'ate ce le sive date e basta!" facive. No ri dicive maje niente cchiù, maje-maje-maje. A la casa de quiglie steva!

Eva date nata purzione a mé e Niculetta. Pure quelle se fece dà. Quell'ate scianche no le pudette luà, pecché è liggitime, sinnó luava pure quelle.

S'Eva Rótta La Cossa

Pó, te la tote, no la trattà accusì malamente. Se rumpette la cossa, non facette sapé manche ca s'eva rotta la cossa. Chi le fà quesse! Si vedive! Vide quiglie pete de la seggia. Accusì teneva le cosse. Nemmene nu muschele teneva! Ilda dicette, "Maje nu morte accusì haje viste! Maje-maje-maje! Ru cure r'eva arrivate accusì! Com'a na criature appena che nasce! Secca-secca. Ì maje n'haje viste!" Cristina de Giuseppe dicette ca ri mettette na maglia ncoglie stracciata, quante la vestirne. Nu vestite brutte-brutte. Mamma ru teneva nu vestite belle. Nu gembriule ch'eva tenute sempe nante, quiglie ri mettette.

Se runpette la cossa pecché cadette. Là, ce tenevene le prete a zeppa, nante la porta, nante la casa là. Eva sciuta, a la parte de sotte là, quande turnatte, cadì la nante, e se rumpette la cossa. Menette Giuseppina Milefecca e me le venette a dice a mé. Venette là, a casa. "Oje, Chistinè! Z'Assunta sa rutte la cossa!" Allora, pigliave e jive. Ama trescà ru jurne appresse. Ngiulina mannatte Cristina a unite che meche. "Portala compagnia!" Eva tarde. Doppe, venirne Mariantonia e Nicola pure, menirne là. Come vaje là, dicive, "Mamma, diceca, sa rutte la cossa?" E stevene Carlucce, frateme, e la mugliere, tutt'ettrea là, stevene dente là. Subbete jessa pronte, "Ah, non è vere! Ah nóne! S'ha fatte appena nu rancechiglie nfaccia!" Tutt'ettré (Carlucce, frateme, e iessa) sempe ca non eva vere. Ce uleva ì. Me rizzave. "Ah, quella stà durmenne! Stà durmenne!" La mettirne dent'a ru lette. No beve e no magnà. Perciò diventatte accusì.

Quante iva là, desiderava sempe cacc'osa. "Che m'ha purtate?" A tutte la gente che ce iva. Sempe accusì. E rapiva ru tiretta jessa, "Vide quanta robba tè quà dente!" Diceva Mariannina, "Quella se le magna essa! Non ce le dà! Quella no ri dà niente!"

Stette paricchie anne accusì, duje-tré anne, che la cossa rotta. Stette paricchie tempe. Ma, ì non ce pensava manche cchiù. Quante iva ì, me diceva ca ri faceva male troppe la cossa. Diceva a me, "La cossa, oje Chestinè, la cossa me fà male, oje Chestiné, la cossa!" Quella eva ute la paralise ncape, non capiva bóne. Perciò le facirne! Ca si quella teneva tutte ri sintimente com'apprima, quella se rizzave e ri taccariava, n'omporta ca teneva la cossa rotta. Non capiva chiù!

Prima avette la paralise ncape. Frateme la purtatte a mé. La purtatte a casa. E la tenive là. La purtarne prima Ngiulina e Chestina, la mugliere de Giuseppe. La trascinarne a casa, ca mamma se ce uleva venì che meche. Allora, mamma se n'è remenuta. Se sentiva chiù meglie de mé, ca l'haia assistuta.

Iva fujenne. Nu jurne se ne jetta accata za Cuncetta. E valla truanne da là, e valla truanne da quà. Ì non puteva uardà là. Ì teneva che fà. Teneva la famiglia. E turnatte Fonse e mariteme. E la virne ì a truà là. E chiuveva com'acché. Irne camminanne pe la truà. Tenavame paura pe la Via Nova. Mariteme diceva accusì, "Quella ve fà ì ngalea!" Pecché a sentì, non ce sentiva; le macchine scappene com'a ri diavere dall'ante. Teneva paura. E dicive, "Vattenne cata figliete!" E se ne jette cata ru figlie. Non se steva là. Non se uleva stà là nante. "Assettete! Statte loche!" Non c'eva niente da fà. E, allora, se ne jette cata ru figlie. Pó, veniva cacch'evvota. E, doppe, cadette e non pudette scì chiù.

Quante murette, tutta la gente, "Mó s'è vista **la cossa rotta de z'Assunta!**" Allora se vedette. Quante steva dent'a ru lette, non se vedeva.

CAPITULE 13 - 1966
L'Arrive Concedente

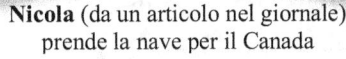

Nicola Rucci in blue-jeans e sandali.

Nicola (da un articolo nel giornale)
prende la nave per il Canada

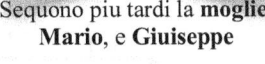

Sequono piu tardi la **moglie**,
Mario, e **Giuiseppe**

Un anno dopo arriva pure la famiglia di Vittorio (la moglie **Ilda** e i figli
Nella, **Margherita**, **Giancarlo**, **Fabio**, e **Natale**. Cosi, si ritrovano tutti in
Canada.

Tempe de lascià la famiglia (socreme, figlie, e mamma), ru vicinate, la terra amata, na vita de debbete

La Terra Mariola

Mó, quante seme jute là, a la Torre, è venuta la raccolta. Ru mese de luglie. Diece quintale de rane. Quiglie no le pulivene pe niente le rane. **Veccia e mullaca.** Le pane puzzava. Nire, nire, nire eva. Non eva bone. Diece quintale pe dù aspettatte. Non eva bone pe niente, pe niente, pe niente. Pó, quante l'eme tenute nuje, metteva sempe l'uperaje a tirà l'ereva dente le rane. I, che la pompa ncoglie, ce menava la medecina pe strujje quell'ereva. La veccia e la mullaca. Tutte intricciava. E chiane, chiane. E dope eva bella pulita, pulita, la terra. Non ce ne steva chiù. Faciavame rane assai, dope. Ma, metteva gl'ioperaie a tirà ereva denta le rane. Assaje operai.

La terra ce stà; ma, *Ru ciucce porta la paglia. Ru ciucce se la magna.* Pajanne tutte cose, non ce jesce niente. Capite? Se le fà tu, va bone. Ma si mitte gli'operaje, no. Che gli'operaje non piglie niente. Paje, paje, dà ammagnà, paje, ma a magnà! Non và. Non era cosa bona.

Quant'eva spusata. Metteva la gente pe fà tirà l'ereva da dent'a le rane. Le rane veniva pulite. Ma, ri teneva paià, ri teneva dà a magnà! N'haie fatte pranze e cene! Quanta pranzeteglie faceva pe fa faticà dall'appeddente! Si té na proprietà e fatiche tu, va bone; ma, si mitte gli'operaje, non ce jesce niente. *Ru ciucce porta la paglia e ru ciucce se la magna.* Non ce jesce niente.

Si faceva faticà ri figlieme, Fonse, Vittorie, Raffaele, dente le nostre, allora no metteva gente, allora si! Ma, si pense de ri fà mparà caccosa pe cunte lore, pe la mamma e ru patre no và bone, no và maje bone. Ma, pe lore è state bone! A me no me ne facevene mparà arte. Me facevene ì che le pecura.

270

Quelle m'eveva mparà? Teneva uardà le pecura. Ma, ì pensava a ri figlie! **Pensava a mette na taula pe fà scrive** ncoppa la taula. Ci'haie riuscite dope che Mareje. Se metteva a la taula e scriveve. Me piaceva. M'ha sempe piaciute.

Nuje faciavame assaje rane da lappedente. Robba d'operaje, tutt'operaje, ma la gente no capiscene quiste fatte toje. Le capisce tu che paje. Ra mette a magnà. A quiglie tempe ra jiva dà a magnà, mica ri facive stà addijune la gente. Faceva tre vote a magnà ru jurne. Tre vote ru jurne. E quante se meteva, quatte. Pure a vintun'ora. A vintun'ora pure purtava a magnà quante se meteva. Non ce sciva niente. Tenavame la rascia, pecché eva assaje robba, pecché s'avame pulite la terra.

Pecché si faceva faticà a Fonse, faceva faticà a Vittoreje, faceva faticà a Raffaele, dent'a la terra. Allora sì! allora sì! Non me servivene gli'operaje. Ma, chiglie doppe che hanna fà? Facevene ri facchine quante vanne a ca parte? So giune! Accusì quante tenne l'arte, è na bella cosa.

Quante facirne ri ponte, a Fonse e Vittoreje non ce jiva pe niente ru ngignere. Patine Duminiche eva operaje, ru mettirne dente l'acqua a faticà, sott'a ru ponte, sotte ru ponte. E cata Fonse e Vittoreje non ce jiva ru ngignere.

Mariteme uleva che ri figlie se mparavene l'arte. Aveva piacere.

Chi Teneva l'arte Puteva Ì a ru Canada

Alfonse steva a la Germania. (Stette duje-tre anne a la Germania.) Dope, Scirne le dumande. Chi teneva l'arte (muratore, scarpare, maccaniche) puteva ì a ru Canada. Perciò jette. Scette quella circulare, ca quiglie che tenevene l'arte putevene ì. Perciò putette ì, sinnó non puteva ì. Tanta gente facirne la dumanda, pecché chi teneva l'arte puteva ì.

Alfonse se truatte a la Germania e le venette a sapé e facette la dumanda. Questa dumanda se puteva fà pure da l'Italia. Gliate de gliate paise sì; ma, chiglie de ru municipeje de Supine no le facirne sapé ca ce steva, questa dumanda. No ulevene che la gente se ne jivene da Supine e che ru paese divintava piccule.

I Me Chiame Chestinella

Quigli'anne che trescamme sotte a quelle de Ngelone, facemme assaje rane. Oh, quanta rane facemme quigli'anne, mamma! Ce remanette Ngelone. I ne facive pe duje vote a isse. Venette pur'Angelantoneje a jutarme. Giuanne de Liscia. Petre de Liscia. Ngerumarije de Sarrafinella Meula. Tanta gente m'ajutarne a trescà. Ma, assaje, assaje, assaje! Maje quante a quigli'anne. Maje, maje, maje! Erene cacche cente cinquanta quintale.

Quante ce stizzamme che Nzelona, teneva duje valane i. Le rane le jive a semmenà i. Pecché n'anne le semmenatte Mariangele, ru figlie de zia Vettoria. Trenta pete mettette. Trenta pete! R'aveva dà la sumente a isse. Spettava la sumente a isse. Trenta pete! Nu sciancheteglie a la parte de sotte l'eva semmenate i. Là ce scivene le regne. Quiglie non ce ne menatte propria. Ne facemme pe niente. Mariteme dicette, "Sémmele tù!" E le semmenava sempe i. Le semmenava nante a ri valane. Doppe, me ne jiva. Quant'eva doppe, jiva a semmenà late, a nata parte. Sempe, sempe, sempe.

Quande trescave, Ntoneje Ngelone non me ce facette i pe dent'a le soje. Ma, gli'anne appresse l'accunciav'i.

Quiglie recacciavene le regne sempe apprima. Cumandava la mugliere, "Chestinè! Scanza la paglia!" Dent'a le meje. "Scanza la paglia! La meja addó la mettéme dope!" Cumandavene lore.

Gli'anne appresse, dicive a tutte quante ru vicinate, "Dope! Dope! Recacciate dope." Le facive purtà là nante, nante a la casa là. Venirne quiglie de ri Vignune. Dicive, "Stevete zitte!" Ngelone recacciate. Le purtatte a quelle de Michelina Pelosa. A le meje che niente ficcava la paglia dente là, ma là eva luntane.

Veniva e me dumandava, a me, e i diceva, "No le sacce. No le sacce a dó le purtame. Non sacce niente propria ancora." Pe quelle ch'evene fatte.

Còme! Ru ciucce, ru toje pò passà dallanta. Pe te và bone. Ru meje non ce pò passà, che jiva là. Ah, nò! *R'ó mette ncure, ma non te r'ó fà mette.*

Ce le dicive na vota, a Ngelone e pure la mugliere. "**I non só Marejalibbera! I me chiame Chestinella!**" Non só Marejalibbera. No ve mettete ncapa quesse" A quella povera chestiana la spugliavene. Ri pigliarne tutte la biancheria. Tutte quanta. No ri lasciarne na tuaglia. Quella chiagneva come a na criatura.

Teneva nu pizzetiglie misse là. Steva chiene de cepolle. Jiva a cavà dente a quelle de quella, non dent'a le soje.

La Cunélla

La cunella teneva dudece cunigliucce. E la truave morta la nante. E i me credeva ch'eva stata Francesca e ru nammurate. Invece quelle eva state Mercantone. L'eva avvelenata la cunella, pecché non teneva nisciuna botta. Ri detta la cecuta. Si si magnene la cecuta, morene.

Evene state lore. E i me credeva ch'evene state chiglie, Francesca e ru nammurate. Ri facive giurà ncoppa a ru crucifisse si eva vere o si n'eva vere. Pe vedé si eva vere o nó.

Ma, Ngiulina me diceva a me, "Chiglie non s'hanne moste dallanta!" Evene state lore!

Sbagliave. Pecché evene state quelle, no quelle.

Chiglie stevene là. Trescavene. Come ch'evene uagliule, diche, "Hanne date a la cunella. L'hann'accisa!"

Quella murette dente a le soje e Mercantone la jittatte fore, là nante.

Ri dette la cecuta apposta. L'accedette pe regna. Sà si fó Cristina, si fó Raffaele, si fó la mamma. Ma, r'avirna dà la cecuta, pecché non teneva niente, niente, niente.

La Successione de Mòrte

Quante murette socreme, ce stirne nu sacche de spese. Settantaduje mila lire sule pe la successione de morte. Pecché teneva ru frutte ncopp'a la terra. La terra eva de mariteme, ma ru frutte iva vicine a isse. Se paja assaje accusì. Ru ngignere mediatamente mannatte a dice ca ce ulevene settantaduje mila lire, sinnó mettevene l'ipoteca ncopp'a la proprietà. Allora vaje a cata de frateme. Non teneva solde. Addó ri teneva? Vaje cata frateme e me dette settantamila lire e ce le putave subbete-subbete, ca eva scadute ru jurne nante. Ma, ì ce le dicive, quante ive là, "Vide bone ca quiglie tè ru frutte ncopp'a la proprietà!" Se paja assaje. Sapeva ca se pajava assaje. Che duje mila lire pajava la successione de morte! Non puteva esse. Dope, me mannatte a chiamà ca aveva pajà settanta duje mila lire.

L'Urcera Perforata

Murette socereme e aviva pajà pe socereme. Addó stevene ri solde! Mariteme steva a la Germania. Dope s'ammalatte Raffaele pure. E m'accunciave pure bona. Dope ulirne la festa ch'avevena spusà. Mariantonia disse, "Pe mé, non paje manche nu solde." Nvitatte sule ri parente. Aviva pajà tutte cose ì. Dope se ne ì e ulette ri solde pe ru viagge. Addò ri iva a tolle ri solde! Poche mise prima socereme eva morte socreme (ri 16 d'auste) e lore spusarne.

Ru mese de luglie ce stanne ri tozze e allora se tenetta ì a
operà. Pecché i eva cotte ri tozze. "Oje mà, coce ri tozze e ri
dà pure a za Mariantonia." E, allora, venette. "Oje mà, m'aje
fatte fà la visita. Pozze magnà sule le latte. Non pozze magnà
niente." Doppe se ne jette nata vota che Libberina a la casa, a
la casa de la mamma là. Menirne certe uagliòle là nante.
Libberina chiagneva. Chiagnevene quelle uagliole. "Ché éte
fatte? Ché ete fatte?" "Raffaele tè ha partì pe l'ospedale ca tè
l'urcera perforata a ru stommeche. Tè ha partì
immediatamente sinnó se more." E currive là a la casa. Vajje
a la casa e mariteme allora eva vunute. Teneva venì a ru
Canada. Eva arrivate quiglie jurne. Poche tempe eva state
ch'eva venute. Allora, ive là e partimme. Dent'a la macchina
non ce capavame tutte quante. Ce jette pure Vittoreje.
Appena ch'arrivatte ru operanne, subbete-subbete,
mediatamente. Dope, r'ajja uta curà frattante, dope ch'è
venute.

Socereme eva morte già e già eva pajate ru taute, ru funerale,
e pe quelle e pe quelle e pe quelle. Dope, s'ammalatte
Raffaele.   L'avirna purtà mediatamente a Campuascie.
Teneva l'urcera perforata. Teneva cinque minute de tempe.
Se muriva. L'avirna operà appena ch'arrivatte. La matina
vaje là. L'evene operate la sera. Steva ancora addurmite. Ce
steva Maria.   Maria eva la matrea de Maria d'Abberte
Fenizia. Quella feceva l'infermiera là, a l'ospedale. "Varre a
vide!"   Me face ì là, dent'a la stanza addó steva. Ì ru
chiamava, "Raffaè! Raffaè!" Non se svigliava! Ì chiagneva.
Venette ru metiche. "Chi t'ha fatte venì quà?"   E me
cacciatte fore.

E, dope, ra isa fà la cura quante turnatte. Pe bona furtuna ca
teneva la mutua. E ru mettive che la mutua e s'aperatte,
sinnó aveva pajà pe l'operazione. Quiglie faticava pe la ditta.
Ive da Filumena Cetaiola, là steva ru ngegnere. E me fece fà
la carta. Vittorie se la mettette a la sacca e la perdette.

Doppe, vajje là, a Campeuascie, a la mutua, e ru mettirne che la mutua pe ru fà operà, ca ì ri teneva scritte che la mutua tutte quante. Ma, isse non pigliatte niente che la ditta. Sinnó pigliava pajate, pecché s'eva fatte male frattante che faticava. Pe no jì cata quella pe scuccià!

Quante r'aje purtate a casa, r'aj'avute assiste, r'aj'avute fà la cura come steva scritte ncopp'a la carta. La matina me rizzava preste. Iva cata Scerruzze. Iva a tolle le scamorze fresche. Quelle r'eva ordinate ru metiche. Tutte cose liggere. E ce le facive fin'acché se ne jette.

Dope ch'aveva spusà. Dicive a Mariantonia, "Stà troppe malate. Non è bone!" "Ah, che ri fà? Non fà niente! Non fà niente! Non fà niente!" Quella uleva ca se pigliava la figlia. E spusatte! Ma non steva bone.

Dope, pe partì non tenevene solde. La festa aviva pajà í. Jemme ì e Nuvella a accattà carna, tutte quelle che ce uleva. Aviva pajà tutte cose ì.

Quant'è state dope, ulevene partì e ulevene ri solde da mé. "Non teneme solde. Come faceme?" E, pigliave settanta mila lire mprestete, ndebbete, e ce ri dive. Chiagneva ì pecché me sentiva troppe male. Allora, se ne irne a ru Belge. Quante arrivarne là, me mannatte quaranta mila lira (da questa parte). Me dicette a me, "Oje mà, vinnete ru motorine meje e te piglie ri solde che ci'ha date pe partì. Pó, doppe, dicette, "Oje mà, no ru venne, ca dope si venghe quà m'oglie fà na viaggiata."

Raffaele se ne jette a ru Belge poche tempe dope che murette socereme, quigli'anne (1966) che ce ne jemme a ru Canada. Raffaele aveva ì a ru Canada. R'eva fatte l'atte de richiame Fonse. Teneva ì Raffaele e mariteme. Raffaele non ce ulette ì. Se pigliatte a quella. (Libberina veniva da ru Belge.)

Cainateme

Quante mamma è morta, cainateme Raffaele, s'ha tóte la terra subbete. A ru Parche ce stevene misse le rantine e duje patane. Le faceva Peppe Restoccia a la parte pe frateme. Allora, cainateme iette cata Carlucce e accattatte non sacce quanta saccura de cuncime pe le fà mette a Peppe Restoccia, e ce le purtatte. Avisse menate ru cuncime a le patane. Jette cata sorma. "Quelle le patane só de Chestinella, non só le toje!" Corre immediatamente da Peppe Restoccia. Ca nonn'avesse menate ru cuncime a le patane, c'avesse turnate ru cuncime a Carlucce.

Pe la raccolta ncoppa a la terra che spettava a me, la facive raccoglie a frateme. Me la puteva tolle ì. Ma non me la pigliave. I haie ditte a frateme, "Si eva viva mamma, te le teniva. Emmó, è morta mamma e tetelle lo stesse." Cainateme se le pigliatte. Allora, frateme eva fatte che la successione la pajavame nu poche pedù. "Ma, quest'ate cose, le paje tutt'ì!" dicette frateme. Cainateme facette accusì! E me chiamatte a me prima e dicette, "Oje Chestinè! A te non te facce pajà niente. Tu si stata brava che meche e ì so brave che teche." E chiamatte a Raffaele, "Cumpà, vé quà!" Jette là Raffaele. E dicette, "Cumpà, nuanta chile ru pó ncoglie?" "Ah, cumpà, è troppe pesante! non só capace!" "E trenta ri pó?" "Èh, trenta sì!" "Só nuanta mila lire pe mamma. Ema fà trenta mila lire pedù! Trenta Chestinella, trante tu, e trenta í!" dicette frateme. E avetta pajà!

Pó, a quelle de mamma, se uleva venne ru prate. No ru truatte a venne. Cappella ri dette na pizzotta de casce. A ru Parche le rantineje se seccatte, che la secca! E te sentive, "Na pezza de furmagge, trenta mila lire!" "Tu si state!" facive í. "M'ha fatte pajà trenta mila lire pur'ammé! Tutte colpa toja! Ce le facive tené e basta!"

Dèbbete, La Seconda Vota

Quigli'anne avise na sdangata forte-forte-forte. Mariannina, sormacucina, la mugliere d'Arcangele, me dette ri solde. Duje cente mila lire. E ce ri seme mannate d'aqquanta. Mariannina murette ru mese de nuvembre. Dope, ri mannave a la figlia, Giovanna. Pure che l'interesse. Ri mannave capitale e interesse, tutte cose. Na vota ce ri mannave ì e mariteme e, dope morte mariteme, ri mannave nata vota.

Ri pigliave ri solde pe socereme, pe Raffaele. Come faceva? Addó ri iva a tolle ri solde?

Vennive la terra che m'eva lassate pardeme. Le terre a ru Padule. Una la facive cinquanta mila lire. Evene cinque saccuatore de terra. E une la facive nuanta, a patine Duminiche, quelle chiù ncoppa là. Non ce steva manche passata là. E venniva a zia Vettoria quelle de mamma, cente cinquanta mila lire. E luave ru debbete! Dope a Carlucce ri dive le rane. Teneva ru debbete pure cata Carlucce. Ri dive le rane. Appena trescate, caricarne le rane e se le purtanne. A Ngiulinella la ive a pajà. "Chistinè, non fà niente! Quante…" E pure Carlucce, "Oje zì, quante và là me ri dà. Non fà niente!" "No! no! no!" Sule a Mariannina remanette. Non putive. Non putive dà. Dope se facirne le nterese. Cent'ettante. Mariannina se pigliatte ru lette, ru bufè, tritice quiglie e tritice quiglie. A Mariannina ce ri mannamme da ru Canada. Mariannina eva morta. Ri mannamme a Arcangele. Na vota cente uttanta e nata vota quelle che remanì, pure le nterese però. Ce le mannave dope che murette mariteme quell'ate. Giovanna m'alluccatte, "Pecché me la mannate subbete-subbete. Non putive stà?" Ma, le nterese camminava. I le nterese ce le uleva dà. Quella diceva, "No mporta ca no me le dive!"

La televisione se la pigliatte Ngiulina e l'avezatte cente e quinice mila lire. I l'eva paiata duje cente duj'anne prima.

Jessa se la pigliatte pe quiglie solde che ri teneva dà. No me dette manche nu solde arrete. Ma, quella valeva de chiù.

Duje cente mila lire pe la televisione e Ngiulina me la pajatte cente e quinice. Duj'anne la tenemme. Se pigliatte l'interesse pure ncoppa a l'interesse. Queste è state quante è morte socereme e spusatte Raffaele. Addó ri iva a tolle ri solde!

Pó, Pasquale se pigliatte tanta cusarelle, pure Pasquale. Pasquale se pigliatte ru lette, la taula, se pigliatte paricche cose. Me dette settanta mila lire Pasquale.

Venne Maria, la mugliere de Cristine, se pigliatte ru furnelle a gasse. Carmenicce se pigliatte quigli'ate lette ncoppa a la loggia. Chi se pigliatte na cose e chi se pigliatte nata.

Remanirne tanta cose là. Cavedare de furnacella, cavedare rosse. A Vittorije e Ilda remanirne là. Tutte là remanirne. Le patane l'aveva venne. Assaje patane. Tutte ri sacche pronte pe le jenne, pe le venne. Vittorije, "Oje mà, lassamelle! lassamelle!" E tècchetelle! "E le rane?" E tècchetelle! Pecché evene de ri toje! Diceva Sarrafinella, "Tutte ncoppa a questa sperlicchiata se mènene." Si non veniva là Vittoreje, allora puteva venne caccata cusarella.

Pecché ha jiva pajà ru viagge pe jì a Roma nata vota, quante venette quiglie, Ntonie Cappella. A quiglie ri dive sidice mila lire. E pó jemme a ru ristorante. E senza solde! E ru sopraggente!

Jemme a ru Canada

Mariteme, quante venette da la Germania, non purtatte manche nu solde. Niente propria. Ri jette cudenne. Non ri purtatte. Pó, venette a ru Canada, e no mannatte niente. Vittoreje, quante stette quà, mannatte cente mila lire a la mugliere. Nu poche de tempe che faticatte, ri mannatte cente mila lire a la mugliere. Ma, mariteme no me mannatte niente. E passave nu sacche de uaje quigli'anne, forte-forte! Pecché m'eva luate ru debbete. Non ne teneva chiù. Non ne tenenavame chiù pe niente. Dope, ra isa fà nata vota. Pó, a quigliate, ce ri dive a tutte quante. A Ngiulina la televisione, a Carlucce ri purtave le rane, a Ngiulinella la pajave. Pajave a tutte quante. Rimanive senza nu solde. Teneva diece mila lire. Quiglie, ru sopraggentte, me se mettette appresse, "Ì non piglie manche nu solde! Ì non piglie manche nu solde! Ì non piglie manche nu solde!" E ri dive diece mila lire. E, pe quesse, non tenavame manche nu solde. Vinte ra visa paià pe ce fà purtà a Roma. Quante seme arrivate là, eveva pajà tre mila lire. Nteneva manghe nu solde!

Prima de partì, Pasquale Mileficche ri dette cincuente lire pedù a Mareje e Giuseppe. E quelle tenevene chiglie ncoglie. E ì no teneva niente.

Vittorie avetta paià le tre mila lire, pecché ì non ne teneva.

Ce steva Michele Cetaiole. Quiglie ce purtatte. Ce steva ru sopraggente. Pure ca non teneva solde, chiglie pajavene lore. Ru sopraggente venette pure a Roma. Michele fece piglià nu panine pedù e basta. Michele no sfruttava. Eva nu belle uagliole. Quiglie eva figlie a Camilla Cetaiola. Nata vota me purtatte a Campuascie quante steva malate socereme.

Eva misse tutte le saccura pronte, se venirne a accattà le patane, me purtarne le saccura là, a casa. Vittorie, "Ma! Lassamelle a mé! Lassamelle a mé! Lassamelle a mé!" E ce le lassave. No le vennive chiù le patane.

La Cumedità de L'America
L'America eva accote la ziana de patreme, la sorecucina de patreme, chiglie che vulevene a frateme e a sorma e a me, la mamma e ru patre de mariteme, mariteme, ru mariole de

280

chizza, ri figlie de Piccucce, Lucia Meliglie, … E, mó, eva ru turne meje. L'America accugliette a me!

Patreme me lasciatte quant'eva piccula. Se ne jette a l'America. Finalmente arrivave a la terra che s'eva pigliate pardeme pe tritici'anne. E la maggioranze de ri figlieme stevene che mé!

Dope ch'eva fatte tante pe la proprietà, accusì non se la magnava ru debbete, abbandunamme tutte e ce ne jemme a l'America.

Facive le valige a l'uteme mumente, pecché teniva fà a magnà pe ri valane che semmenavene le rane pe Vittoreje. Mareje e Giuseppe non m'ajutarne. Jucarne a pallone tutte ru tempe.

Ce steva l'acqua dente. Putive lavà. Pure ca teniva lavà ri panne a mane, ma lavave dente. Là haiva ji fore, de verne, che la neve. Me purtava ru cuscine pe sotte le denocchiera, ma le mane dent'a l'acqua fredda de ru uallone. Come facive? No ulive lavà? Ulive stà senza lavà. Teneva ri criature piccule. Eva ji tutte ri jurne. No ulive ji a lavà?
  Se capisce ca me piace chiù quà che là. Quante haje venete, **la cumedità** ce ce steva quà. Appicciave la stuva. Sive fatte. Là ru cippe a ru foche. Tenive ru gas. Quante tempe t'avastava ru gas? Diece chile. N'avastava pe niente propria. Avastava cinche-se'jurne. Sule ru sughe, però. Quà eva differente. Là eva na desperazione. Pecché i teneva l'acqua luntane tropp'assaje, tropp'assaje. Prima, evene tutte prete. Dope facirne quiglie poche de via nova. E, dope, quell'ate non evene tutte prete? Tutte prete pe ji a piglià l'acqua a Funtana Majura.
  Là la vita è stata dura. A quella casa só state trenta duj'anne. La vita è stata dure forte de tutte le manere. Troppe malamente. Troppe brutte. Haje passate uaje.

Quà ce steva tutte. A magnà putive fà facilmente. Appicciave e sive fatte. L'acqua la tenive dent'a la casa. Pure ca non teneva la machina pe lavà pe ri panne allora. Lavava dent'a la vasca.

(Dope me facive la machina, ma quante è morte mariteme. Sinnó, non me la putive fà la machina. Come me la faceva la machina? Quiglie no uleva. Pensava sule a fumà.)

Cristina M. Del Russo - Rucci